kosmos

KOSMOS
HUNDE
BIBLIOTHEK

INGEBORG UND ECKHARD SCHRITT

WINDHUNDE

EXPERTENRAT
FÜR DEN
HUNDEHALTER

FRANCKH-KOSMOS

Mit 111 Farbfotos, 30 Schwarzweißfotos und -abbildungen und 13 Zeichnungen (Bildnachweis im Anhang).

Umschlaggestaltung von Norbert Deppe, Herrenberg-Oberjesingen.

Die Umschlagvorderseite zeigt v. l. n. r. eine Sloughi- und eine Afghanen-Hündin und einen Saluki-Rüden, die Umschlagrückseite einen Irish-Wolfhound-Rüden (l. o.), zwei Whippet-Hündinnen (r. o.), eine Sloughi-Hündin (l. u.) und eine Barsoi-Hündin.

Das Bild auf Seite 2 zeigt 2 Azawakhs.

Layout-Entwurf: Concept GmbH, Höchberg.

Kynologische Beratung bei der Buchreihe »Kosmos-Hundebibliothek – Expertenrat für den Hundehalter«: Eva-Maria Krämer, Lohmar.

Alle Angaben in diesem Buch sind sorgfältig geprüft und geben den neuesten Wissensstand bei der Veröffentlichung wieder. Da sich das Wissen aber laufend weiterentwickelt und vergrößert, muß jeder Anwender prüfen, ob die Angaben nicht durch neuere Erkenntnisse überholt sind. Dazu muß er zum Beispiel bei Behandlungsvorschlägen den Tierarzt konsultieren, Beipackzettel zu Medikamenten lesen, Gebrauchsanweisungen und Gesetze beachten.

Hinsichtlich der Zuchtzulassungskriterien, Ausstellungsrichtlinien, Rassestandards usw. sind stets die aktuellen Bestimmungen der Verbände, insbesondere von DWZRV, VDH und FCI, maßgeblich.

ISBN 3-440-06216-3
Lektorat: Angela Wolf
Herstellung: Kirsten Raue
Printed in Germany/Imprimé en Allemagne
Satz: G. Müller, Heilbronn
Farbreproduktionen: PHG-Lithos, Martinsried
Herstellung: PDC Paderborner Druck Centrum, Paderborn

Die Deutsche Bibliothek – CIP-Einheitsaufnahme

Schritt, Ingeborg:
Windhunde : Expertenrat für den Hundehalter / Ingeborg und Eckhard Schritt. – Stuttgart : Franckh-Kosmos, 1991
(Kosmos-Hundebibliothek)
ISBN 3-440-06216-3
NE: Schritt, Eckhard:

INHALT

Windhunde

KAPITEL 1

6000 und mehr Jahre Windhund-geschichte

Windhund ist der gängige Name, Hetzhund die kynologische Fachbezeichnung für die Hunde, mit denen wir uns im folgenden beschäftigen.

Wer sich mit dem Windhund befaßt, verspürt auch das Bedürfnis, etwas über sein Alter und seine Herkunft zu erfahren. Ein Einblick in die Entwicklungsgeschichte kann das allgemeine Verständnis für die Windhunde und ihre Bedürfnisse vertiefen. Gleichzeitig ergeben sich daraus Ansatzpunkte für die Windhundhaltung und die Weiterführung der Zucht.

Obwohl uns heute die Urahnen des Hundegeschlechts, deren Vorgeschichte bereits vor 50 Millionen Jahren ihren Anfang nahm, recht gut bekannt sind (über Miacis und Cynodictis bis zu Tomarctus), liegt die unmittelbare Vergangenheit, die Zeit der Entstehung der ersten Hunderassen, noch immer im Dunkeln. Immerhin hat sich heute die Erkenntnis durchgesetzt, daß der Wolf derjenige ist, aus dem sich die ersten gezähmten Hunde entwickelten und auf den alle später entstandenen Rassen zurückgeführt werden können.

Jungsteinzeitliche Felsmalerei von Tassili n'Ajjer in der Gegend von Sefar (Sahara): Jäger, begleitet von einem Hund des Windhundtyps mit eingerolltem Schwanz und aufgerichteten Ohren.

Die Geschichte des Windhundes ist eng verbunden mit den Anfängen der Kultur des Menschen. Manchmal kann man im Hinblick auf den Windhund das Vorurteil hören, hier müsse es sich um eine künstlich geschaffene, moderne Extremform handeln. Man empfindet landläufig eine kurzbeinige, kurzschnäuzige und stämmige Hundeform als ursprünglicher und gesünder. Ganz im Gegensatz zu diesem Irrtum naturentfremdeter Zeitgenossen gehört der Windhund zu den ältesten Vertretern des Hundegeschlechts. Auf jeden Fall haben wir im Windhund den ältesten als solchen identifizierbaren Hundetyp vor uns, der seine ursprüngliche Gestalt durch die Jahrtausende hindurch bewahrte, was einen unmittelbaren Vergleich heutiger Formen mit frühgeschichtlichen Abbildungen erlaubt. In der Tat

Der untere Teil einer Schminktafel aus Ägypten um 3.200 v. Chr. (aufbewahrt im Ashmolean Museum, Oxford) zeigt orientalische Windhunde bei der Jagd auf Steppenwild.

sind schlanke, langbeinige und athletische Typen die ursprünglichen. Gut zu Fuß zu sein, schneller zu sein als die anderen, das zählte in gleicher Weise auch für die frühen Menschengruppen, die als Jäger und Sammler ständig unterwegs sein mußten.

In der Periode um 8000 v. Chr. war der Mensch Nomade und Jäger. Bei der Nahrungsbeschaffung, dem Erlegen von Tieren in freier Wildbahn, war der Hetzhund als Jagdgehilfe von großem Nutzen. Man nimmt heute an, daß die Erstzähmung des Wolfes vor etwa 15 000 Jahren stattgefunden haben dürfte. Der älteste derzeit bekannte Knochenfund eines Haushundes stammt aus der Palegawra-Höhle im Nordwesten des Irak. Die Radiokarbondatierung weist ihm ein Alter von 12 000 Jahren zu (Olsen in: Science, 1977). Der Hund ist somit das älteste domestizierte Tier überhaupt.

Die Mehrzahl greifbarer Zeugnisse und die historischen Zusammenhänge weisen darauf hin, daß der Vordere Orient sozusagen die Wiege der Kultur des Menschen war. Ca. 8000 bis 7000 v. Chr. begann in Mesopotamien die Seßhaftwerdung des Menschen. Der Ackerbau entwickelte sich und die Züchtung von Schaf und Ziege ist nachgewiesen. Erst von da an wurden auch andere Hundetypen, wie die Hütehunde, erforderlich. Aus dem Jahre 5800 v. Chr. datiert die älteste erhaltene Wandzeichnung eines Jägers mit hochbeinigem Jagdhund, als Windhund zu deuten, bei der Hirschjagd (Südanatolien, Catal Hüyük).

Kann man davon ausgehen, daß der Vordere Orient auch der Ausgangsort für die Verbreitung des Windhundes war? Die Frage nach dem Entstehungsgebiet des Windhundes ist bis heute strittig. Entwikkelten sich Windhundformen nur an einem oder eventuell an verschiedenen Orten gleichzeitig? Diese Fragen sind bisher nicht völlig gelöst und führten zur Entstehung verschiedener Theorien, die sowohl den asiatischen als auch den extrem nördlichen sowie den afrikanischen Ursprung annehmen.

In Nordafrika und dem einstmals paradiesisch fruchtbaren Gebiet der heutigen Sahara weist die neuere Forschung in der Tat eine erstaunliche neolithische Kultur nach. Bereits auf

Der obere Teil eines ca. 30 cm hohen Bechers, der bei Grabungen in Susa (Mesopotamien) gefunden wurde, weist ein umlaufendes Band stilisierter Windhunde auf (etwa 3.500 v. Chr.).

Zwei altägyptische Tesems auf einem Relief aus dem Alten Reich (Grab des Ptahhotep).

6000 v. Chr. wird der frühe Ackerbau mit Schafzucht in Libyen datiert, also kaum später als im Vorderen Orient. Keramikfunde aus derselben Zeit stammen aus dem Hoggar, dem Tibesti und dem Acacusgebirge in Libyen. Anfang des 4. Jahrtausends v. Chr. tritt auch das domestizierte Kurzhornrind auf, so daß man im Gebiet der später austrocknenden Sahara selbst Ägypten voraus war.

Unter den mannigfach erhaltenen beeindruckenden Felsgravuren und Felsbildern der Sahara sind auch viele Windhunddarstellungen: Es gibt sowohl wolfsartige Hetzhunde, die die frühen Jäger des 6. Jahrtausends bei der Jagd auf große Wildtiere begleiten, als auch elegantere, ausgefeiltere Formen mit Stehohren und über dem Rücken eng eingerollten Ruten, wie zum Beispiel der Hund von Sefar im Tassili-Gebirge aus der Zeit um 4000 v. Chr. Da jedoch in Afrika die wilde Stammform des Haushundes, der Wolf, nicht vorkommt, ist eine eigenständige afrikanische Entwicklung nach dem heutigen Kenntnisstand der Wissenschaft ausgeschlossen. Das bedeutet, daß die Haus- und Windhunde Afrikas, auch die Ägyptens, von außerhalb eingeführt worden sein müssen, wofür nur Vorderasien in Frage kommt.

Bei der Verfolgung der Spuren des Windhundes im Altertum hilft uns die Archäologie und gibt über sein Auftreten Auskunft. Gebrauchs- und Kunstgegenstände, Monumente, plastische und bildliche Darstellungen, bis heute erhalten, erzählen uns die Geschichte der Windhundrassen, verwoben mit der Geschichte der Völker, eingebaut in das Auf und Ab menschlicher Kulturen.

Im 4. Jahrtausend hatte sich in Mesopotamien ein Zentrum menschlicher Hochkultur gebildet. Aus diesem Kulturkreis sind uns auch erste Zeugnisse erhalten, Funde aus der Gegend von Ninive, auf denen Windhunde rassemäßig identifizierbar abgebildet sind. In der 1. Hälfte des 4. Jahrtausends v. Chr. wurden Gegenstände hergestellt, die uns glatthaarige, hängeohrige Windhunde vom Saluki- bzw. Sloughityp zeigen: Siegel, Vasen, Schüsseln, Becher. Siegelzylinder, die im nördlichen Tigrisgebiet ausgegraben wurden, sind mit solchen Windhunden verziert, die Steppenwild jagen. Eine ähnliche Jagdszene aus dem Ägypten des ausgehenden 4. Jahrtausends, die vom

»Wüstenjagd«. Szene mit einem altägyptischen Tesem (aus dem Grab des Ptahhotep).

Motiv und Stil her an die mesopotamischen Zeugnisse anschließt, wird im Museum zu Oxford aufbewahrt: Die eine Schminktafel schmückenden Windhunde auf der Steppenwildjagd sind glatthaarig und hängeohrig, eindeutige Orientalen. Der Saluki und seine orientalischen Nebenformen werden daher auch von den meisten Wissenschaftlern als die älteste Rasse angesehen.

Die Präsenz des orientalischen Windhundes im vorderasiatischen bzw. südrussischen Steppenraum können wir uns in Verbindung mit dem Nachweis in Mesopotamien ausmalen. Von hier bzw. den späteren Reichen Sumer, Akkad und Assyrien gingen über Handelsbeziehungen die Verbindungen u. a. nach Osten aus. Hierdurch gelangten die orientalischen Hetzhunde in den Iran und nach Afghanistan, wo sie in abgeschiedenen Gebieten bodenständige Spezialtypen herausbilden konnten. Kunstvoll stilisierte Windhundmotive entzücken noch heute Museumsbesucher, die die Keramiken betrachten, die im alten Susa (Iran) in der 2. Hälfte des 4. Jahrtausends hergestellt wurden. Ein charakteristischer Becher aus gebranntem Ton, verziert mit einem Steinbock als Hauptmotiv und einem umlaufenden Band stilisierter Windhunde, wird im Louvre, Paris, aufbewahrt. Die weitere Verbindung nach Indien und China liegt auf der Hand.

In Ägypten war parallel zur Euphrat-Tigris-Kultur eine andere

Die »Rückkehr von der Jagd« zeigt einen glatthaarigen Windhund mit hängenden Ohren (aus Theben, 15. Jahrhundert v. Chr., Grab des Wesirs Rechme-Re).

Früh-Hochkultur am Nil entstanden. Die Ägypter haben uns einen Schatz an Reliefs, Skulpturen, Malereien, Schmuck- und Kultgegenständen hinterlassen. Dadurch gaben sie uns einzigartige Hinweise auf ihre Lebensweise, die afrikanische Fauna und Flora und natürlich ihre Hunde, unter denen man schon bis zu 7 verschiedene Rassen zu erkennen glaubt. Die naturgetreue Darstellung der Tiere macht altägyptische Kunstwerke zu historischen Zeugnissen ersten Ranges.

Ab dem 3. Jahrtausend v. Chr. finden wir auf zahlreichen Reliefs und Wandbildern einen stehohrigen, ringelschwänzigen Windhund: Akteur in der Darstellung von Jagdszenen auf afrikanisches Wild wie Antilopen, Gazellen, Strauße, Hasen. Er wurde von den Ägyptern *Tesem* (TSM) genannt. Sein Pendant hatte er in dem Windhundtyp, der auf den neolithischen Felsbildern der Sahara in ganz Nordafrika erscheint. Formen von auffallender Ähnlichkeit sind noch heute in Mittelwest- und -ostafrika vorhanden. In Europa sind seine heutigen Nachkommen in den stehohrigen Windhundformen des Mittelmeerraumes und der Kanaren (»Pharaonenhunde«) zu suchen.

Völkerwanderungen und Volksverschiebungen, die im Laufe der Geschichte immer wieder vom vorderasiatischen Stammgebiet des orientalischen Windhundes ihren Ausgang nahmen, haben zweifelsohne den maßgebenden Anteil an seiner Verbreitung. Vorindogermanische und indogermanische Volksstämme, Reitervölker, die aus den südrussischen Steppengebieten nach Süden und Westen zogen, führten ihre Windhunde mit sich und verbreiteten sie über die Kontinente. Auf diese Weise nahm auch der Windhund, der immer schon eine Kostbarkeit darstellte, seinen Weg von einem Volk zum anderen. Handel sowie der Austausch von Kulturgütern, sei es auf dem Land- oder Seeweg, spielten eine andere wichtige Rolle dabei.

Im 2. Jahrtausend v. Chr. finden wir den Windhund im Reich der eingewanderten Hethiter in Anatolien (Kleinasien), die sich als ältestes indogermanisches Kulturvolk die Jagdgewohnheiten ihrer Steppenherkunft bewahrten.

Zu dieser Zeit tauchte der Windhund auch in den aufblühenden Mittelmeerkulturen auf. Zuerst in Kreta, dann fand er in Griechenland eine Basis für seine weitere Verbreitung im Mittelmeerraum. Kreta, das einerseits im Einflußbereich der Hethiter stand und daneben lebhafte Verbindungen zu Ägypten unterhielt, wurde für die

Auf einer Terrakotta im alten Griechenland: die Figuren typischer Windhunde (British Museum, London).

Das römische Mosaik aus »El Djem«, ausgestellt im Bardo-Museum in Tunis, zeigt die Jagd der Römer auf nordafrikanischem Boden mit Pferden, glatthaarigen Windhunden und Spürhunden auf Hasen (aus der Periode um 300 n. Chr.).

westeuropäischen Kulturen ein wichtiges Ausstrahlungszentrum. Sein stehohriger Windhundtyp, der eine auffallende Ähnlichkeit mit dem ägyptischen Tesem hatte, gelangte im Laufe der kommenden Jahrhunderte über Sizilien und die Balearen bis an die iberischen Küsten und ist auf einigen Mittelmeerinseln in recht ursprünglicher Form bis heute anzutreffen. Der kretische ist der neben dem ägyptischen Tesem im Altertum am häufigsten dargestellte Windhund.

In Ägypten finden wir ab dem 15. Jahrhundert v. Chr. den Tesem der alten Dynastien abgelöst durch einen hängeohrigen Windhund mit tief getragener Rute, der dem mesopotamischen bzw. dem asiatischen gleichkommt. Die Einfälle kleinasiatischer Kriegerstämme ursprünglich indogermanischer Herkunft, der Hyksos, mit der bisher unbekannten Ausrüstung von Pferden und Kriegswagen mögen mit dem Erscheinen des orientalischen Windhundes in Ägypten in Verbindung stehen. Der heutige Sloughi Nordafrikas präsentiert sich als das lebende Abbild jenes Hundes, den die vornehmen Ägypter im Neuen Reich zur Jagd führten.

Auch in Griechenland verbreitete sich im Verlauf des 1. Jahrtausends v. Chr. ein neuer, von den anderen in der Antike bekannten Rassen verschiedener Windhundtyp, der sogenannte Lakonier, benannt nach der gleichnamigen Landschaft mit der Hauptstadt Sparta. Er kam wahrscheinlich zusammen mit den Wellen indogermanischer Völker, die Griechenland besiedelten, von jenseits des Balkans. Obwohl von ihm nicht nur Renn-, sondern auch nicht windhundeigentümliche Spüreigenschaften überliefert sind, gehört er äußerlich zum westlichen Windhundtyp und erinnert an den Greyhound.

Die Römer bevorzugten einen höher entwickelten Windhund, den *Vertragus*, der sich bald im ganzen damaligen Römischen Reich und seinen Provinzen durchsetzte. Dem Vertragus kommt für Europa größte Bedeutung zu; alle heutigen rosenohrigen Windhundrassen tragen sein Erbe. Sein Einfluß war selbst in Nordafrika zu finden, wo er auf Mosaiken der damaligen römischen Provinzen abge-

»Große Arth der Wind Hunde, wovon der Größere den Schirmer oder Retter vorstellt« nach I. E. Ridinger. Der deutsche Windhund war noch im 18. Jahrhundert (1768) weit verbreitet. Die neben der Jagdtasche liegende Flinte gehört nicht zum üblichen Jagdgerät des Windhetzers.

bildet ist. Dieser Windhund war keltischen Ursprungs; sein Name entstammt diesem Sprachgut. Die Römer hatten den Vertragus und die Technik der Hetzjagd von den Kelten übernommen, als diese bis zum nördlichen Mittelmeerraum vordrangen.

Die Kelten, die im letzten Jahrtausend v. Chr. von Osten kommend nach Europa einwanderten, waren leidenschaftliche Jäger. Sie besiedelten als Hauptsitz Gallien, auch Britannien und Irland. Man findet ihren Vertragus als Motiv in der gallischen Töpferkunst und auf galloromanischen Mosaiken. Die verschiedenen indogermanischen Völkerzüge hatten Auswirkungen auch auf Iberien, wo der Name des bodenständigen Windhundes, *Galgo*, in Spanien noch heute an die Gallier erinnert. Durch die Kelten gelangten die Windhunde im 4. Jahrhundert v. Chr. auch auf die Britischen Inseln. Mindestens seit dieser Zeit soll der Windhund von der Art des heutigen Greyhounds dort heimisch sein. Auch den später von Norden nachrückenden germanischen Stämmen vermittelten die Kelten ihren Typ des Windhundes. Abbildungen und schriftliche Überlieferungen aus der fränkischen Zeit bekunden die Haltung und den Gebrauch des aus der keltoromanischen Kultur übernommenen Hetzhundes.

Von der jüngeren Vergangenheit des Windhundes in Europa vermögen uns mittelalterliche Kunstgegenstände lebhafte Vorstellungen zu vermitteln. Auf vielen bekannten zeitgenössischen Gemälden und Kupferstichen finden wir einen oder mehrere Windhunde, sei es als stilgerechte Teilnehmer höfischen Lebens, sei es als Hauptgegenstand von Jagdszenen oder als schmückende Accessoires. Porzellannachbildungen, Plastiken, Holzschnitte und Reliefs halten die Anmut ihrer Pose und die Grazie ihrer Bewegung bis heute fest. Die Darstellungen von Windhunden bei der Jagd illustrieren alte Jagdlehrbücher und veranschaulichen uns die mittelalterlichen Jagdgebräuche.

Die einzelnen europäischen Länder besaßen ihre eigenen Windhunde, meist glatt- bzw. leicht rauhhaariger Art, Nachkommen des keltischen oder gallischen Windhundes, in bodenständigen Schlägen. Auch der deutsche Windhund war noch im 18. Jahrhundert weit verbreitet und wurde zu seiner angestammten Aufgabe verwandt; Ostpreußen war seine letzte Zufluchtsstätte. Nach der Französischen Revolution, die die Adelsprivilegien, darunter auch das der Meuten- und Windhundjagd abschaffte, war auch die große Zeit der Windhunde hierzulande vorbei.

Eine neue große Zeit der Windhunde hat in Europa, wenn auch unter anderen Voraussetzungen, längst wieder begonnen. Jetzt ist es die Freude am edlen Hund, die reine Liebhaberei, die die Windhundhaltung und Windhundzucht zu neuer, nie dagewesener Blüte bringt.

KAPITEL 2

Die Verbreitung der Windhundtypen und Rassen

Von frühgeschichtlicher Zeit an begannen die Windhunde, sich über die Kontinente zu verbreiten, sei es durch die Völkerwanderungen, sei es durch Tausch oder als Geschenkobjekte von hohem Wert. Wir finden verschiedene Windhundtypen, die noch heute ihren Stammformen weitgehend entsprechen, in den Kontinenten Europa, Asien und Afrika. Länder, die zunächst ohne Windhunde waren, übernahmen diese von anderen.

Zu den Ursprungsformen kamen im Laufe der Zeit neue hinzu, andere wurden abgelöst, oder Kombinationen entstanden. Obwohl der Körperbau aller Windhunde die einheitliche Grundform bewahrt hat und unverkennbare Gesamtmerkmale aufweist, haben sich doch in den Sekundärmerkmalen Unterschiede herausgebildet, aufgrund derer die verschiedenen Rassen zu unterscheiden sind.

Klima, Terrain und Spezialisierung in der Jagdverwendung in den verschiedenen Ländern und Erdteilen bedingten die Herausbildung unterschiedlicher Größen, Haararten, Farben sowie anatomischer Details. Analog dazu existieren Unterschiede in Wesen und Temperament. Bei all den verschiedenen bodenständigen Rassen oder Schlägen handelt es sich unbedingt um Zweckmäßigkeitsformen – herausgebildet oder selektiert, um in der jeweiligen Umgebung die jagdliche Bestleistung bringen zu können.

Viele Versuche sind schon unternommen worden, die Windhunde in Gruppen einzuteilen. Eine exakte Klassifizierung nach übereinstimmenden Merkmalen, möglichst noch zusammengefaßt nach gemeinsamen Verbreitungsgebieten, ist jedoch schwierig. Wir wollen eine Zusammenfassung der Typen nach den verschiedenen Ohrformen vornehmen.

Die im *Westen* heimischen Windhunde (*Okzidentale Gruppe*) besitzen das sogenannte *Rosenohr*, ein kleines, am Kopf zurückgefaltetes Ohr, bei dem die Muschel nach außen gedreht und voll sichtbar ist. Die Rückenpartie der rosenohrigen Windhunde ist mehr oder weniger stark gewölbt. Allerdings finden wir Vertreter dieser Gruppe daneben auch im Mittleren und Fernen Osten.

Die meisten im *Osten* beheimateten Windhundarten (*Orientalische Gruppe*) besitzen das *Hängeohr*. Ihre Rückenlinie verläuft meistens horizontal und flach.

Im *Mittelmeerraum* schließlich finden wir einige Windhundschläge (*Mediterrane Gruppe*), die übereinstimmend *stehohrig* sind.

Die beiden bedeutendsten sind die westliche und die östliche Gruppe.

Drei Repräsentanten der verschiedenen Windhundgruppen: je ein glatthaariger Vertreter der a. okzidentalen Gruppe (Greyhound, rosenohrig), b. orientalischen Gruppe (Sloughi, hängeohrig), c. mediterranen Gruppe (Pharaonenhund, stehohrig).

Rosenohrige Windhunde

Die meisten Vertreter der rosenohrigen Windhundgruppe gehören nach Europa.

Markantester Vertreter ist der englische *Greyhound*: glatthaarig, groß, mit gewölbter Rückenlinie und stark gewinkelten Gliedmaßen sowie kräftigen Muskeln – direkter Abkomme des keltischen Windhundes. Er ist der schnellste Windhund auf kurzen Strecken, befähigt zu Blitzstarts und rasanten Höchstleistungen auf Kurzdistanz.

Ähnlich proportioniert, jedoch mittelgroß ist der *Whippet.* Von den Britischen Inseln stammen neben den ersten beiden auch die rauhhaarigen, sehr großen Arten *Deerhound* und *Wolfhound*, die, wie ihr Name sagt, in früheren Jahrhunderten zur Hirsch- und Wolfsjagd eingesetzt wurden.

Gleichen keltischen Ursprungs und von ähnlichem Typ wie der Greyhound ist der *Galgo* Spaniens, daneben der *Magyar Agar* in Ungarn.

Die kleine Ausgabe desselben Grundtyps und daneben die kleinste Windhundrasse überhaupt finden wir im *Italienischen Windspiel.*

Den prominenten russischen *Barsoi*, den Wolfsjäger, groß und langhaarig, muß man aufgrund seiner Rosenohrform und der prägnant gewölbten Rückenpartie ebenfalls zu dieser Gruppe zählen – wie auch den kurzhaarigen russischen Windhund, den dem Greyhound stark ähnelnden *Chortaja.* Vom Wesen her ist der Barsoi jedoch Asiate.

In China kommt eine glatthaarige

Windhundform vor, die an den Greyhound erinnert, ja, die auch stark greyhoundblütig sein dürfte. Daneben existiert eine kleine Form dieses Schlags. Auch in Süd- und Westindien kommen mittelgroße, schnelle Windhundarten vom glatthaarigen, rosen- bzw. kippohrigen Typ vor.

Die in Australien gezüchteten Windhunde sind entweder mit dem Greyhound identisch, oder sie stellen spezielle Kreuzungen, ebenfalls mit starkem Greyanteil neben Deerhoundblut, zur Känguruhjagd dar.

Hängeohrige Windhunde

Die orientalischen Windhunde sind in dem riesigen mittel- und südasiatischen Raum sowie in Nordafrika beheimatet.

In Nordafrika finden wir den glatthaarigen *Sloughi*, den arabischen Windhund. Südlich der Sahara schließt sich ein ähnlicher Typ, der *Azawakh* oder *Windhund der Tuareg*, an. Im Osten Afrikas kommen Schläge vor, die in der Gestalt dem orientalischen Windhund nicht unähnlich sind, die durch ihre Kippohren und gröberen Körperbau jedoch aus dem Bild herausfallen. Prägnantester Vertreter ist der sogenannte *Shilluk-Windhund.* Der *Saluki*, der älteste Orientale, verkörpert diesen Windhundtyp am augenfälligsten. Indem er sich vom nahe verwandten Sloughi fast nur durch seine mäßige Befederung unterscheidet, zeigt er das typische Hängeohr, die horizontale Rückenlinie und die hohen, flach bemuskelten Gliedmaßen, die den Orientalen als ausdauernden Langstreckenläufern eigen sind. Mit Sloughis und Salukis wurde alles flüchtige Wild der Steppen gejagt, von Hasen bis zu Gazellen. Sloughis fangen auch wehrhafte Schakale. Saluki ist arabisch, und die typischen Hunde dieses Namens findet man von Saudi-Arabien bis Persien.

In der Türkei nennt man die Rasse *Tazi,* und so werden auch viele verwandte Schläge in weiteren Räumen Vorder- bis Ostasiens bezeichnet.

Zu den weniger bekannten Arten zählen der *Kurdische Windhund* mit etwas längerem Haar und der kurzhaarige südrussische *Steppen-Windhund* aus dem Gebiet zwischen Asowschem und Kaspischem Meer. Weitere Unterarten des Tazi kommen in der Sowjetunion vor, so der *Turkmenische* und der *Kirgisische Windhund.* Diese sind im allgemeinen unbefedert.

Desgleichen ist ein solcher glatthaariger Typ in Afghanistan bekannt, der auf die Gazellenjagd spezialisiert ist. Aus Afghanistan stammt ebenfalls der heute bei uns so populäre *Afghanische Windhund*, der durch die besondere Art seines lang wallenden Haarkleides einen ganz eigenen, unverwechselbaren Typ darstellt. Mit ihm wurde im Gebirge das Steinwild gejagt.

In China kommen Taziformen in befederten und glatthaarigen Varianten vor. Beide sind in künstlerischen Zeugnissen seit rund zweitausend Jahren repräsentiert.

In Nordindien existiert ein sehr kräftiger, glatthaariger Windhundtyp, der *Rampur-Windhund,* der hauptsächlich zur Hirschjagd verwendet wird.

Stehohrige Windhunde

Die stehohrigen Windhunde bzw. windhundverwandten Hunde des Mittelmeerraumes und der Kanaren bilden im Vergleich zu den anderen eine kleine, doch sehr interessante Gruppe. Bestimmte Angehörige dieser Gruppe werden *Pharaonenhunde* genannt, da vermutet wird, daß sie die Nachfahren des altägyptischen Tesem-Windhundes sind, dessen überlieferten künstlerischen Darstellungen sie tatsächlich – bis auf einen Unterschied in der Rutenhaltung – nahekommen. Ihr Jagdverhalten – die Jagd mit Auge und Nase – und ihr Körperbau läßt sie als eine Sonderform erscheinen, sozusagen auf der Schwelle zwischen Windhund und Laufhund. Einige ihrer Vertreter tendieren mehr zum einen, die anderen mehr zum anderen Typ.

Auf Malta lebt der *Kelb tal Fenek*, der dem heutigen Standard des Pharaonenhundes als Modell dient.

Auf den Spanien vorgelagerten Balearen und im katalonischen Küstengebiet wird ein Hund gleichen Ursprungs, der *Podenco ibicenco,* zum Kaninchenfang verwendet.

Auf den Kanarischen Inseln und Madeira findet sich eine verwandte Form, der *Podenco Canario.*

Eine kleinere Art kommt auf Sizilien vor, der *Cirneco dell'Etna.* Er jagt ebenfalls Kaninchen.

Der auf Kreta beheimatete *Kretikos Ichnilatis* hat Vorfahren, die schon im Altertum häufig künstlerisch dargestellt wurden.

Auch in Afrika finden sich noch heute stehohrige Windhundrassen, die auf eine Verwandtschaft mit dem altägyptischen Tesem schließen lassen, speziell in Nordostafrika. Die südlichste Art des stehohrigen Windhundtyps kommt auf der Insel Sansibar vor der Ostküste Afrikas vor. Hier, wie auch im Mittelmeerraum, sind die Übergänge zu den Lauf- bzw. Pariahunden fließend. In Mittelafrika findet man stehohrige, hochbeinige Pariaschläge, deren Beziehung zum Pharaonenwindhund offensichtlich ist. Auch den *Basenji* kann man hier heranziehen.

Die europäische Festlandverwandtschaft des Pharaonenhundes sind die spanischen *Podencos* und portugiesischen *Podengos.* Obwohl dem Pharaonenhund recht ähnlich, sind sie im Gegensatz zu diesem regelrechte Laufhunde.

Resümierend können wir feststellen, daß fast jedes Land Europas, Mittel- und Südasiens und Nord- bzw. Mittelafrikas seine bodenständige Windhundform besitzt oder früher besaß. Heute findet man daneben Windhundrassen jeden Ursprungs in Liebhaberkreisen. Amerika und Australien, die früher windhundlosen Kontinente, sind heute gleichermaßen bedeutend in der Zucht. Deutschland selbst hatte um die Jahrhundertwende, als das Interesse an kynologischer Organisation aufkam, keine einheimische Windhundrasse mehr aufzuweisen, obwohl auch bei uns noch bis ins 19. Jahrhundert mit großen glatthaarigen Windhunden gejagt wurde. Sie haben sich aber durch das rigorose Verbot der Windhundjagd nicht erhalten können. Somit gründet die ganze Windhundzucht hierzulande auf Importen; teils aus einer Periode,

Das Stammgebiet der hängeohrigen orientalischen Windhunde sind die wüstennahen Regionen. Hier ein Sloughi im heimatlichen Terrain.

die nun auch bereits 100 Jahre zurückliegt, teils aber auch ganz aktuell.

Von den ca. 30 verschiedenen Windhundrassen, die uns heute bekannt sind, sind 13 Rassen in Europa »heimisch« geworden. Ihre Standards sind bei der FCI (Fédération Cynologique Internationale) hinterlegt, und sie sind damit offiziell zu Ausstellungen und zum Windhundsport zugelassen.

Diese 13 Rassen sind:
Greyhound
Whippet
Italienisches Windspiel
Galgo Español
Magyar Agar
Irish Wolfhound
Deerhound
Barsoi
Afghane
Saluki
Sloughi
Azawakh
Pharaoh Hound

Wenn man die Standards betrachtet, sieht man, daß Großbritannien und Irland ihre eigenen Rassen bewahrt haben und gleichzeitig Vorreiter beim Import orientalischer Rassen waren. Mit den Exoten kamen sie bevorzugt dadurch in Berührung, daß Britannien seine Kolonialarmee bis in den Fernen Osten sandte. Allein bei sechs Standards für Windhundrassen ist Großbritannien federführend und beim siebten Irland. Vier davon sind britische bzw. irische Rassen: Greyhound, Whippet, Scottish Deerhound und Irish Wolfhound. Drei sind Exoten: Afghane, Saluki und Pharaoh Hound.

Zwei europäische Länder haben sich vor wenigen Jahren auf ihre alten nationalen Windhundrassen besonnen und deren Standard erstellt: Spanien für den Galgo español, Ungarn für den Magyar Agar. Frankreich hatte jahrzehntelang das Patronat für den Sloughi, bis sich Marokko in jüngster Zeit seiner Nationalrasse selbst annahm. Nun wird der Azawakh aus der Süd-Sahelzone Afrikas von Frankreich verwaltet. Für Windspiele, die schon mindestens seit dem Mittelalter in ganz Europa zu Hause sind, hat Italien als traditionell angenommenes Heimatland die Standardführung beansprucht.

Für den Barsoi hat sich die internationale Windhundkommission der FCI zuständig erklärt, nachdem die kynologische Verbindung zum nachrevolutionären Rußland unmöglich war. Für eine 14. Rasse, den Polnischen Windhund (Chart Polski), hat die FCI im Jahre 1989 einen Standard neu akzeptiert. Die Rasse verbleibt aber noch eine Zeitlang im Beobachtungsstadium. Sie ist in Westeuropa bisher fast unbekannt.

Windhunde aller standardisierten Rassen wurden im Verlauf dieses Jahrhunderts in Deutschland eingeführt und eingebürgert. Sie werden heute hier betreut und gezüchtet, teilweise in sehr bedeutenden Zahlen. Das Ausstellungswesen und der Windhundrennsport haben einen ganz wesentlichen Anteil an der internationalen Verbreitung der Windhunde. Durch die Möglichkeiten des modernen Tourismus hatte schon mancher Hundeliebhaber Gelegenheit, Windhunde aus ihrer fernen Heimat mitzubringen. Manche Rasse aus entlegenen Gebieten wird auf diese Weise vielleicht in Zukunft der Kynologie neu vorgestellt und womöglich sogar populär werden.

KAPITEL 3

Windhunde sind anders

Um die Windhunde besser kennenzulernen, ist es wichtig zu wissen, wie sie früher gehalten und nach welchen Gesichtspunkten sie gezüchtet und selektiert wurden. Der Schlüssel zum Verständnis ihres Wesens ist ihre Tradition, ihre Verwendung.

Tradition des Windhundes

Wie wir am Anfang feststellten, ist die Geschichte des Windhundes so alt wie die frühesten menschlichen Kulturen. Beim Windhund handelt es sich wahrscheinlich um den ersten Gehilfen des Menschen: gezähmt und gezüchtet, das flüchtige Wild zu verfolgen – der verlängerte Arm seines jagenden Meisters, weit über den Radius aller mechanischen Waffen hinaus –, an Schnelligkeit dem schnellsten Wilde gleich. Bis heute blieb die charakteristische Gestalt des Windhundes unverändert, hochläufig, geschmeidig, ganz ihrem Zweck entsprechend. Auch in Wesen, Charakter und Instinkt gleichen die heutigen Windhunde ihren Ahnen.

Das Leben der Windhunde verläuft noch heute bei manchen Volksstämmen im Orient getreu uralter Tradition. Wir treffen sie an wie vor Zeiten, unverändert im äußeren Erscheinungsbild und im Gebrauch: neben den Reittieren Pferd oder Kamel, neben dem Jagdgefährten Falke, im Besitz der stolzen, unabhängigen Wüstennomaden, der Zeltbewohner, oder in Koppeln gehalten und eingesetzt zum exklusiven Jagdvergnügen mächtiger Scheichs.

Während es sich bei der in hochgestellten Kreisen gepflegten Windhundjagd um ein zum Vergnügen veranstaltetes Ereignis handelt, dient die Windhundjagd bei den Beduinen der Nahrungsbeschaffung. Saluki und Sloughi sind die Fleischversorger der Familie. Daher befinden sie sich auch in enger Lebensgemeinschaft mit ihren Besitzern. Sie gehen im Zelt ein und aus, sie teilen oft das menschliche Lager, sie werden betreut und liebkost, wogegen die Wachhunde stets auf Distanz bleiben und sonstige Hunde als gemein gelten. So genießt der Windhund im Orient eine – im Hinblick auf andere Hunderassen – unvergleichliche Vorzugsstellung.

Über den Orient hinaus war der Windhund schon früh in der antiken Welt, auch in Europa, verbreitet worden. Offensichtlich war in dem uns recht gut bekannten Zeitraum, der tausend Jahre vor Christi Geburt be-

Das Leben der Windhunde verläuft noch heute bei manchen Volksstämmen im Orient getreu uralter Tradition. Pferd und Sloughi gehören wie selbstverständlich zu diesem Jäger, der im Dienst eines marokkanischen Stammesfürsten steht.

ginnt und mit der neueren Zeit endet, die Haltung und der Gebrauch von Windhunden ausschließlich Privileg von Angehörigen der herrschenden Oberschicht. Windhunde waren seit je eine Kostbarkeit. Sie stellten ein exklusives Statussymbol dar und waren daher auch nicht, wie irgendeine Ware, käuflich oder verkäuflich. Sie wechselten höchstens bei besonderen Anlässen als fürstliche Geschenke den adligen Besitzer.

Die Zucht war die Voraussetzung für die Haltung und Benutzung von Windhunden für die Jagd. Bis in die letzten Jahrhunderte hatte der Adel allein das Privileg der Jagd – damit auch der Windhundjagd, ihrer Haltung und Zucht. »Der Aristokrat unter den Hunden – der Hund der Aristokraten«. Keinem Bürgerlichen kam dieses Recht zu, und keinem Bürgerlichen hatte deshalb auch je der Besitz eines Windhundes zugestanden.

In den Weiten des zaristischen Rußlands stellte die Jagd mit Barsois auf den Wolf eine der exklusivsten Sportbetätigungen der herrschenden Oberschicht und der aristokratischen Großgrundbesitzer dar. In unseren europäischen Ländern war die Jagd mit dem Greyhound bzw. ihm ähnlichen Regionalrassen ausschließlich dem Adel vorbehalten. Lediglich die Whippets, die entwicklungsgeschichtlich die jüngste Windhundrasse sind, stellen so etwas wie einen revolutionären Windhundtyp dar, der gerade deshalb gezüchtet und gefördert wurde, um damit die aristokratischen Privilegien der Windhundjagd brechen zu können.

Heute haben sich die Zeiten gewandelt. Der Adel mit seinen Vorrechten und dem großen Ländereibesitz ist verschwunden. Die freie Jagd mit dem Windhund ist weitgehend unmöglich geworden. Durch die geschichtlichen und soziologischen Entwicklungen haben die Windhunde bei uns ihre eigentliche Aufgabe verloren. Windhundzucht ist in »bürgerliche« Hände übergegangen. Obwohl wir schon lange nicht mehr auf die Dienste des Windhundes angewiesen sind und die Jagd weitgehend nur noch mit mechanischen Hilfsmitteln betreiben, ist der Windhund bei uns heimisch. Ja, er wird zunehmend beliebter. Jetzt kommt ihm seine Schönheit zugute, um derentwillen er geliebt und bewundert wird. Motiv für die Windhundzucht ist nicht mehr der Nutzeffekt, den man aus seinen Jagdeigenschaften zieht, sondern einfach der Reiz, der in seiner außergewöhnlichen Erscheinung und seinem interessanten Wesen liegt. Die Jagdeigenschaften prädestinieren ihn zu sportlichen Wettkämpfen, in denen der moderne Mensch und der heutige Windhund eine neue Betätigung finden.

In Ländern, wo gewerblicher Windhundrennsport betrieben wird, wie z. B. England, Spanien und Amerika, ist die Situation allerdings schon wieder eine andere. Dort ist die Windhundzucht wohl zweckbestimmt. Es geht jetzt nicht mehr um das jagdliche Vergnügen, sondern um die Zehntelsekunden im Cynodrom und den damit verbundenen Gewinn im Wettgeschäft.

Bei uns und in vielen anderen Ländern wird der Windhundrennsport rein als Ausgleich für den Hund und aus Freude am sportlichen Kräftemessen betrieben. Er dient der artgemäßen Betätigung der Windhunde und stellt damit eine tierschützerische Maßnahme dar, die an die jahrtausendealte Tradition der Windhunde anknüpft.

Äußere Erscheinung

Mit den verschiedenen Windhundrassen begegnet uns eine Gruppe Hunde, die sich sowohl durch ihr Äußeres als auch durch ihre Eigenschaften stark von allen anderen Rassen unterscheidet.

Den Windhunden sind besondere anatomische Proportionen eigen: ein in der Tiefe enorm ausgeprägter Brustkorb, stark aufgezogene Bauchpartie, hohe, schlanke Läufe, spannkräftiger Rücken, langer Hals und langer, schmaler Kopf.

Der Knochenbau an sich ist feiner und zarter als der anderer Hunde, denn für die Hochgeschwindigkeit ist ein möglichst geringes Knochenge-

In den Weiten des zaristischen Rußlands stellte die Jagd mit dem Barsoi eine exklusive Sportbetätigung der aristokratischen Großgrundbesitzer dar. Hier »Ausfahrt zur Hetzjagd mit Barsois« nach einem Gemälde von H. Ungewitter.

Windhunde in guter Kondition sind schlank und trocken. Bei den kurzhaarigen Rassen kann man die Rippen und Hüftknochen sehen, ebenso das Spiel der Muskeln und Sehnen. Hier zwei Sloughi-Hündinnen.

wicht wichtig. Herz und Lunge sind wesentlich stärker entwickelt als bei anderen Hunden. Durch ihre ausgefeilte Anatomie und ihre stolze Haltung wirken Windhunde ausgesprochen elegant. Ihrer Gestalt sieht man ihre Bestimmung an – das Laufen, das Hetzen. Ihr Körperbau läßt ihre dominierende Eigenschaft erkennen – ihre ungeheure Schnelligkeit, mit der sie jede andere Rasse übertreffen.

Das Auftreten eines Windhundes in der Öffentlichkeit löst meist spontane Reaktionen aus und fordert die Kommentare der Umwelt heraus: Verblüffung über die ungewohnte Erscheinung und – nachdem das Auge ganz erfaßt hat, was es sieht – Entzükken und Bewunderung bei den einen oder einfach Unverständnis für den »dünnen Hund« bei anderen.

Ein Windhund in guter Kondition ist schlank und trocken. Ja, bei den kurzhaarigen Rassen soll man die Rippen und Hüftknochen sehen, ebenso das Spiel der Sehnen und Muskeln. (Die Muskeln sind übrigens die einzigen Körperpartien, in denen die Windhunde »Masse« zeigen.)

Das wird nicht etwa, wie manche Beobachter irrtümlich schließen, durch mangelhafte Fütterung erreicht. Kraftvolle, federnde Schlankheit bei seidig glänzendem Fell ist vielmehr das Ergebnis einer hochwertigen Fütterung, verbunden mit artgerechtem Auslauf.

Auch die manchmal von Unwissenden vorgebrachte Vermutung der Überzüchtung geht fehl. Gerade Windhunde präsentieren sich in einer seit Jahrtausenden unveränderten Gestalt, welche ihnen körperliche Höchstleistungen ermöglicht, verbunden mit äußerst wachen Sinnen. Dabei ist der normale Windhund von großer Zähigkeit, charakterlicher Ausgeglichenheit und Nervenstärke.

Die Gestalt des Windhundes ist ausgewogen und vollkommen eingerichtet für die Betätigung, die für das Laufwesen Hund und seine Vorfahren zu allen Zeiten die normale war: das Laufen und Rennen nämlich. Das Nebenprodukt sozusagen ist eine ästhetische Schönheit, eine Leichtigkeit wie die einer Gazelle, mit deren Schnelligkeit der orientalische Windhund sich mißt.

Sinne

Wie orientiert sich der Hund im allgemeinen? Er benutzt seinen Geruchssinn, seine Nase. Auch die Jagdhunde arbeiten mit der Nase an der Fährte. Der Windhund dagegen gebraucht in erster Linie seine Sicht, was ihn von allen anderen Hunderassen deutlich unterscheidet. Im Freien sieht man ihn nicht mit der Nase am Boden, es sei denn, eine sehr aufdringliche Duftspur fände sich am Wege. Vielmehr trägt er seinen schlanken Hals hoch erhoben, und sein waches Auge ist aufmerksam spähend in die Runde gerichtet. Windhunde sind ungemein scharfsichtig. Noch die kleinste Bewegung im weit entfernten Feld, ja am Horizont, wird wahrgenommen.

Auch das Gehör ist gut ausgeprägt. Lauschend und mit aufmerksam schweifendem Blick sehen wir ihn, wenn er uns in die Natur begleitet. Da das Entstehungsgebiet der Windhundrassen die weite Steppe und wüstennahe Region ist, läßt sich leicht verstehen, warum ihnen ein scharfes Auge weit nützlicher war als ein ausgeprägter Geruchssinn. Den Lauf der Beute in weiter Landschaft mit dem Auge zu verfolgen und gleichzeitig ihren Fluchtweg in rasantem Lauf

Alle Windhunde sind ungemein scharfsichtig. Diesem aufmerksam spähenden Saluki wird keine Bewegung am Horizont entgehen.

nachzumessen war hier stets der erfolgversprechendste Weg zum Ziel.

Windhundeigenart ist es auch, lautlos zu jagen. Der hetzende Windhund verschwendet seine Kraft nicht mit Gebell. Ein Verbellen wäre schon deshalb sinnlos, weil der Windhund und das gehetzte Wild schnell außer Hörweite des menschlichen Begleiters gelangen. So wird man den Windhund höchstens auf der Rennbahn beim Warten auf seinen Start vor Ungeduld fiebernd Laut geben hören. Daß die meisten Windhunde auch ansonsten nur dann einmal bellen, wenn es etwas Besonderes zu vermelden gibt, wird man sicher als angenehm empfinden.

Bemerkenswert ist der gute Orientierungssinn der Windhunde. Sie finden selbst in unbekanntem Gelände mit unerhörter Sicherheit zu ihrem Ausgangspunkt zurück, auch wenn sie kilometerweit gelaufen waren. Der Besitzer braucht deshalb auch nicht mutlos zu werden, wenn sein Windhund beim Spaziergang im Freien einmal eine Zeitlang verschwunden sein sollte. Er sollte dort warten, wo der Hund weglief, und sich nicht auf eine meist aussichtslose Suche begeben. Das Tier kommt in aller Regel dorthin zurück.

Hetztrieb

Windhunde sind Hetzhunde. Ihre Bestimmung von alters her war die Jagd, die Hetze in den Steppen Europas, Asiens und Afrikas, und heute noch in den ausgedehnten Halbwüsten des Orients.

Viele Hunderassen, besonders die hochbeinigen, haben den Trieb zu laufen und auch zu verfolgen. Viele Hunde folgen ihrem Instinkt und jagen, spielerisch oder ernsthaft, oder würden es tun, wenn sie nicht durch strenge Erziehungsmaßnahmen daran gehindert würden. Bei manchen ist dieser Trieb auch verkümmert, und aus anderen Rassen wiederum wurde dieser wölfische Urinstinkt ganz herausgezüchtet. Entsprechende Selektion machte aus ihnen ortstreue Wach- und Hütehunde.

Windhunde besitzen Hetztrieb. Bei solchen Stämmen, die noch bis vor kurzem zur Jagd gezüchtet wurden, ist er ausgeprägt; in Zuchten, die auf Renneigenschaften Wert legen, ebenfalls. Bei anderen, die vielleicht schon lange in »zivilisierten Ländern« nur auf Schönheit gezüchtet wurden, mag er gelegentlich nachgelassen haben.

Der arteigene Hetztrieb ist es, der sie allem folgen läßt, was sich in einer bestimmten Weise bewegt. Schon die Welpen treiben Verfolgungsspiele untereinander, sie interessieren sich spielerisch für Lockmittel, die vor ihnen hergezogen werden. Die Bewegungen, die z. B. in der Natur durch den Wind hervorgerufen werden, ziehen sie an. Der Windhund folgt dem, was sich von ihm fortbewegt, und jagt dem hinterher, was eine schnelle Flucht andeutet. Das, was stehenbleibt, verliert sein Interesse. Die Bewegung zieht ihn magisch an.

Diesen Instinkt machten sich auch die Windhundjäger zunutze, wenn sie die Hunde auf flüchtiges Wild ansetzten. Eine bestimmte Technik, zum Beispiel bei der Konfrontation mit wehrhaftem Wild, wurde eingeübt. Auf freier, deckungsloser Fläche folgt der Windhund in atemberaubender

Grenzenlose Möglichkeiten, der Hetzleidenschaft nachzugehen: Dieser Sloughi ist voll in seinem Element.

Aktion dem aufgeschreckt flüchtenden Wild. Erreicht er die Beute, beendet der erfahrene Windhund die Jagd meist mit einem einzigen Zupacken im Genick. Großes Schalenwild vermag er in rasendem Lauf so zu Fall zu bringen, daß es tödlich stürzt, oder aber er hält es, bis der reitende Jäger es übernimmt. Viele Windhunde sehen in dem Moment, wo die Beute sich nicht mehr bewegt, die Sache als erledigt an. Die Faszination bestand im Verfolgen – das erbeutete Tier hat den Reiz verloren. Der gut trainierte Jagdwindhund erwartet »seinen Teil« aus der Hand seines Meisters.

Windhunde waren Hunde für die Jagd. Sie sind aber nicht gleichzusetzen mit dem, was wir landläufig unter Jagdhunden verstehen. Unsere Jagdhundrassen, abgerichtete Gehilfen des Menschen, sind darauf spezialisiert, einen bestimmten Part bei der Jagd zu übernehmen, wie zum Beispiel Aufstöbern, Vorstehen, Zutreiben, Apportieren oder dergleichen. Windhunde sind zumeist Solojäger; das heißt, sie sichten, verfolgen und erbeuten das Wild selbständig, evtl. als Paar.

Der Hetztrieb kann auch auf der Rennbahn geweckt werden. Er veranlaßt die Hunde, auf der Bahn einer Attrappe zu folgen, die sich in einer bestimmten Geschwindigkeit von ihnen wegbewegt. Ja, es macht keinen Unterschied, ob die Attrappe echt aussieht oder ob es sich nur um einen Fetzen Stoff handelt. Diese Hetzleidenschaft macht es möglich, den Windhunden auf der Rennbahn eine Art Ersatzhetze zu bieten, die ihrem Instinkt entspricht und dabei auch ihr Laufbedürfnis befriedigt.

Wesen und Temperament

Windhunde sind anders – das zeigt sich besonders auch in ihrem Wesen. Der Windhund ist vielleicht die am wenigsten »hündische« unter allen Rassen. Wie soll man beschreiben, was den Unterschied ausmacht? Man trifft es am besten im Vergleich mit einer anderen Tierart – der Katze, zu deren Wesen es viele Parallelen gibt. Das trifft besonders auf die Orientalen unter den Windhunden zu. Sie besitzen ein in sich ruhendes Wesen, sind über viele Dinge »erhaben«, wirken ruhig und stolz. Ein Windhund kann seinem Besitzer minutenlang in die Augen blicken, ohne den Blick abzuwenden. Dabei hat man keineswegs den Eindruck, er fühle sich dem Menschen irgendwie unterlegen. Man meint, in ihm manchmal etwas Mystisches wahrzunehmen.

Der Windhund ist kein Sklavengeist, kein Befehlsausführer im Sinne von »zackigem Parieren«. Bei der Zucht der Windhunde war nicht die Dressurfähigkeit auf absoluten Gehorsam Zuchtziel. Dadurch unterscheiden sie sich von den Hunden, die wir landläufig als Gebrauchshunde verstehen. Wir sollten diese Eigenschaft also bei ihnen nicht voraussetzen. Dadurch, daß Windhunde den Dressurwünschen des Menschen weniger zugänglich sind, sind sie keineswegs etwa »dümmer« als andere, darauf spezialisierte Rassen. Sie sind nur anders.

Viele Hunderassen sind zu Spezialisten gemacht worden. Sie können zu verschiedenen Arbeiten, wie z.B. Fährtensuchen, Vorstehen, Verbellen, Apportieren, Hüten, Wachen, Schützen, und dem Ausführen verschiedener Kommandos abgerichtet werden.

Auch Windhunde sind letzten Endes Gebrauchshunde, nur in anderer Beziehung. Ihre Dienste für den Menschen sind anderer Art und verlangen daher auch ganz andere Voraussetzungen. Die Aufgabe, auf die der

Seite 28: Die liebevoll-freundschaftliche Beziehung Windhund – Mensch beruht auf Gegenseitigkeit und Partnerschaft.

Eine ungewöhnliche Groß(e)-Katzen-freundschaft: Die Sloughi-Hündin und der junge Tiger zeigen Parallelen im Wesen und im Spielverhalten (unten und Seite 30).

Windhund spezialisiert ist, ist die Hetzjagd. Dazu war das Vorhandensein ganz anderer Eigenschaften erforderlich. Nicht das starke Abhängigsein von den unmittelbaren Befehlen des Menschen, sondern im Gegenteil: größte Selbständigkeit, Eigenüberlegung, Eigenentscheidung und auf sich gestelltes Handeln in seinem Metier, der Jagd.

Der Windhund ist ein Tier, das den Menschen eigentlich gar nicht brauchte. Er könnte selbständig leben und sich ernähren. Er leiht jedoch seinem Besitzer, wie das noch heute in einigen Erdteilen der Fall ist, seine Dienste. Er versorgt seinen Herrn mit Fleisch. Im Grunde wäre er existentiell unabhängig. Das manifestiert sich dann auch in seinem Wesen, in stolzer Selbständigkeit.

Nun sind Windhunde zwar im zivilisierten Europa ihrer Jagdaufgabe ledig. Eine jahrtausendelange Lebensweise nach diesem Prinzip läßt sich jedoch nicht einfach auslöschen. Der Windhund jagt heute nicht mehr frei, er ist aber der stolze Individualist geblieben, der Gast aus fernen Ländern und fernen Zeiten. Als Partner des Menschen ist er bereit, seine Freundschaft zu schenken – jedoch muß diese Beziehung auf Gegenseitigkeit beruhen. Ein Besitzer, der ihn in eine nicht seiner Art entsprechende Lebensform hineinpressen will oder Dinge von ihm verlangt, die er nicht geben kann, wird mit ihm nicht glücklich werden. Gleichermaßen wird er den liebenswerten Windhundcharakter zerbrechen.

Dabei ist dieser eigenständige Windhund zärtlich und liebevoll in seiner Freundschaft zum Menschen. Er beansprucht seinen Platz in der menschlichen Familie, in der er voll

integriertes Mitglied sein will. Er ist eingerichtet auf ein inniges Verhältnis im Zusammenleben mit seinen Menschen. Er schätzt die nächste Nähe zum Menschen und genießt seine Aufmerksamkeiten und Bezeugungen der Zuneigung mit großer Genugtuung.

Es gibt zwar auch hier Unterschiede von Rasse zu Rasse, so daß die eine Art als reservierter und die andere als kontaktwerbender beschrieben werden kann. Diese Einzelheiten mögen aus den Rassebeschreibungen entnommen werden. Auch zwischen einzelnen Individuen oder Rüde und Hündin kommen Unterschiede vor. Es kann und muß jedoch übereinstimmend festgestellt werden, daß der Windhund die menschliche Nähe liebt und sich sehr gern in enger Gemeinschaft mit seinen Menschen aufhält.

Manche werden im Windhund ein lebhaftes, unruhiges Tier vermuten, das in der Wohnung nur unter Schwierigkeiten zu halten ist. Das Gegenteil ist der Fall. Im Haus sind Windhunde so ruhig, daß sich ihre Anwesenheit kaum bemerkbar macht, auch dann nicht, wenn mehrere Hunde gehalten werden. Dabei ist es die Eigentümlichkeit der Windhunde, daß die kleineren Rassen die lebhafteren sind. Je größer die Rasse, desto ruhiger und gelassener sind sie.

Zwei Seelen wohnen sozusagen in der Windhundbrust. Auf der einen Seite ein ruhiger, sanfter Hausgenosse, der die Bequemlichkeit liebt; er verachtet den Komfort keineswegs und läßt sich verwöhnen. Auf der anderen Seite geballte Energie, wenn sein Einsatz kommt. Ein harter Jagdhund, der im rasenden Lauf alles hergibt und selbst Verletzungen nicht achtet, wenn er sein Ziel verfolgt.

Alles jedoch zu seiner Zeit: Der Hund, der so verträumt zu Hause ruht, in liebevollem Blickkontakt mit seinem Besitzer, derselbe Hund, der im Hause stets die nächste Nähe seines Menschen aufsucht, dieser Hund mag bei Gelegenheit im freien Auslauf seine Bahn ziehen – auf und davon, wie es aussieht. Er scheint den Ruf oder Pfiff seines Besitzers nicht zu hören, er scheint dessen Existenz vergessen zu haben.

Dann kommt der Hund zurück – freiwillig, unaufgefordert, nachdem er seinen Lauf beendet hat, nachdem er erkundet hat, was er erkunden wollte. Er ist also doch nicht blindlings losgelaufen, er findet seinen Herrn selbst dann, wenn dieser schon weitergegangen ist.

Das ist das Faszinierende: das scheinbar Gegensätzliche. Gelassenheit und energiegeladene Aktion, Unabhängigkeit und Sich-Anschließen, Eigenwilligkeit und liebevolle Partnerbeziehung, Freiheit suchen und freiwillig zurückkehren. (Natürlich kommen viele Windhunde auch auf Ruf zurück. Und wenn nicht auf den ersten, dann doch auf den zweiten oder einen späteren.)

KAPITEL

4

Voraussetzungen für die Windhundhaltung

Zu zweit läßt sich auch eine stundenweise Abwesenheit von »Herrchen« klaglos überbrükken. Zwei Pharaoh Hounds bei seeligem gemeinsamen Schlummer.

Es gibt Leute, die spontan einen Züchter anrufen: »Haben Sie Welpen? Ich nehme einen!« Und es gibt Leute, die den Windhund mit sehnsüchtigem Verzicht betrachten, weil sie von vornherein der Meinung sind, ein solcher Hund müsse sicher so schwierig zu halten sein, daß sie diese Anforderungen niemals erfüllen können.

Die erste Gruppe ist zu forsch und unbekümmert. Der Windhundkenner hat das Bedürfnis, sie zu bremsen und erst einmal zu informieren. Der zweiten Gruppe möchte man Mut machen. Es sind in der Tat nur einige wenige Punkte, die bei der Windhundhaltung beachtet werden müssen. Diese allerdings sind wichtig. Mit ihnen sollte sich der Besitzer in spe unter allen Umständen *vorher* vertraut machen.

Voraussetzung für die Haltung eines Hundes, gleich welcher Rasse, ist natürlich an erster Stelle, daß man Zeit hat. Für einen Hund, wie auch für ein Kind, ist es unumgänglich, daß zumindest eine Bezugsperson zu Hause ist, und zwar den größten Teil des Tages. Erwachsene Hunde halten es auch einige Stunden allein aus. Sollte das regelmäßig der Fall sein, so wäre es ideal, wenn sich zwei Windhunde Gesellschaft leisteten. Auf diese Weise könnte – notfalls – auch eine halbtägige berufliche Abwesenheit überbrückt werden, sofern die räumlichen Voraussetzungen entsprechend sind.

Das ist ja heutzutage bei vielen Menschen die Zwickmühle: Sie sind berufstätig, möchten das aber doch gerne mit der Haltung eines vierbeinigen Hausgenossen in Einklang bringen.

Mit einem Windhund kann man in diesem Punkt in der Regel ein zufriedenstellendes Arrangement treffen, wenn man ihm vor und nach eigener Abwesenheit ausgiebigen Auslauf bietet. Er wird dann seine Ruhephase in die Abwesenheit seines menschlichen Partners legen.

Abgesehen von der Grundvoraussetzung, der »Zeit für den Hund«, sollte sich der Interessierte insbesondere drei Fragen stellen:

Die erste ist wichtig: Bin ich bereit, den Windhund mit in die Wohnung aufzunehmen?

Die zweite und dritte sind lebenswichtig: Bin ich von meiner Mentalität her geeignet, mit dem Windhund umzugehen? Und kann ich es ermöglichen, das Laufbedürfnis meines Windhundes zu befriedigen?

Erwachsene Windhunde können im Haus täglich stundenlang ruhen, wobei sie, wie diese Afghanen-Hündin, einen bequemen Platz besonders schätzen.

Keine Zwinger-, sondern Wohnungshaltung

Der Windhund ist schön, repräsentativ und nicht zuletzt dekorativ. Er fühlt sich wohl auf echten Teppichen und Polstermöbeln; er versteht es auch, sich in seiner Umgebung würdevoll und anmutig zu bewegen. Er liebt Autofahren und kann stundenlang ein angenehmer Begleiter auf dem Polster des Rücksitzes sein.

Das sollte jedoch nicht zu dem Schluß verführen, man könne ein solches Bild der Grazie nur zur Zierde des Hauses oder als schmucken Begleiter halten... Die Voraussetzung der Wohnungshaltung ist absolut richtig, weil damit die enge Nähe zum Menschen gewährleistet ist. Der Windhund will in *menschlicher Gesellschaft* sein. Er will in engem Kontakt mit seinem Herrn, seiner Familie, leben. Seit allen Zeiten haben Windhunde in engster Gemeinschaft mit dem Menschen gelebt, mehr als die meisten anderen Hunderassen. Die Verbannung in ein Hundehaus, einen Zwinger, an jedweden Ort außerhalb des direkten menschlichen Umgangs, würde seine seelische Verkümmerung und Fehlentwicklung zur Folge haben. Das heißt natürlich nicht, daß sich, wo mehrere Windhunde gehalten werden, diese nicht auch in Gesellschaft mit ihresgleichen ersatzweise sehr wohlfühlen würden, im Garten oder einem separaten Aufenthaltsraum beispielsweise. Nur eben nicht ständig, sondern stundenweise.

Ideal für die Wohnungshaltung ist der Gesichtspunkt, daß Windhunde entweder ruhen oder hetzen. Das heißt, daß sie im Haus in erster Linie ruhen, wenn sie Gelegenheit zur täglichen Bewegung im Freien haben. Pauschal gilt dies für die großen Rassen mehr noch als für die kleinen. Bedenken gegen einen großen Rassevertreter, von dem manche Menschen eher Unruhe in der Wohnung befürchten, sind aus diesem Grund gegenstandslos; das Gegenteil ist der Fall.

Daß eine luxuriöse Umgebung keine Bedingung für seine Haltung ist, versteht sich von selbst. »Palast« oder »Zelt« – zusammen mit seinem Herrn bewohnt der Windhund beides. Allerdings liegt der Windhund gern weich und auf einem erhöhten Platz. Das heißt, daß Sie ihn nicht unbedingt auf den nackten Fußboden komplimentieren sollten. Ein glatthaariger Windhund ist empfindlich gegen Zugluft und Kälte, und was viel wichtiger ist, er liegt gern in Augenhöhe mit seinen Menschen.

Anforderungen an den Besitzer

Eine noch wichtigere Voraussetzung für ein glückliches Zusammenleben ist die Mentalität des Besitzers. »Leben und leben lassen« ist die Kunst des Umgangs mit dem Windhund. Einen

Windhunde, wie dieser Afghane, zeigen, daß sie stolz und individualistisch sein können. Der Besitzer muß bereit sein, sie als Persönlichkeit zu akzeptieren und ihnen ihre Lebensart zuzugestehen.

Windhund im dauernden Appellton anzureden oder unter scharfe Kommandos stellen zu wollen wäre die Art, Hund und Mensch aneinander verzweifeln zu lassen. Sie dürfen also nicht mit falschen Erwartungen an den Hund herangehen und keinen dressurfähigen Hund erwarten. Auch sollten Sie nicht den Ehrgeiz haben, ihn dennoch dahingehend umfunktionieren zu wollen.

Wenn Sie feste Vorstellungen von Gebrauchswert und Dressurprogramm haben und beständigen Appell erwarten, sollten Sie beim Gebrauchshund bleiben.

Wenn Sie dem Erfolg Ihrer kleinen Übungen mit dem Windhund aber mit Gelassenheit entgegensehen und die Sache spielerisch und nicht als Muß betrachten, werden Sie höchstwahrscheinlich angenehm überrascht werden. Die richtige Umgangsart sind freundliche Worte in ruhigem Ton, denen der Windhund in der gewohnten Umgebung fast so folgt, als verstünde er sie wörtlich. Der erwachsene Windhund zeigt von sich aus, wenn richtig aufgewachsen, ein so selbstverständlich angenehmes und gutes Betragen, daß Befehle des Besitzers in der Regel überflüssig sind.

Menschen mit heftigem, ungeduldigem Temperament sind keine geeigneten Windhundbesitzer. Ein vergewaltigter Windhund verliert seine Würde und all das, was den Zauber seines Wesens ausmacht. Auch Ihr Windhund läßt »Sie leben«. Er verbreitet keine Unruhe in Ihrer Umgebung und macht Sie nicht nervös. Er bettelt nicht andauernd um Futter und will nicht laufend von Ihnen beschäftigt werden. Er wirft Sie auch nicht beim Morgengrauen aus dem Bett, sondern ist durchaus bereit, Ihre Ruhestunden mit einzuhalten.

Der künftige Besitzer muß bereit sein, einen Freund aufzunehmen und ihm *seine* Lebensart zuzugestehen. Er muß ihn das sein und bleiben lassen, was er ist: ein *Individualist.*

Als Freund seines Hundes und mit dem Wissen um die Windhundart muß der Besitzer auch Verständnis für seinen – gegebenenfalls mehr oder weniger ausgeprägten – Hetztrieb haben. Er sollte sich darauf einstellen und nicht etwa ein Leben lang versuchen, ihm diesen wie eine »Unart« auszutreiben. Der ständige Kampf gegen das, was doch in seinem Instinkt verankert ist, würde Herrn und Hund aufreiben.

Manche Interessenten fragen speziell nach Hunden, die keine Hetzeigenschaften haben sollen. Sie möchten wohl das bestechend schöne, aristokratische Äußere, nicht aber die Vollzahl der dazugehörigen Eigenschaften. Es wäre für sie viel bequemer, wenn dieser herrliche Hund ohne Leine neben ihnen herlaufen oder auch ohne Gartenzaun am Haus bleiben würde. Aber es ist ähnlich, als wollte man von einem Vollblutpferd verlangen, daß es ohne Einfriedung im Hintergärtchen bliebe. Wenn man auf ein solches Verhalten Wert legt, sollte man sich vernünftigerweise mit einem Esel oder einem Schaf begnügen.

Es ist ja nicht so, daß der Windhund beim Freilaufen sein Herrchen oder Frauchen verlassen und ihm weglaufen wollte – nur der Radius, den er angestammterweise zieht, ist in unserer modernen, eng begrenzten Umwelt zu groß, um ihn nicht in Gefahr zu bringen.

Wohlgemerkt, es gibt individuelle Unterschiede: Hunde, die nur wenig Neigung haben, sich beim Auslaufen zu entfernen, solche, die losjagen, aber auf Ruf kommen, und solche, die starten und erst nach längerer Zeit an Rückkehr denken. Eine glückliche Hand bei der Erziehung des jungen Hundes vermag allerdings in dieser Beziehung auch einiges zu steuern.

Dies ist meist der zentrale Punkt der Überlegungen: Wie wird der Besitzer mit dem Lauf- und nicht zuletzt Hetzbedürfnis seines Windhundes fertig, bzw. wie bringt er es fertig, ihm den nötigen Auslauf zu verschaffen, ohne daß der Hund dadurch in Gefahr gerät, von einem Auto überfahren oder von einem Jäger erschossen zu werden. Das heißt, er braucht entweder eigene räumliche Voraussetzungen (Garten) oder das nötige Geschick, um beim Auslauf das zu vermeiden, was den Hund in Gefahr bringen oder eine Gefahr für andere darstellen könnte.

Befriedigung des Laufbedürfnisses

Welche Anforderungen stellt der Windhund hinsichtlich seiner *Bewegung?* Ideal für die Windhundhaltung, wie überhaupt für die Hundehaltung, ist natürlich ein Garten ums Haus. Dieser muß eingezäunt sein, denn nur ein für ihn unüberwindlicher Zaun wird den Windhund davon abhalten, auf eigene Faust loszustreifen. Ein *Garten* bringt für Sie selbst und Ihren Hund natürlich viel Erleichterung und Bequemlichkeit mit sich. Jedoch wird das Grundstück allein auf die Dauer nicht ausreichen, den Hund bewegungsmäßig auszulasten. Der erwachsene Hund wird sich nämlich nicht, wie der Welpe es tut, im Garten »austoben«, so wie vielleicht ein Mensch sein Fitnessprogramm auf einer vorgezeichneten Strecke absolviert. Damit der Garten auch auf Dauer für Auslauf und Spiel genutzt wird, müßten schon mindestens zwei Hunde gehalten werden.

So ideal der eigene Garten ist, ist er doch nicht unbedingte Voraussetzung für die Windhundhaltung. Wenn der Besitzer kein allzu bequemer Mensch ist, kann er seinem Hund die nötige Bewegung auf andere Weise verschaffen. Kein noch so großer Garten ersetzt Spaziergänge, die schon der Abwechslung und der neuen Eindrücke wegen wichtig sind. Wenn ein Hundeauslaufgebiet in der Nähe ist oder große freie Flächen, möglichst weitab vom Autoverkehr, und wenn der Hund es gewohnt ist, auf Ruf zurückzukommen, kann er frei laufen.

Es sollte von vornherein einkalkuliert werden, daß sich beim Erwachsenwerden ein stärkerer Freiheitsdrang bemerkbar machen kann oder sein Jagdtrieb mit ihm durchgeht, wenn er ein »Auslöseobjekt« sichtet. Da ein Windhund in kürzester Zeit größte Distanzen überwindet, ist die Gefahr groß, ihn aus den Augen zu verlieren und daß ihm etwas zustoßen kann. Der Windhund sollte also vorsorglich nur da freigelassen werden, wo kein Risiko für ihn besteht.

Sollte er jedoch an der Leine bleiben müssen, muß der Besitzer andere Möglichkeiten ausschöpfen, um seinem Windhund das nötige Laufpensum zu verschaffen.

Vielleicht ist ein eingezäuntes Sportgelände in erreichbarer Nähe, das der Windhundbesitzer mit benutzen kann. Vielleicht würde ihm selbst ein wenig Laufsport guttun. Ein ausgezeichnetes Konditionstraining erreicht man beispielsweise, wenn man den Hund am *Fahrrad* mitnimmt.

In einem Hundeauslaufgebiet fernab vom Autoverkehr können sich verschiedenartige Freunde treffen und gut miteinander harmonieren.

Dabei kann man in kurzer Zeit entsprechend weite Strecken zurücklegen. Es gibt auch Windhundbesitzer, die mit ihrem Tier eingeübt haben, neben einem motorisierten Fahrzeug herzulaufen. Dazu sind natürlich einsame Wege ohne Verkehr nötig, entsprechend viel Geschick und vorangegangenes Training.

Eine andere ideale Möglichkeit ist natürlich das *Windhundrennen.* Windhundrennbahnen und Trainingsplätze sind in ganz Deutschland und Europa vorhanden. Mit dem Auto ist es unproblematisch, den nächstgelegenen Windhundplatz zu erreichen. Schöpft der Windhundbesitzer diese Möglichkeit aus, tut er das Allerbeste für seinen Hund. Der Windhund findet dort nicht nur die ideale gefahrlose Möglichkeit des Ausarbeitens, und zwar aus voller Kraft, sondern auch die Befriedigung seines Hetztriebes. Er hat sein »Jagderlebnis«, das ihn auch psychisch zufriedenstellt.

Sie dürfen davon ausgehen, daß ein Windhund in der 2. Lebenshälfte wesentlich ruhiger wird. Ist Ihr Hund über die ersten »schnellen« Jahre hinaus oder erwägen Sie überhaupt, einen Windhund aufzunehmen, der seine Rennkarriere bereits hinter sich hat, so haben Sie mit einem wesentlich geringeren Laufpensum zu rechnen. Auch spontane Ausflüge sind kaum noch zu erwarten. Langweilig wird Ihr Windhund dennoch nie, und seine Frische erhalten Sie mit regelmäßigen Spaziergängen.

Ihr langes Haarkleid kann sie nicht bremsen: Afghanen sind äußerst engagierte Rennhunde.

KAPITEL

5

Was kann ich mit meinem Windhund anfangen?

Sein bevorzugter Platz! Still und unaufdringlich beobachtet der Sloughi-Rüde von hier aus, was vorgeht. Aber er ist auch bereit, nicht nur einen komfortablen Sessel, sondern auch einen bescheidenen Platz mit seinem Besitzer zu teilen.

Wenn die Grundvoraussetzungen zur Windhundhaltung gegeben sind und auch die Bewegung Ihres Hundes kein unüberbrückbares Hindernis darstellt, kann ich Sie beglückwünschen. Die Beziehung zu Ihrem Windhund und der tägliche Umgang mit ihm wird Ihnen sehr viel Freude bringen. Die meisten neuen Windhundbesitzer sind überrascht von dem Verhältnis, das sich zwischen ihnen und ihrem Hund entwickelt; eine Beziehung, die ihre Erwartungen bei weitem übertrifft. Es läßt sich kaum ein idealerer Hausgenosse finden.

Sie werden es als angenehm empfinden, ein unaufdringliches Tier um sich zu haben. Der Windhund macht keinen großen Wirbel, er fordert nicht lautstark. Von seinem bevorzugten Platz aus beobachtet er still, was vorgeht. Er bellt selten und nur bei unvermeidlichen Anlässen. Zu Ihren Kindern wird er freundlich und geduldig sein, wenn Sie, was ich voraussetzen möchte, ein instinktsicheres Tier bekommen haben. Seine Anwesenheit kann sehr wohltuend auf die oft so überreizten Nerven des modernen Menschen wirken.

Sie werden auch seine Sauberkeit schätzen. Windhundeigenart, beson-

Die Bewegung eines Windhundes erfreut auch das Auge des menschlichen Betrachters, so wie der spektakuläre Sprung dieses Greyhounds durch die Brandungswellen beim Strandspaziergang.

ders die der glatthaarigen Rassen, ist es, von sich aus Schmutz zu meiden und sich selbst zu putzen.

Ob es sich um kleine oder große Rassen handelt, der Windhund bewegt sich leichtfüßig und geschickt im Haus. Sie müssen nicht damit rechnen, daß durch Ungestüm die Einrichtung zu Schaden kommt. Die Grazie seiner Bewegung, die Anmut seiner Ruhehaltung und die Schönheit seiner Linien vermag darüber hinaus das Auge immer neu zu fesseln. Der Windhund hat das Bedürfnis, dabeizusein, ohne im Vordergrund zu stehen. Er ist feinfühlig und reagiert auf leise Töne. Ihr Windhund wird sich der Familie und ihrem Rhythmus anpassen. Aufgrund seiner dezenten Eigenschaften kann man ihn bei vielen Gelegenheiten auch gut mitnehmen.

Wohlgemerkt, die Wesens- und Temperamentsbeschreibungen in diesen einleitenden Kapiteln beziehen sich auf den »fertigen« Windhund. Welpen bzw. Junghunde unter einem Jahr sind in den meisten Fällen genauso lebendig und voller Streiche wie Junghunde aller anderen Hunderassen auch. Bei ihnen ist natürlich eine konsequente Beaufsichtigung erforderlich, wenn man Wert auf einen tadellosen Erhalt der Wohnung legt.

Darüber hinaus bestimmen auch Sie selbst die Prägung Ihres Hundes mit, wenn Sie ihn jung bekommen. Ein Windhund ist also prädestiniert, ein zauberhafter, liebenswerter Gesellschafter im Haus zu werden.

Was können Sie, davon abgesehen, mit Ihrem Windhund unternehmen?

Als Begleiter

Sie haben jetzt Gelegenheit, Ihre eigenen und seine sportlichen Eigenschaften zu entdecken. Sie werden viel hinaus ins Freie kommen und Ausgleich für Ihre berufliche oder häusliche Tätigkeit finden. Vielleicht werden Sie eine intensivere Beziehung zur Natur bekommen, und wahrscheinlich werden Sie lernen, die freie Landschaft mit »Windhundaugen« zu betrachten und das zu erkennen, was auch Ihren windschnellen Begleiter interessieren könnte. Sie werden seiner Blickrichtung folgen und lernen, die Tiere in Feld und Flur schon vor ihm auszumachen, was manchmal sehr wichtig sein kann. Sie werden ihn nicht gerade dann loslassen, wenn vorn an der Wegbiegung eben ein Reh wechselt oder wenn ein paar Hasenohren aus dem Rübenfeld herausschauen.

Ihr Windhund wird, wenn erwachsen, unermüdlich alle Ihre Märsche mitmachen, die großen und die kleinen Gänge. Sie werden vielleicht Wanderungen planen und unternehmen, zu denen Sie sich ohne Hund gar nicht aufgerafft hätten. Jetzt werden für Herrn und Hund alle Gänge ein gemeinsames Vergnügen. Er genießt auch die Autofahrten und wartet – woran er sich leicht gewöhnt – im Auto auf Ihr Wiederkommen, wenn er einmal nicht mit aussteigen kann.

Beim Windhundsport

Von Ihren gemeinsamen Unternehmungen abgesehen, können Sie durch ihn eine ganz neue Sportart entdekken, den Windhund-Rennsport. Teilnahmeberechtigt am Windhundrennen sind Hunde aller Windhundrassen, die in einem anerkannten Zuchtbuch eingetragen sind. Die Rennsaison dauert gut 7 bis 8 Monate im Jahr. Von Frühjahr bis Herbst ist nahezu jedes Wochenende Gelegenheit, an einem Windhundrennen innerhalb Deutschlands teilzunehmen. Windhundrennen sind auch im benachbarten Ausland populär, so daß der Windhundbesitzer an deutschen und ausländischen Konkurrenzen teilnehmen kann.

Vielleicht wußten Sie bisher gar nicht, wie verbreitet Windhundrennen sind. In fast jeder größeren Stadt bzw. in deren Einzugsgebiet gibt es heute einen Windhundrennplatz. Jeder motorisierte Windhundbesitzer hat daher die Möglichkeit, den für ihn nächstgelegenen Windhundrennplatz aufzusuchen. Dort ist für Windhunde jeder Rasse Gelegenheit, am mindestens einmal wöchentlich stattfindenden Training teilzunehmen. Das Training wird meist am Wochenende veranstaltet. Bei den Läufen, hinter einem vorweggezogenen Lockmittel auf einer bestimmten Bahn, hat der interessierte Windhund Gelegenheit, richtig zu hetzen.

Keine Angst, hier herrscht kein Zwang, kein Muß. Mit Antreiben oder Dressur hat das nichts zu tun, wie man manchmal irrtümlich zu hören bekommt. Ganz im Gegenteil, Sie ermöglichen damit Ihrem Windhund sein individuelles »Jagderlebnis« und geben ihm dabei die Möglichkeit, sich voll auszulaufen. Mit der Teilnahme an Windhundrennen bzw. am Windhund-Lauftraining kommen Sie dem Rennbedürfnis Ihres Hundes entgegen. Der dem Windhund innewohnende Jagdtrieb wird in sportlich wettkampfmäßige Bahnen gelenkt.

Sicherlich wird es Sie interessieren, die Schnelligkeit Ihres Hundes in Sekunden zu messen und nicht zuletzt festzustellen, wie schnell er im Vergleich zu seinen Artgenossen ist.

Durch Konditionstraining können Sie dazu beitragen, die Leistungsfähigkeit Ihres Windhundes zu steigern, was natürlich auch seinem körperlichen Wohlbefinden zugute kommt. Ein schneller und gewandter Windhund ist auch ein gesunder Hund. Viele Windhundbesitzer haben im Rennsport ein Hobby ganz besonderer Art gefunden. Die Spannung um die Plazierung im Wettkampf der Schnelligkeit und Gewandtheit und das bunte Treiben auf dem Rennplatz locken gewöhnlich auch viele Zuschauer an.

Bei Ausstellungen

Ein Wettkampf anderer Art ist die Ausstellung. Hier geht es um das äußere Erscheinungsbild Ihres Windhundes. Ausstellungen bei uns werden auch Zuchtschauen genannt. Die Beurteilung des Hundes dient gleichzeitig der Feststellung der Zuchttauglichkeit. Diese wird nach anatomisch richtigem Körperbau und Funktionstüchtigkeit des Laufwerks von Spezialrichtern geprüft. Der Ausdruck hat rassetypisch zu sein. Auch die Wesenssicherheit spielt eine Rolle. Als Maßstab für die Richterurteile wird der spezielle *Rassestandard* zugrunde gelegt.

Das Bemühen der Rassehundezüchter ist es, daß die von ihnen gezüchteten Tiere dem Idealbild des Standards entsprechen oder ihm möglichst nahekommen. Ein ständiges Messen der Zuchtprodukte am Standard ist daher für den Züchter und alle an der Rasse Interessierten von großer Wichtigkeit. Daneben ist der Vergleich mit anderen Rassevertretern recht aussagekräftig und aufschlußreich. Daher sind Ausstellungen für die Reinerhaltung der Rassen von Bedeutung und dafür, daß die Zuchtbemühungen in die richtige Richtung gelenkt werden.

Neben dem Gedanken der Vorbereitung auf die Zucht ist die Ausstellung gleichzeitig Schönheitskonkurrenz für jeden reinrassigen Hund. Voraussetzung zur Teilnahme ist wiederum die Eintragung Ihres Hundes in einem anerkannten Zuchtbuch; daneben natürlich, daß Ihr Hund gesund ist. Windhunde sind auf Hundeausstellungen häufig anzutreffen. Bei den großen internationalen CACIB-Ausstellungen des Verbandes für das Deutsche Hundewesen e. V. (VDH) bilden sie eine bedeutende Gruppe unter den ausgestellten Hunden. Darüber hinaus gibt es spezielle Windhund-Zuchtschauen, die in großer Zahl von Frühjahr bis Herbst meist unter freiem Himmel auf den vereinseigenen Plätzen stattfinden. Veranstalter dieser Schauen ist der dem Dachverband VDH angeschlossene Deutsche Windhundzucht- und Rennverband (DWZRV) sowie Vereine, die einzelne Rassen betreuen.

Ausstellungen bieten Ihnen die Möglichkeit, mehr über die Rasse und das standardmäßige Idealbild zu erfahren, das sich die Fachwelt derzeit von ihr macht. Sie erhalten eine fachkundige Bewertung des eigenen Hundes und können aus der Beurteilung der anderen lernen.

Keine Angst, die Hunde »leiden« nicht auf einer Ausstellung, und eine Zumutung ist es für sie auch nicht. Die Aktion des Vorführens, also des

Auf der Ausstellung ist das Messen der »Zuchtprodukte« am Standard für den Züchter und alle an der Rasse Interessierten von großer Wichtigkeit. Keinen Vergleich mit der Konkurrenz scheut dieser selbstsichere, hochprämierte Afghane im Ring.

Kreislaufens neben Frauchen oder Herrchen, ist eigentlich auch nur das mindeste, was man von seinem Hund erwarten kann. Selbst in einer Halle, bei Gedränge des Publikums und entsprechenden Geräuschen, hat doch der Hund seine »Oase«, die Box, in der er den größten Teil des Ausstellungstages ruhen kann und unbelästigt ist. Wenn man natürlich ein sehr sensibles Tier besitzen sollte, das unter vielen Menschen Panik bekommt, ist es in der Tat die Frage, ob man sich und dem Tier den Auftritt nicht erspart bzw. erst so lange an belebten Orten übt, bis der Hund sich ungezwungen in der Öffentlichkeit bewegt.

Ausstellungen sind Treffpunkte der am Hundewesen Interessierten. Damit sind sie auch Stätten der Begegnung und des Erfahrungsaustausches von Hundefreunden und Liebhabern bestimmter Rassen sowie eines interessierten Publikums. Am Rande der Windhund-Spezialveranstaltungen auf den Plätzen der Windhund-Vereine bietet sich in gelockerter Atmosphäre viel Gelegenheit zu Gesprächen und zum Zusammensein mit gleichgesinnten Windhundbesitzern.

Ausstellungen sind auch Quellen neuer Erkenntnisse durch das Kennenlernen anderer Hunde und den Vergleich mit ihnen; neuer Erkennt-

Ausstellungen sind Treffpunkte von Liebhabern der einzelnen Rassen sowie eines interessierten Publikums. Hier sind die Vertreter aller 13 Windhundrassen, die bei uns auf Ausstellungen anzutreffen sind, beieinander zu sehen. Von links nach rechts: Afghane, Galgo español, Deerhound, Wolfhound, Pharaoh Hound, Saluki, Barsoi, Sloughi, Greyhound, Magyar Agar, Azawakh, Whippet und Windspiel.

nisse allerdings auch hinsichtlich der verschiedenartigen Reaktionen der Besitzer auf das Richterurteil und die Plazierung, denn es soll nicht verschwiegen werden, daß die Spannung vor dem Richterspruch nach Bekanntgabe desselben in Enttäuschung abgleiten kann. Hundeausstellungen spiegeln somit neben all den hundebezogenen Ereignissen auch die Breite menschlicher Gefühle wider. Gewinnen und Verlieren muß beides gelernt sein.

Obwohl der organisatorische Ablauf auf einen Neuling manchmal frustrierend wirkt, übt das Ausstellungswesen doch einen eigenartigen Reiz aus. Sollte sich herausstellen, daß Ihr Hund in hohem Maße dem Idealbild der Rasse entspricht, kann es für die Zukunft interessant werden – wenn sich nämlich die Besten um die zu vergebenden Titel im Ausstellungswesen bewerben.

Für viele Windhundbesitzer ist es ein interessanter Wettkampf, auf den verschiedenen Ausstellungen den Vergleich ihres Hundes mit anderen Rassevertretern zu verfolgen, wobei sich durch die Präsenz wechselnder Richter und die jeweilige Tagesform des Hundes, vielleicht auch durch eigenes Geschick beim Vorführen immer wieder unterschiedliche Konstellationen ergeben können. Die Ausstellung kann zum Hobby werden.

KAPITEL 6

Die in Mitteleuropa häufigsten Windhundrassen

Die Beschreibung der Windhunde verführt dazu, poetisch zu werden und Worte oder Vergleiche zu suchen, die dem Reiz jeder einzelnen Rasse in etwa gerecht werden. Die Feder sträubt sich dagegen, nur sachkundliche Hinweise nach Zweckmäßigkeiten zu geben und von Vor- oder Nachteilen zu sprechen. Eigentlich sollte man sich nicht in erster Linie von nüchternem Für und Wider leiten lassen. Man sollte, wenn irgend realisierbar, ruhig die Zuneigung sprechen lassen. Für die Rasse oder das Tier, in das ich mich »verliebe«, bin ich auch bereit, Kompromisse einzugehen oder Opfer zu bringen. Windhunde sind Tiere, von denen man sich ruhig bezaubern lassen darf.

Selbst wenn die Voraussetzungen zur Haltung noch nicht von vornherein alle vorhanden sind – vielleicht kann ich mich arrangieren, manches Notwendige doch möglich machen. Wer hat sich nicht schon für *seinen* Windhund umgestellt und Widrigkeiten überwunden?

Das ist natürlich auch der Prüfstein für meine Begeisterung für die eine oder andere Rasse. Verlange ich nur, daß das ausgewählte Tier sich in meine Verhältnisse einpaßt, oder bin ich bereit, gegebenenfalls auch meine Verhältnisse etwas umzugestalten? Beides zusammen würde ich mir für den neuen Windhundbesitzer wünschen. Daß er ein Tier der Rasse bei sich aufnehmen kann, der seine Liebe gilt, und daß er dem Tier auch das zu geben vermag, was es braucht.

Welcher Windhund ist für mich der richtige?

Bei der Charakterisierung der einzelnen Rassen soll eine Schwierigkeit nicht verschwiegen werden. Man kann keine Schablone aufstellen, in die alle Exemplare einer Rasse hundertprozentig hineinpassen. Tiere, und besonders so hochentwickelte wie Hunde, sind Individuen, und ihre Temperamente können – auch innerhalb einer Rasse – durchaus variieren. Auch bei den Menschen sind beispielsweise nicht alle Engländer oder alle Italiener aus ein und demselben Holz. Dennoch werden sich viele übereinstimmende Charakteristika bei ihnen finden. In gleicher Weise gibt es auch eine Summe von Eigenschaften, die Tiere einer Rasse gemeinsam aufweisen.

Die nachfolgenden Beschreibungen sind jenen Windhundrassen gewidmet, die heute in Mitteleuropa am häufigsten vertreten sind und deren Rassekennzeichen in einem Standard festgelegt wurden, der bei der Fédération Cynologique Internationale (FCI) geführt wird. Sie alle werden in Deutschland gezüchtet und sind auf windhundsportlichen Veranstaltungen anzutreffen.

Okzidentale (westliche) Windhunde

Die glatthaarigen europäischen Windhunde, insbesondere Greyhound und Whippet, sind das Richtige für rennsportbegeisterte Liebhaber mit Spaß am Wettkampf. Diese Hunde sind prädestiniert für die Rennbahn; ja, die heute ausgeübte Form des Windhundrennens wurde für sie geschaffen, und sie wurden in jahrzehntelanger Zuchtauswahl für diese Rennart gezüchtet, das heißt, ihre Zucht wurde danach ausgerichtet.

Zuchtziel war daher vom Charakter her ein sanfter, mit seinen Renngenossen verträglicher Hund. Er findet in der Regel nichts dabei, zu Sechsen zu starten und dabei auch ins Gedränge und Geschiebe zu kommen. Von der körperlichen Disposition her ist er auf Höchstgeschwindigkeit auf der begrenzten Bahnstrecke eingerichtet.

Äußerlich sind die europäischen Windhunde muskulös, athletisch, mit gewölbter Rückenlinie, kleinen Ohren, die in Rosenform am Kopf anliegen. Die Augen sind rund, der Blick ist wach und offen, der Augenausdruck lebhaft und direkt. Im Charakter sind sie spontan, lebhaft und unkompliziert. Artgenossen und allen Menschen kommen sie freundlich entgegen.

Der Greyhound

Wenn vom glatthaarigen Windhund die Rede ist, steht den meisten Leuten sicher ein Hund vom Typus des Greyhounds, des großen englischen Windhundes, vor Augen. Sein Name ist nach wie vor ein Rätsel für Sprachwissenschaftler. Die Deutungen reichen vom einfachen »grauen Hund« über den »griechischen Hund« bis zum »schlanken Hund« oder dem »Hund für Leute von Rang« oder einfach »Hund«, je nachdem, ob man die Wurzeln des Namens im Englischen, im Lateinischen oder im Keltischen sucht.

Der Greyhound gilt als der Prototyp des Windhundes mit seinen schwungvollen Linien, dem langen, schmalen Kopf, dem hohen Hals, dem gebogenen Rücken und den schlanken, gut gewinkelten, aber stark bemuskelten Gliedmaßen. Seine ganze Erscheinung demonstriert die ihm innewohnende Rennfähigkeit. Seine Linienführung offenbart Schnelligkeit und Kraft. Spielende Muskeln unter einem glatt anliegenden Fell; wache, feurige Augen; fliegender Atem, erwartungsvolles Hecheln – voll vibrierender Vitalität ist der aktive Greyhound.

In allen Farben ist die Rasse anzutreffen, von Schwarz und Blau über

Elisabeth I., Königin von England im 16. Jahrhundert, ging gern und regelmäßig auf die Jagd. Hier ist sie mit Falken und zwei Greyhounds auf der Reiherbeize zu sehen (aus Turbervilles »Buch von der Falknerei«).

Rot und Beige bis hin zu Weiß; alle Farben ohne oder mit weißen Abzeichen, Platten oder Flecken, dazu gestromt. Hinsichtlich der Schulterhöhe sind 68,5 bis 71 cm bei den Hündinnen und 71 bis 76 cm bei den Rüden ideal.

Der Greyhound kann als reiner Nachkomme des keltischen Windhundes betrachtet werden. Die Kelten, deren Spuren sich in vielen Teilen Europas bis hin nach Spanien finden, besiedelten im 4. Jahrhundert v. Chr. England. Mit ihnen waren die Vorfahren des heutigen Greyhounds auch nach England gekommen. Bei Corbridge on Tyne wurde eine Vase aus dem Jahre 130 n. Chr. gefunden. Sie zeigt als Motiv eine Hasenhetze mit zwei glatthaarigen Windhunden in überaus naturalistischer Darstellung. Sie sind so greyhoundtypisch, daß man daraus schließen kann, daß sich der Typ des Greyhounds seitdem in unveränderter Form bewahrt hat.

In Großbritannien fanden die Greyhounds durch die Jahrhunderte hindurch in den Händen der Aristokratie Verwendung bei der Jagd, vorzugsweise auf Hasen. Die abwechslungsreiche, flüchtendem Wild rasche Deckung bietende Landschaft bedingte einen schnellstartenden Windhund – dazu befähigt, die Beute nach kurzer, rasanter Hetze zu greifen. Häufig finden wir den glatthaarigen Windhund im Mittelalter auch auf Gemälden berühmter Maler wieder, sei es als anmutige Nebenfigur höfischer oder religiöser Darstellungen oder als eine der Hauptpersonen bei Jagdmotiven.

Mit dem Greyhound identische Formen glatthaariger Windhunde waren in Deutschland, den Niederlanden und Frankreich, darüber hinaus in ganz Mittel- und Westeuropa noch bis vor etwa 200 bis 150 Jahren verbreitet. Anders als in England aber konnten sie – abgesehen von Spanien – nicht überdauern, als nach der Französischen Revolution das Ende des Adels, seiner Privilegien und des Windhundjagdwesens kam.

In Großbritannien hatte man schon sehr früh Formen einer geregelten Sportjagd erfunden, was den englischen Windhundrassen letztlich das Überleben und besonders den Greyhounds den zahlenmäßig uneingeschränkten Fortbestand sicherte.

Bereits in der zweiten Hälfte des 16. Jahrhunderts unter Königin Elisabeth I., einer begeisterten Windhund-Liebhaberin, wurden Coursing-Regeln aufgestellt. Deren wichtigste,

Der Greyhound gilt als der Prototyp des Windhundes.

daß immer nur zwei Hunde einen Hasen verfolgen dürfen, gilt noch heute unverändert.

Schon 1776 wurde von Lord Orford der erste Coursing-Club der Welt gegründet, dem im 19. Jahrhundert eine Vielzahl weiterer Clubs folgte, darunter 1825 der Altcar Club bei Liverpool. Dort wird jährlich der weltberühmte Waterloo Cup ausgelaufen. Coursings mit Greyhounds waren im 19. Jahrhundert sehr populär und sind es selbst im Zeitalter der Bahnrennen als die ursprünglichere und abwechslungsreichere Variante noch immer.

Im Coursing erfolgreich zu sein setzt voraus, daß ein Grey täglich frei ausgaloppieren kann, daß er elastisch und wendig ist und nicht die Füße einer Primaballerina besitzt. Insbesondere das Open Coursing ist der wahre Prüfstein für die Kondition eines Greyhounds, viel mehr als das Bahnrennen im Cynodrom.

In den zwanziger Jahren wurde in Großbritannien, wie kurz zuvor in den U.S.A., das Rennbahnwesen mit mechanisch bewegten Hasenattrappen als Lockmittel für die Hunde eingeführt. Das Windhundrennwesen nach amerikanisch-englischer Art ist ein kommerzielles Unternehmen, ein Profisport, bei dem es um sehr viel Geld geht. Nicht nur den Siegern winkt eine hohe Prämie, sondern auch im Wettgeschäft werden Millionenumsätze gemacht. In Großbritannien und Irland gibt es Hunderte von Rennbahnen. Die Windhundrennen, die bis zu dreimal wöchentlich auf einer Bahn veranstaltet werden, sind Volksveranstaltungen ersten Ranges, an denen sich rund 100 Millionen Zuschauer jährlich ergötzen und leidenschaftliche Wettgeschäfte tätigen. Es sind ausschließlich Greyhounds, die im Cynodrom zum Einsatz kommen.

Das kommerzielle Bahnrennen und Coursing wird in gleicher Weise wie in England auch in Irland, U.S.A., Australien und Spanien betrieben. Die Zahlen der »Greyhound-Produktion« sind gigantisch: Jährlich 50000 Tiere in Amerika, Australien und Spanien, 10000 in England, 25000 in Irland und zum Vergleich nur bescheidene ca. 500 im übrigen Europa, das nur Liebhaber-Rennen praktiziert.

Man kann sich vorstellen, daß bei Spekulation und Geschäft im großen Stil das Interesse des einzelnen Tieres nicht mehr zählt. In Großbritannien und den übrigen Profi-Rennsportländern werden die Greyhounds überwiegend in großen Zahlen in Rennhundzwingern gehalten und von hauptamtlichen Trainern ausgebildet. Kennelboys und -girls erledigen ihre Pflege und führen die Hunde aus. Auch Privatbesitzer haben ihre Tiere in solchen Farmen stehen und können sie einmal pro Woche besuchen. Die Massenzucht und -haltung, sauber und unter ärztlicher Aufsicht allemal, dient der Erzeugung von gut funktionierenden Rennhunden, das ausgeklügelte Training dem Erreichen der Bestkondition.

Fliegender Atem, erwartungsvolles Hecheln – voll vibrierender Vitalität sind diese aktiven Greyhounds.

Einerseits hat die Sportbegeisterung der Briten die heute blühende Greyhound-Zucht gesichert. Zum anderen aber hat die Mechanisierung und Kommerzialisierung dieses Sports den Grey zu einem bloßen Mittel zum Zweck degradiert. Seine Unkompliziertheit und Anpassungsfähigkeit prädestinierten ihn, zum Kommerzfaktor der Renn- und Wettindustrie zu werden. Kalkulierte Zuchtauswahl auf absoluten Rennwillen und anspruchsloses Gemüt haben ein übriges getan. Kaum eine andere Windhundrasse sonst könnte man in dieser Weise benutzen. Seine Eigenschaften sind dem Individuum Greyhound zum Verhängnis geworden.

Zwar schauen viele nach England und sind beeindruckt von dem perfekten Ablauf der großen Rennmaschinerie. Zwar werden die Renngreys dort körperlich gut gepflegt, man möchte sagen »gewartet«, aber eine normale Herr-Hund-Beziehung ist ihnen verwehrt. Nur der Rennfaktor zählt. Ist die Rentabilität eines Greys nicht gegeben (das entscheidet sich, wenn er – kaum herangewachsen – die ersten Testläufe macht) oder

Aufmerksam und mit kühnem Blick späht diese Greyhound-Hündin mit der seltenen Farbe »Blau« aus dem hohen Gras.

nicht mehr gegeben (das ist bereits mit $4^1/_2$ Jahren der Fall), hat er auch sein Leben verwirkt. Nur wenige Glückliche werden dann in private Hände abgegeben oder, wenn sie Rennstars waren, für die Zucht verwendet. Das ist die britische Konsequenz der Massenzucht für das Wettgeschäft.

England, das Mutterland des Greyhounds mit der ununterbrochenen Greyhound-Tradition, gibt natürlich auch den Standard heraus. Ein Greyhound-Zuchtbuch wird übrigens seit 1882 geführt. England führte nicht nur die Profirennen und die damit verbundene Spezialisierung der Rennhunde ein, sondern auch ein anderes Extrem: die Zucht nur für die Ausstellung und ihre Vertreter, die »Show-Greys«.

Professionelle Rennhunde werden niemals ausgestellt; ihr Aussehen und eventuelle Schönheitsfehler interessieren niemanden. Im Gegensatz dazu sehen die Show-Greys nie eine Rennbahn; Hetztrieb und Schnelligkeit sind bei ihnen überflüssig. Dafür werden die äußeren Merkmale, die für Schönheit stehen sollen, vielfach übertrieben: Größe, Winkelungen, die Länge und Schmalheit des Kopfes (die Zahnverlust zur Folge haben kann), die Halslänge, die Tiefe der Brust (die die Ellbogenfreiheit beeinträchtigt) u. a. Die Show-Greys sind allerdings gegenüber den Renn-Greys in der absoluten Minderzahl.

Die Entwicklung der beiden Typen ist mittlerweile in so verschiedene Richtungen gegangen, daß es schwerfällt, sie noch als ein und dieselbe Rasse anzusehen. Obwohl die Trends des englischen Mutterlandes auch außerhalb manche Anhänger finden, melden ernsthafte hiesige Greyhound-Freunde doch starke Bedenken an, was diese extremen Zuchtrichtungen angeht.

Es gibt noch einen dritten Typ, den eigentlichen alten Coursing-Typ, welcher am positivsten zu beurteilen ist. Er ist der ursprüngliche Greyhound-Typ, widerstandsfähig und wendig und dabei durchaus von elegantem Gesamteindruck.

An diesem letztgenannten orientiert man sich gerne in Deutschland und den europäischen Nachbarländern. Man bemüht sich, Hunde zu züchten, die sowohl Renneigenschaften als auch ein gefälliges Äußeres vereinen – unter dem Motto »Schönheit und Rennleistung«. Hier steht die Freude am Hund als solchem im Vordergrund. Der Greyhound ist Hausgenosse – das Rennen ist Hobby; allerdings wird es in Rennhundkreisen durchaus mit Ehrgeiz betrieben.

In rund 9 Jahrzehnten deutscher Zucht hat es der Greyhound auf ca. 6500 Zuchtbucheintragungen gebracht. Der konkrete Zuwachs liegt heutzutage allerdings nicht höher als bei ca. 80 Hunden im Jahr.

Das Laufen und Hetzen ist das Lebenselement des Greyhounds auch bei uns. Kann er seinem Bewegungsdrang nicht nachgeben, ist er körperlich und seelisch quasi amputiert. Der Greyhound ist ein Sprinter, der schnellste Hund auf der kurzen Strekke. Die 450- bis 500-m-Bahnen sind speziell auf den Greyhound zugeschnitten. Bis zu 65 km/h kann er hier erreichen.

Vor den wartenden Hunden ruckt das Lockmittel an und wird in rascher Bewegung vorangezogen. Der Startkasten öffnet sich, und Körper an Körper schießen sie heraus. In Höchstgeschwindigkeit geht es die Startgerade hinan auf die U-förmige Kurve zu. Hier rudern und kämpfen sie, um nicht durch die eigene Geschwindigkeit hinausgetragen zu werden. Nach der Kurve die entscheidenden 200 m entlang der Zielgeraden. Spektakuläre Überholmanöver. Vibrierender Boden unter dem dicht an dicht dahinhetzenden Greyhoundfeld. Spannung bis zum letzten Moment. Faszination der Zuschauer. In Zentimetern entscheidet sich der Sieg. – Das ist das Greyhound-Rennen.

Der auf Bahnrennen spezialisierte Greyhound ist in der Regel verträglich und ohne Aggressivität; programmiert darauf, gemeinsam mit anderen Läufern Seite an Seite die Rennbahn zu umrunden, ohne seine Mitläufer als Konkurrenten anzusehen. Er konzentriert sich ausschließlich auf das sich bewegende Hetzobjekt. Allerdings ist der Greyhound als »Spitzensportler« unter den Windhunden auch empfindlich und verlet-

Der Greyhound ist der Spitzensportler unter den Windhunden. Er erreicht die höchste Geschwindigkeit auf der Rennbahn.

Wohlgebauter, trocken wirkender Greyhound-Rüde mit attraktiven braungestromten Platten auf weißem Grund.

zungsanfällig an den Läufen. Das ist die Kehrseite der großen Schnelligkeit. Leider haben viele Greyhound-Besitzer daher Rennverletzungen ihrer Hunde zu kurieren. Häufige Konsultation von spezialisierten Tierärzten und lange Schonpausen sind an der Tagesordnung. Vielfältige Überlegungen über Ursachen und Abhilfemöglichkeiten haben keine Patentlösung erbringen können. Wichtige Aufgabe des Besitzers ist es daher, seinen Renngrey in die richtige Kondition zu bringen, seine Pfoten möglichst auf Naturgelände abzuhärten, ihn nicht überzubeanspruchen, sondern vielmehr mit Überlegung zum Rennen einzusetzen. Ein tadelloser Pflegezustand und die richtige Kurvenkonstruktion der Rennbahn sind unabdingbar für einwandfreie Greyläufe.

Darüber hinaus ist der Greyhound ein eleganter (wenn man von den bloßen »Rennmaschinen« ohne züchterische Beachtung des äußeren Erscheinungsbildes absieht), charakterlich unkomplizierter Begleiter. Er schließt sich leicht an und läßt sich gut führen. Relativ leicht ist durch liebevolle Erziehung zu erreichen, daß er seinen Menschen folgt und auf Ruf oder Pfiff reagiert. Nur im freien Feld ist natürlich Vorsicht am Platz!

Der Greyhound ist anschmiegsam und fühlt sich wohl in menschlicher Gesellschaft und mitten im Familienleben. Auch aufgrund seines kurzen, pflegeleichten Fells ist er ein angenehm zu haltender Hausgenosse.

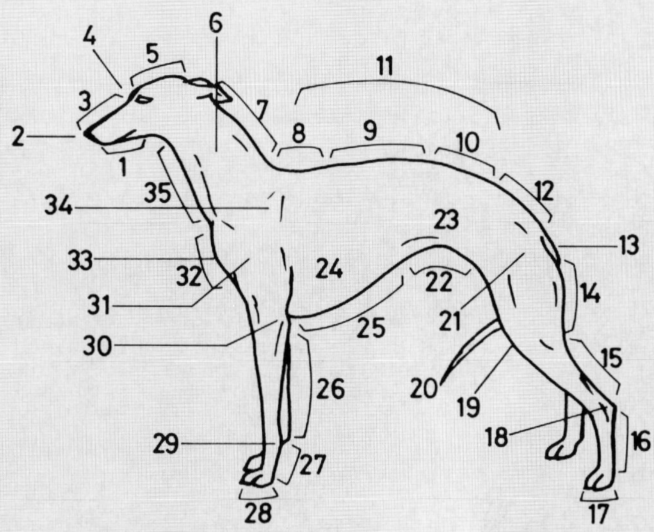

Die Körperteile des Windhundes am Beispiel eines Whippets: 1 Unterkiefer, 2 Nasenkuppe, 3 Nasenrücken, 4 Stop (Stirnabsatz), 5 Oberkopf, 6 Hals, 7 Nackenrand des Halses, 8 Widerrist, 9 Rist, 10 Lenden- oder Nierenpartie, 11 Rücken, 12 Kruppe, 13 Rutenansatz, 14 Keule, Oberschenkelpartie, 15 Unterschenkel, 16 Hintermittelfuß, 17 Hinterpfote, 18 Sprunggelenk, 19 Kniegelenk, 20 Rute, 21 Hüftgelenk, 22 Unterbauch, 23 Flanke, 24 seitliche Brustwand, 25 Unterbrust, 26 Unterarm, 27 Vordermittelfuß, 28 Vorderpfote, 29 Vorderfußwurzelgelenk, 30 Ellbogengelenk, 31 Oberarmgegend, 32 Vorbrust, 33 Schulter- oder Buggelenk, 34 Schulter, 35 Kehlrand des Halses.

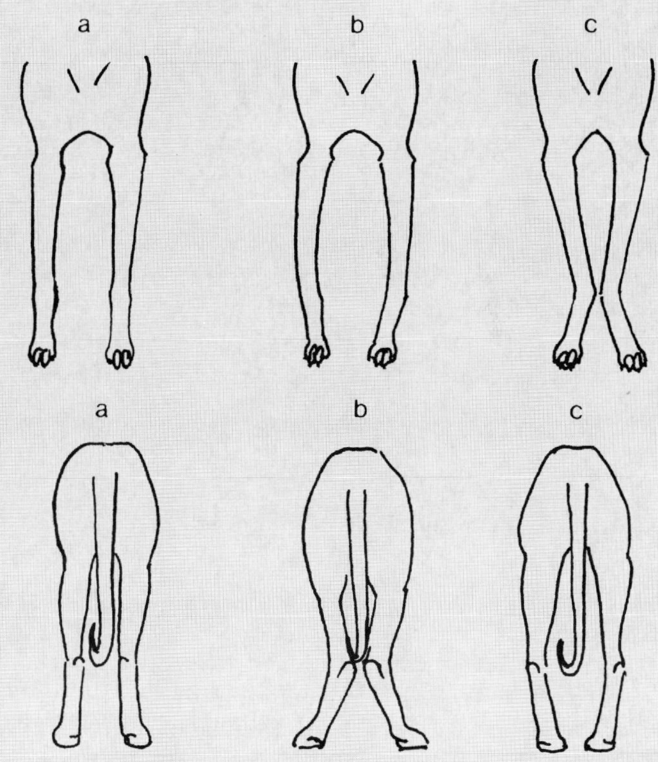

Die Stellung der Beine. Vorderläufe (oben): a) korrekt, b) faßbeinig, c) französischer Stand. Hinterläufe (unten): a) korrekt, b) kuhhessig, c) säbelbeinig.

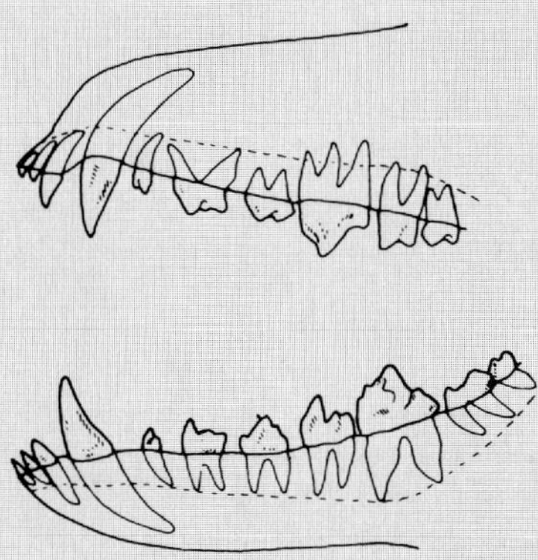

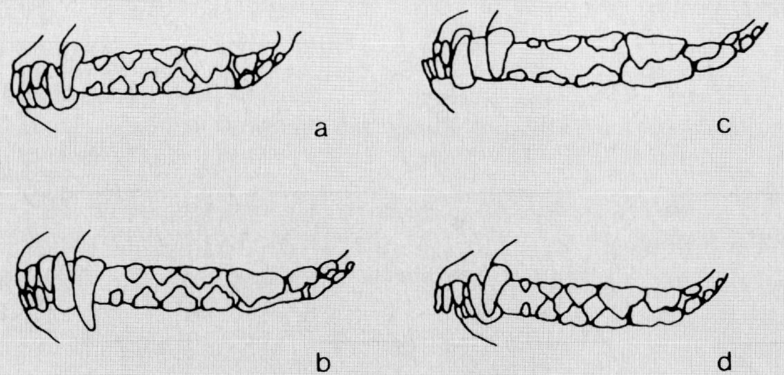

Das Gebiß des Hundes.
Von links nach rechts: Oberkiefer: 3 Schneidezähne (Incisivi = I 1–3), 1 Eck- oder Fangzahn (Caninus = C), 4 vordere Backenzähne (Prämolaren = P 1–4), 2 hintere Backenzähne (Molaren = M 1–2).
Unterkiefer: 3 Schneidezähne (I 1–3), 1 Eck- oder Fangzahn (C), 4 vordere Backenzähne (P 1–4), 3 hintere Backenzähne (M 1–3).

Gebißformen.
a) Scherengebiß: Die Schneidezähne des Oberkiefers greifen dicht über die des Unterkiefers.
b) Zangengebiß: Die Schneidezähne von Ober- und Unterkiefer stehen aufeinander.
c) Vorbiß: Zuchtausschließender Fehler; die Schneidezähne des Unterkiefers stehen vor.
d) Unterbiß: Ebenfalls zuchtausschließender Fehler; die Schneidezähne des Unterkiefers stehen deutlich hinter denen des Oberkiefers (»Rückbiß«, Unterkieferverkürzung).

Standard: Greyhound

FCI-Nr. 158 a

Übersetzung: Helma Quaritsch-Fricke

Ursprungsland: Großbritannien

Gesamterscheinung: Kräftig gebaut, groß gewachsen mit großzügigen Proportionen, Muskelkraft und symmetrischen Formen, mit langem Kopf und Hals, klar umrissen, gut liegenden Schultern, tiefer Brust, geräumigem Rumpf, gewölbter Lende, kraftvoller Hinterhand, geraden und parallelen Läufen und Pfoten sowie einer Geschmeidigkeit der Glieder, die in besonderem Maße seinen charakteristischen Typ und seine Eleganz hervorheben.

Charakteristika: Er besitzt ein bemerkenswertes Durchhaltevermögen und Ausdauer.

Wesen: Intelligent, freundlich, anhänglich und ausgeglichen.

Kopf und Schädel: Lang, mäßige Breite, flacher Oberkopf, leichter Stop. Kräftige und gut geformte Kiefer.

Augen: Aufmerksam, intelligent, oval und schräg eingesetzt. Vorzugsweise dunkel.

Ohren: Klein, rosenförmig, feinledrig.

Gebiß: Kräftiger Kiefer mit einem perfekten, regelmäßigen und vollständigen Scherengebiß, d. h., daß die oberen Schneidezähne die unteren Schneidezähne eng übergreifen und rechtwinklig zu den Kiefern stehen.

Hals: Lang und muskulös, elegant gebogen, gut in die Schulter übergehend.

Vorhand: Schultern schräg, gut zurückgelegt, gut bemuskelt, ohne überladen zu sein, oben eng stehend und klar abgezeichnet. Vorderläufe zwischen Ellenbogen und Pfoten lang und gerade, Knochen von guter Substanz und Qualität. Ellenbogen frei beweglich und gut unter der Schulter stehend. Fesseln mäßig lang, leicht federnd, Ellenbogen, Fesselgelenke und Zehen weder ein- noch auswärts gedreht.

Rumpf: Tiefe, geräumige Brust, die ausreichend Raum für das Herz schafft. Rippenkorb tief, gut gewölbt und weit nach hinten gezogen. Flanken gut aufgezogen. Rücken ziemlich lang, breiter Balkenrücken. Kraftvolle, leicht gewölbte Lende.

Hinterhand: Ober- und Unterschenkel breit und muskulös, zeigen große Schubkraft an. Kniegelenke gut gewinkelt. Sprunggelenke sehr tief gestellt, weder ein- noch ausdrehend. Rumpf und Hinterhand von großräumigen Proportionen und gut geschlossen; sie befähigen den Hund, im Stand ausreichend Boden zu decken.

Pfoten: Mäßige Länge, mit kompakten, gut aufgeknöchelten Zehen und starken Ballen.

Rute: Lang, ziemlich tief angesetzt, stark am Ansatz, sich zur Spitze verjüngend, niedrig getragen, leicht gebogen.

Gangart, Bewegungen: Gerader, flach ausgreifender freier Schritt, der es ermöglicht, mit großer Geschwindigkeit viel Raum zu gewinnen. Die Hinterläufe greifen gut unter den Körper vor, um großen Schub zu geben.

Haarkleid: Fein und dicht.

Farben: Schwarz, weiß, rot, blau, bräunliches Rotgelb, sandfarben, gestromt oder jede dieser Farben mit weiß.

Größe: Ideale Schulterhöhe für Rüden: 71–76 cm, für Hündinnen: 68–71 cm.

Fehler: Jede Abweichung von den vorstehenden Standardmerkmalen ist als Fehler anzusehen, und das Gewicht, mit dem der Fehler zu werten ist, muß genau seinem Schweregrad entsprechen.

Anmerkung: Rüden müssen zwei offensichtlich normale, voll abgestiegene Hoden im Skrotum aufweisen.

Von der Generalversammlung vom 23. und 24. Juni 1987 in Jerusalem genehmigt.

Der Whippet

Der Whippet als glatthaariger Windhund von »praktischer« mittlerer Größe erfreut sich in Windhundkreisen großer Beliebtheit.

Anders als alle anderen Windhundrassen (mit Ausnahme des Windspiels), die ihre Variationen überwiegend dem Einfluß der Umweltbedingungen verdanken, stellt der Whippet eine Zweckschöpfung jüngeren Datums dar. Der Whippet entstand als englische Züchtung im Laufe des 19. Jahrhunderts und ging aus der Kreuzung vorhandener kleiner Greyhoundformen mit verschiedenen hochläufigen Terrierrassen und nicht zuletzt dem Windspiel hervor. Wenn mit diesem kleinen Hetzhund anfangs in England auch Jagd auf Kaninchen gemacht wurde, so wurde sein Zuchtziel doch auf einen anderen, neu ins Blickfeld geratenen Gebrauchswert abgestellt, der außerhalb der reinen Jagdnützlichkeit liegt. Sportliche Ziele waren es, die den Whippet schufen – einen kleinen zähen, temperamentvollen Hund, der an Schnelligkeit den großen, bisher ungeschlagenen Greyhounds Konkurrenz bieten sollte.

Anlaß der Züchtung waren Sportbegeisterung und Wettleidenschaft der arbeitenden Bevölkerung der mittel- und nordenglischen Grafschaften in jener Zeit, die sich in allerlei Sportarten manifestierten. Wenn man nicht in eigener Person einem Sport huldigte, so wurde in jener Zeit das Interesse von Hahnenkämpfen, Bullenbeißen, Hundekämpfen und zunehmend auch von Hunderennen gefesselt. Während für diese Leute die exklu-

Der Whippet: Ein kleiner Athlet, mit der typisch gebogenen Rükken- und Hinterhandlinie der okzidentalen Windhunde, dabei drahtig und muskulös. Seine vorzügliche Erscheinung brachte diesem Whippet-Rüden nicht nur diverse Champion-Titel in Übersee, sondern auch in Deutschland ein.

Zwei edle Whippet-Profile.

siven Greyhound-Coursings der High-Society unerreichbar waren, betrieben sie vereinfachte Formen des frühen Whippet-Rennens, die so vonstatten gingen, daß die Hunde einfach zu ihren hinter der Ziellinie wartenden Besitzern zurückliefen.

Während die frühen Produkte dieser Kreuzungen »Snap-dog« genannt wurden und vom Äußeren her noch recht uneinheitlich, von der Verwendungsfähigkeit aber schon recht zufriedenstellend waren, zeigte sich nach einigen Jahrzehnten schon ein so einheitliches Erscheinungsbild, daß 1891 der Whippet als Rasse anerkannt wurde. Zum ersten Mal wurde er zu einer englischen Ausstellung zugelassen.

Um 1910 hatte der Whippet auch in Deutschland mit 90 eingetragenen Exemplaren im ersten Zuchtbuch einen erstaunlichen Eingang gefunden. Was man bislang erzüchtet hatte und nun stetig weiterentwickelte, war ein kleiner, drahtiger, vor Rennübermut strotzender Hund – dem Typus nach unzweifelhaft ein Windhund.

Am Whippet und seiner Rassewerdung läßt sich ablesen, daß das Windhundblut den dominierenden Erbfaktor abgab. Immerhin hatten die ersten deutschen Whippet-Zuchtstätten noch ein gutes Stück Pionierarbeit zu leisten und die Züchter Risikobereitschaft zu beweisen. An einem durchgängig korrekten Typ mußte noch weitergearbeitet werden. Zu Beginn der deutschen Zucht kam es durchaus vor, daß man Whippets benutzte, um die Windspiel-Zucht zu befruchten, und umgekehrt.

Der Whippet ist mit seiner mittleren Größe (Normschultermaß bei Rüden 47–51 cm, bei Hündinnen 44–47 cm) nicht einfach eine verkleinerte Greyhound- oder vergrößerte Windspielausgabe. In bezug auf sein Wesen und seine Verhaltensweise gab ihm der Terriereinschlag den frischen Mut, die Schärfe, den Schneid und das Temperament. Hinsichtlich seines Äußeren ist er nicht mit der zierlich graziösen Erscheinung des Windspiels zu verwechseln. Der Whippet ist auf den ersten Blick als Sporthund zu erkennen, als kleiner Athlet, drahtig, trocken, muskulös mit kraftvoller Gangart.

Wie soll man die Dynamik seiner Konstruktion in Worte fassen? Er ist eine Feder vor dem Abschnellen. In jeder Form und Linie ist er darauf eingerichtet, sich über den Boden zu erheben und dahinzufliegen. Der Kopf ist schnittig und trocken mit kleinen, windwiderstandslos anliegenden Rosenohren. Der Schwerpunkt konzentriert sich im vorderen Brustkorb. Die gebogene Oberlinie, die ihn auszeichnet, verläuft vom nach hinten abfallenden Rücken in die muskelstrotzenden Keulen, die breit gestellte, biegsam gewinkelte Hinterhand, die ge-

Perfekt wie eine Porzellanfigur wirkt dieser edle Whippet-Rüde.

schaffen ist, den Körper mit gewaltigem Satz vorwärts zu werfen. Der ganze Hund ist federleicht, ein kleiner großer Renner. Er kombiniert Muskelkraft und Zähigkeit mit Eleganz und Harmonie der Linie. Wie bei seinem großen Vetter Grey sind alle Farben erlaubt. Die weiß geplatteten Tiere sehen wie Porzellanfiguren aus.

Früher gab es auch einige Stämme rauhhaariger Whippets, die Eingang ins deutsche Zuchtbuch fanden. Ihre Zucht wurde aber, anders als zum Beispiel die der Rauhhaar-Galgos, nicht weiter betrieben; wahrscheinlich, weil bei einem kleinformatigen Hund wie dem Whippet das Rauhhaar seine typischen Linien zu sehr verdeckt, und man vermutete, daß die rauhhaarigen Tiere im Rennen langsamer sind. Daneben erinnerte das Rauhhaar womöglich auch zu stark an die andersrassigen Vorfahren. Abgesehen davon wurden Rauhhaar-Whippets vom Kennel Club des Mutterlandes England nicht anerkannt.

Auch bei Whippets gibt es die schon beim Grey beobachteten Unterschiede zwischen Ausstellungs- und Renntypen; eine Spezialisierungstendenz, die von Großbritannien und Übersee kommt.

Bei der Whippetzucht in Deutschland ist die Einhaltung einer bestimmten Größe zu beachten. Der Whippet als künstliche Züchtung jüngster Zeit bleibt mit seiner Größe nicht immer automatisch innerhalb der vorgesehenen Standardmaße. Daher ist beim heranwachsenden Whippet das Bangen um die leidigen Zentimeter an der Tagesordnung. Ein Zentimeter zuviel kann das Aus für die Ausstellungs- und Rennkarriere bedeuten. Es gibt Länder, die die Größenfrage nachsichtiger bewerten.

In Deutschland sind die Whippets heute nach Afghanen und Irish Wolfhounds die am weitesten verbreitete Windhundrasse. Auf insgesamt über 11 000 Zuchtbucheintragungen hat es die Rasse in 90 Jahren gebracht. Es

Seite 60: Drei charmante Whippet-Damen, kontaktfreudig und unternehmungslustig, doch wenn es darauf ankommt, gut von Herrchen und Frauchen zu lenken.

kommt ihnen nicht zuletzt zugute, daß sie in unserer, der Hundehaltung nicht immer sehr freundlich gesinnten Zeit auch in den vielfach beengten Wohnverhältnissen noch genügend Raum finden.

Nur darf man sich nicht wundern, wenn der Kleine von seiner »Aktion« her viel mehr auf die Beine stellt als ein großer Artgenosse. Vom Wesen her ist der Whippet komplikationslos, munter und unermüdlich. Sein lebhaftes Temperament macht ihn unternehmungslustig und hält ihn viel auf den Beinen.

Mit der Rennbahn wird der Whippet sehr schnell vertraut. Für das Wettrennen gezüchtet, bewährt er sich als Meister desselben – immer einsatzfreudig und ausgesprochen verträglich mit seinen Renngenossen. Als einziger Rennhund gibt der Whippet beim Hetzen Laut. An den Zuschauern vorbei fegt auf der Rennbahn ein dichtes Feld emsiger Whippets, aufgeregt jappend und mit hohen Stimmchen läutend.

Am Ziel löst jeder Besitzer seinen eigenen Hund aus dem Knäuel um die Hetzattrappe und trägt den Eifrigen auf dem Arm davon. Die weitaus meisten Läufe bei unseren deutschen Windhundrennen werden heute, neben Afghanen, von Whippets bestritten. Konkurrenzen von 30 Whippets bei einem Rennen sind keine Seltenheit.

Der Whippet ist kontaktfreudig und sucht die Aufmerksamkeit seines Besitzers durch allerlei spontane Gebärden. Er folgt recht gut, ohne jedoch unterwürfig zu werden. Er ist gut leinenführig und bleibt auch gerne dicht bei Herrchen oder Frauchen. Dennoch genießt er bei Spiel und Rennen im freien Gelände die Freiheit. Bei Spaziergängen kommt er gern zu seinem Besitzer zurück, wenn er sich ausgetobt hat und kein »Jagdobjekt« seine ganze Aufmerksamkeit in Anspruch nimmt.

Erfreulich ist auch die Tatsache, daß ein Whippet in der Regel bis ins hohe Alter fit bleibt.

Auf der Rennbahn zeigt sich der Whippet als dynamischer, engagierter Rennhund, der fast schwerelos dahinfliegt.

Standard: Whippet

FCI-Nr. 162b

Übersetzung: Helma Quaritsch-Fricke, Dr. Weidmann

Ursprungsland: Großbritannien

Allgemeines Erscheinungsbild: Ausgewogene Kombination von Muskelkraft und Stärke mit Eleganz und Grazie der Umrißlinien. Für die Geschwindigkeit und Leistung gebaut. Jede Form der Übertreibung muß vermieden werden.

Charakteristika: Ein idealer Begleiter. In hohem Maße anpassungsfähig in häuslicher und sportlicher Umgebung.

Wesen: Freundlich, anhänglich, ausgeglichen.

Kopf und Schädel: Lang und trocken, flacher Oberkopf, zum Fang mit leichtem Stop verlaufend, ziemlich breit zwischen den Augen, kräftige und klar gezeichnete Kiefer, schwarzer Nasenschwamm; bei blauen Hunden ist eine bläuliche Nase erlaubt, bei leberfarbenen Hunden ist eine leberfarbene Nase, bei weißen Hunden oder Schecken ist eine Schmetterlingsnase zulässig.

Augen: Oval, strahlend, sehr aufmerksamer Ausdruck.

Ohren: Rosenförmig, klein, feinledrig.

Gebiß: Kräftige Kiefer mit einem perfekten, regelmäßigen und vollständigen Scherengebiß, d. h., daß die oberen Schneidezähne die unteren Schneidezähne eng übergreifen und rechtwinklig zu den Kiefern stehen.

Hals: Lang, muskulös, elegant gebogen.

Vorhand: Schultern schräg und muskulös, Schulterblätter bis zur Wirbelsäule reichend, wo sie sich deutlich abzeichnen. Vorderläufe zwischen Ellenbogen und Pfoten gerade und senkrecht, Front nicht zu breit, Fesseln stark, leicht federnd, Ellenbogen gut unter den Rumpf gestellt.

Rumpf: Brust sehr tief mit viel Platz für das Herz, gut abgezeichnet, breiter, fester Rücken, eher lang, mit deutlichem Bogen über der Lende, aber nicht bucklig. Die Lende erweckt den Eindruck von Stärke und Kraft. Rippen gut gewölbt, am Rückenansatz gut bemuskelt.

Hinterhand: Stark, breit über den Oberschenkeln, gut gewinkelte Kniegelenke, tief gestellte Sprunggelenke, gut entwickelte Unterschenkel. Der Hund vermag im Stand viel Boden zu decken und große Schubkraft zu zeigen.

Pfoten: Sehr klar umrissen, Zehen gut voneinander abgesetzt, gut aufgeknöchelt, dicke und starke Ballen.

Rute: Keine Befederung. Lang sich verjüngend. In der Aktion feine Aufwärtsbiegung, aber nicht über den Rücken erhoben.

Gangart, Bewegung: Frei, Hinterläufe gut unter den Körper vorgreifend, um Schub zu geben. Vorderläufe mit weitem Vortritt tief über dem Boden, parallel im Kommen und Gehen. Bewegung insgesamt weder gestelzt noch hochsteppend, kurztrittig oder tippelnd.

Haarkleid: Fein, kurz, anliegend.

Farbe: Jede Farbe oder Farbmischung.

Größe: Schulterhöhe der Rüden: 47–51 cm; der Hündinnen: 44–47 cm.

Fehler: Jede Abweichung von den vorgenannten Standardmerkmalen ist als Fehler anzusehen, und das Gewicht, mit dem der Fehler zu werten ist, muß genau seinem Schweregrad entsprechen.

Anmerkung: Rüden müssen zwei offensichtlich normale, voll abgestiegene Hoden im Skrotum aufweisen.

Von der Generalversammlung vom 23. und 24. Juni 1987 in Jerusalem genehmigt.

Das Italienische Windspiel

Das Windspiel ist der kleinste Vertreter der Familie der Windhunde. Es soll und muß filigran sein, mit feinem Knochenbau, das Modell des großen Windhundes ins Kleinste übertragen. Hier sind die edlen Windhundlinien sozusagen zum Spiel geworden.

Das Italienische Windspiel erregt Entzücken und Bewunderung durch seine Zierlichkeit und seine Anmut. Mit hochgetragenem Köpfchen und trippelnden, tänzelnden Bewegungen vollführt es die elegante Gangart eines Dressurpferdes. Trotz des hohen Aufhebens der Vorderbeine soll das Gangwerk raumgreifend sein.

Was wir vom Windspiel erwarten, ist nicht die originelle Karikatur eines Hundes, sondern die Repräsentation eines typischen Windhundes im Kleinsten. Seine Feinnervigkeit äußert sich oft in leichtem Zittern, was es mit edlen Rassepferden gemein hat. Obwohl es ein absolut selbständiges und energisches Windhündchen ist, spricht es unseren Pflegetrieb besonders an und auch unseren Sinn für das Verspielte. Es liebt den Platz auf dem Schoß und auf dem Arm. Letzteren erobert es im zielsicheren Sprung vom Boden aus.

Schon jahrhundertelang wurden neben den großen Rassen kleine Windhunde gezüchtet. Vom frühen Mittelalter an hielt man sogenannte kleine »Beizwinde« an den Fürstenhäusern in ganz Europa. Sie wurden neben dem Falken auf die Beizjagd mitgenommen und waren daneben die Schoßhündchen der Damen.

Eine entzückende Familie: Windspieleltern mit ihrem 8 Wochen alten Wurf.

Eine bemerkenswerte Windspielgruppe: sechs überaus selbständige und selbstbewußte kleine Persönlichkeiten.

In der höfischen Zeit, mit der Verfeinerung der Sitten, wuchs auch das Bedürfnis nach einem spielerisch kleinen, edlen Luxusgeschöpf, das durch Zuchtbemühungen bald aus dem schon vorhandenen kleinen Windhund entwickelt wurde. Unter den königlichen Besitzern, die die Windspiele im Laufe ihrer Existenz immer wieder hatten, ist bei uns besonders Friedrich der Große bekannt. Von ihm sind viele Begebenheiten überliefert, die in Zusammenhang mit seiner besonderen Zuneigung zu seinen Windspielen stehen, die er ständig um sich hatte.

Ist das Windspiel wirklich italienischen Ursprungs, wie der Name sagt? Namhafte Kynologen betonen, daß die Formen des Windspiels eher auf afrikanischen Ursprung hindeuten als auf europäischen. Die quadratischen Konturen, die dem Körper unterstellten Gliedmaßen, die ovalen Pfötchen, das im Gegensatz zu Grey und Whippet einfarbige Haarkleid und die oft zu beobachtenden »eckigen« Linien erinnern tatsächlich eher an den Sloughi und Pharaonenhund als an westliche Windhunde.

Hündchen dieser geringen Größe hat es nachweislich bereits im alten Ägypten gegeben. Der Überlieferung nach soll es die ägyptische Königin Kleopatra gewesen sein, die dem römischen Feldherrn Julius Cäsar kleine Windhunde ihrer Zucht zum Geschenk machte, wodurch auch die Beziehung zu Italien hergestellt wäre. Es ist natürlich auch nicht abzustreiten, daß das graziöse Windspiel in die klassizistische Zeit der italienischen Renaissance und in die Paläste der Medici und ihr Hofleben hineingehörte, wo es sich großer Beliebtheit erfreute. Warum sollen sich aber, davon abgesehen, nicht ganz einfach in all jenen Ländern, wo sich kleine Windhundformen aus den großen selektieren ließen – wie in Frankreich, England, Deutschland, Österreich und Italien – , Windhundspielarten gleichzeitig und parallel zueinander entwickelt haben? Einiges spricht für diese Annahme.

Um die Jahrhundertwende waren die Zwergwindhunde, wie sie damals noch genannt wurden, vom Niedergang bedroht. Degeneration war die Folge übertriebener Verfeinerung und Inzucht. Die Einkreuzung von Fremdblut (Whippet zur Erhaltung des Windhundtyps, Zwergpinscher zur Festigung der geringen Größe) rettete und stabilisierte schließlich die Rasse und ermöglichte in den 20er und 30er Jahren die Schaffung des vollendeten Typs des klassischen Windspiels, wie wir es heute kennen. Den heute geläufigen Namen »Windspiel« erhielt die Rasse Anfang dieses Jahrhunderts. Er paßt vollendet zu Form und Wesen dieses kleinsten Windhundes.

Warum ist diese alte, schon so lange in Europa beliebte Windhundrasse heute relativ selten anzutreffen? Vor allem zwei Gründe scheinen hierbei eine Rolle zu spielen. Die Zucht der Windspiele ist nicht einfach, und ihre Zierlichkeit führt dazu, daß sie irrtümlich für sehr empfindlich gehalten werden.

Die Zucht stellt in der Tat eine Herausforderung an das Geschick des Züchters dar. Züchterisch muß besonders die Einhaltung der Größe (zwischen 32 und 38 cm Schulterhöhe) im Auge behalten werden, die Schädelform, die nicht zu rund werden soll, die Zahl der Zähne und die korrekte Zahnstellung, die Ausbildung der Geschlechtsmerkmale und die Einfarbigkeit (schwarz, schiefergrau, isabellfarben, möglichst ohne oder höchstens mit minimalen weißen Abzeichen). Besondere Fehler sind jene, die den Eindruck der Eleganz stören, sowie Anzeichen übertriebener Verzwergung wie Apfelkopf, hervortretende Augen und ähnliches. Daneben sind die Würfe sehr

Windspiele als lebender Scherenschnitt.

Windspiele dürfen auch auf die Rennbahn, wo sie unter Beweis stellen, daß sie die Sache auch ernst nehmen. Hier zeigen sie nach dem Lauf noch vollen Eifer an der Beute, dem künstlichen Hasen.

klein (höchstens 3 bis 4 Jungtiere). Ein Welpe sollte bei der Geburt mindestens 150 g wiegen, um eine reelle Überlebenschance zu haben.

Wenn das Windspiel gut gezüchtet und vernünftig aufgezogen ist, entpuppt es sich als äußerst widerstandsfähiges und robustes Tierchen. Für Krankheiten ist es nicht anfällig. Es ist zäh und langlebig und kann gut und gerne seine 15 Jahre alt werden. Es verliert auch nicht seine Beweglichkeit, sondern behält seine Munterkeit und Grazilität bis ins hohe Alter.

Was Haltung und Pflege anbelangt, ist das Windspiel ein Hund wie jeder andere. Seine Zahngesundheit sollte besonders im Auge behalten und durch entsprechende Zahnpflege unterstützt werden. Seine Stubenreinheit wird eventuell besonders überwacht werden müssen. Ansonsten braucht es wenig Pflege, wenig, aber gutes Futter, allerdings viel Liebe und Freiheit.

Bei aller Sorgfalt, die man einem so feinen kleinen Tierchen natürlich angedeihen läßt, sollte man es keinesfalls verweichlichen. Obwohl es ansonsten Wärme liebt, braucht es bei Ausgängen kein »Mäntelchen«, sondern Bewegung.

Das Windspiel ist gesellig und fühlt sich ungemein wohl in Gemeinschaft mit Artgenossen. Menschen gegenüber ist es zärtlich und anschmiegsam. Es ist intelligent und leicht abzurichten, dabei stets fröhlich und zu Spiel und Bewegung aufgelegt. Aber bitte: Es sollte nicht Kindern unter 8 Jahren als Spiel- und Herumtragetier überlassen werden. Das ist nicht seine Rolle und würde stets Konflikte heraufbeschwören.

Das Windspiel darf auch auf die Rennbahn, wo immer wieder einige Vertreter beweisen, daß sie echte Windhunde sind, wenn sie mit erstaunlichem Einsatz der »Beute« nachjagen, die fast ebenso groß ist wie sie selbst. Das Rennen sollte allerdings nicht übertrieben werden. Das Hetzvergnügen ist beim Windspiel Beiwerk, nicht Hauptgesichtspunkt seiner Haltung.

Nicht zu unterschätzen ist das ausgeprägte Selbstbewußtsein vieler Windspiele. Es kann vorkommen, daß man sie vor den Auswirkungen ihrer eigenen Courage schützen muß. Ihr Schneid großen Hunden gegenüber legt die Vermutung nahe, daß sie ihren eigenen minimalen Körperstatus gar nicht registrieren.

Ein Windspiel ist überall, auch im kleinsten Wohnraum, zu halten und überall hin mitzunehmen. Alles in allem ein unkompliziertes, temperamentvolles Begleithündchen auch für solche Windhundfreunde, die einen Vertreter größerer Rassen nicht halten können.

Standard: Windspiel

FCI-Nr. 200b | Übersetzung: Verband für das Deutsche Hundewesen

Ursprungsland: Italien

Einordnung in die wirtschaftliche Klassifizierung: Ein der Gruppe der Grajoden zugehöriger Hund (nach der Klassifizierung von Pierre Megnin).

Ursprung der Rasse: Italienisch

Allgemeine Merkmale: Langgliedrig, der Rumpf ist quadratisch. Seine Formen erinnern an die eines verkleinerten Greyhounds, insbesondere an die des Sloughis, wobei Feinheit und Eleganz der Linien übertrieben werden. Diese Eleganz wird im anmutigen Stand und in der Bewegung noch verstärkt. Es kann als ein Modell von Anmut und Vornehmheit bezeichnet werden, es ist flink, intelligent und anhänglich.

Kopf: Langschädelig, die Gesamtlänge soll 4/10 der Widerristhöhe betragen. Schädel und Fang haben die gleiche Länge. Die oberen Längsachsen von Schädel und Fang verlaufen parallel zueinander. Ganz wenig Stop, flacher Schädel; die Haut muß glatt und gespannt sein. Der Bereich unter den Augenhöhlen muß ganz ausgeprägt sein.

Nasenspitze: Dunkle, vorzugsweise schwarze Färbung.

Gebiß: Gesundes, vollständiges Scherengebiß.

Fang: Spitz, mit dunkel pigmentierten Lefzenrändern. Schleimhäute an der Verbindungsstelle der Lefzen nicht sichtbar. Die Lefzen sind dünn und liegen fest am Kiefer an.

Augen: Groß, ausdrucksvoll, der Augapfel ist weder tiefliegend noch hervortretend, weder Ektropium noch Entropium. Die Iris soll dunkel sein, die Lidränder dunkel pigmentiert.

Ohr: Es soll schön hoch angesetzt, klein und dünnknorpelig sein. Das Ohr ist in sich gefaltet und wird nach hinten auf dem Nacken und auf dem oberen Teil des Halses getragen, so daß das Innere des Ohres sichtbar ist.
Bei Aufmerksamkeit wird der vordere Teil des Ohres aufgerichtet, der obere Teil waagerecht getragen, eine Stellung, die allgemein als »dachartig« bezeichnet wird.

Hals: Genauso lang wie der Kopf, mit leicht gewölbtem oberen Profil und unvermitteltem Übergang in den Widerrist. Trocken, ohne Wamme, in Höhe des Schildknorpels ist das Profil leicht vorgewölbt.

Vorhand
Schulter: Wenig schräg, bedeckt mit trockenen und vorstehenden Muskeln.
Oberarm: Der Winkel Schulter–Oberarm ist sehr stumpf und verläuft parallel zur Mittellinie des Körpers.
Unterarm: Sehr feiner Knochenbau, senkrecht gerade stehend von vorn und der Seite. Ellenbogen weder nach außen noch nach innen gekehrt. Die Höhe des Ellenbogens vom Boden ist nur wenig größer als die Höhe vom Ellenbogen bis zum Widerrist.

Mittelhand: In der Profilansicht müssen die Mittelhandknochen sich gut biegen; sie folgen der senkrechten Linie des Unterarms mit einem Minimum an Gewebe unter der Haut trocken.

Pfoten: Vorne klein, trocken, fast oval, Zehen gut gebogen und dicht zusammenstehend. Sie sind bedeckt mit sehr kurzem und dichtem Fell. Ballen und Zehenpolster sind dunkel und sollen mit dem Weiß an den Füßen, das zulässig ist, vereinbar sein.
Die Hinterpfoten sind weniger oval als die Vorderpfoten, mit den gleichen Eigenschaften.

Rumpf: Die Länge des Rumpfes ist geringer als die Widerristhöhe oder höchstens gleich lang. Das obere Profil des Rückens verläuft gerade, der Rücken-Lendenbereich ist gebogen. Der hintere Teil des Lendenbogens verläuft harmonisch in der Kruppe.

Brust: Die Brust ist schmal, die Rippen sollen bis zu den Ellenbogen hinabreichen.

Bauch: Das untere Profil des Bauches ist sehr aufgezogen; die Kruppe ist stark abfallend.

Rute: Tief angesetzt und schon an der Wurzel fein, verjüngt sie sich bis zur Spitze. Sie ist von kurzem Haar bedeckt. Die Rute wird in ihrer ersten Hälfte senkrecht und in der zweiten Hälfte gebogen getragen. Um die Länge zu messen, zieht man die Rute zwischen den Hinterläufen bis zur Hüfte hoch. Die Rute soll die Hüfte dann um weniges überragen.

Geschlechtsteile: Beide Hoden voll entwickelt und im Hodensack.

Hinterhand
Oberschenkel: Lang, trocken, mit deutlich voneinander getrennten, aber nicht umfangreichen Muskeln.
Unterschenkel: Feinknochig, Auskehlung am Sprunggelenk gut sichtbar, stark gewinkelt.

Fell und Haarkleid: Fell dünn, an allen Stellen des Körpers gut anliegend mit Ausnahme an den Ellenbogen, wo es locker ist. Fell kurz und fein.

Farben: Einfarbig, schwarz, schiefergrau und isabellfarben in allen Schattierungen. Weiß an Brust und Füßen ist zulässig.

Gangwerk: Tänzelnd, elegant.

Widerristhöhe: Mindestens 32 cm, höchstens 38 cm.

Gewicht: Höchstens 5 kg.

Fehler:

Typ und Gebäude:	Stark, gewöhnlicher Gesamteindruck, Abweichungen von der Symmetrie.
Kopf:	Obere Gesichts-Schädel-Achsen auseinander- oder zusammenlaufend.
Nasenspitze:	Fehlendes Pigment.
Lefzen und Fang:	Fang kurz und fehlerhaft ausgebildet, zu stark entwickelte Lefzen, die den Kiefer bedecken, Hautfalte des Bindegewebes betont, volle Wangen, Lid- und Lefzenränder nur teilweise pigmentiert.
Kiefer:	Kräftig, fehlerhafte oder fehlende Zähne, Vor- oder Rückbiß.
Schädel:	Kuppelförmig, rund mit betontem Stop.
Auge:	Klein (Mikrophthalmie) oder vorstehend (Exophthalmie), helle Iris, mandelförmig und schräg, eng unter der Stirn liegend, Ektropium, Entropium.
Ohren:	Aufrecht getragen, sehr schwerer Fehler.

Hals:	Wamme, kurz, im oberen Teil nicht gebogen.
Schultern:	Schwer, gepolstert mit umfangreichen Muskeln, in der Bewegung gehemmt.
Oberarm:	Schräg, kurz, schwerfällig.
Unterarm:	Starkknochig (sehr schwerer Fehler), aus- oder einwärts gedreht, Abweichung von der Senkrechten.
Handwurzel:	Schwach, überentwickelte Handwurzelknochen.
Mittelhand:	Abweichend von der senkrechten Stellung, zu kurz, zu lang oder zu ausgestreckt.
Füße:	Rund, nicht senkrecht, mangelhafte Pigmentierung der Krallen und Sohlen im Verhältnis zum Fell, Zehen gespreizt.
Körper:	Längendurchmesser größer als Widerristhöhe.
Rücken:	Sattelrücken oder bucklig, Unterbrechung der Rückenlinie.
Lenden:	Lang oder flach.
Geschlechtsteile:	Einer oder beide Hoden nicht vollständig entwickelt.
Oberschenkel:	Kurz, fleischig, gespreizt getragen, zu gerade oder zu schräg.
Unterschenkel:	Starker Knochenbau, wenig entwickelt.
Sprunggelenk und Mittelfußwurzel:	Nicht senkrecht, hohes Sprunggelenk, offener Sprunggelenkswinkel.
Rute:	Zu lang oder zu kurz, dick und nicht kurzhaarig.
Haarkleid:	Nicht kurzhaarig und mit weißen Abzeichen außerhalb der festgelegten (Brust und Pfoten).
Haut:	Nicht dünn, teilweise Pigmentmangel (Nasenspiegel, Augenlider und Lefzen).
Widerristhöhe:	Zu wenig oder zu viel.
Gangwerk:	Nicht tänzelnd.
Gewicht:	Über 5 kg.

Disqualifizierende Fehler:

Kopf:	Betontes Zusammen- oder Auseinanderlaufen.
Nasenspitze:	Über die Nasenbeinlinie erhöht, Pigmentmangel auch einzelner Stellen der Nasenspiegeloberfläche.
Nasenbein:	Nach außen oder nach innen gebogen.
Kiefer:	Rückbiß, Vorbiß.
Auge:	Glasauge, völliger Pigmentmangel der Lider.
Geschlechtsteile:	Kryptorchismus, Monorchismus, unvollständige Ausbildung eines oder beider Hoden.
Mittelfuß:	Afterkralle.
Rute:	Trompetenähnlich auf dem Rücken getragen, Schwanzlosigkeit oder Kurzschwänzigkeit, angeboren oder herbeigeführt.
Haarfarben:	Nicht einfarbig, weiß mit Ausnahme der im Standard angegebenen Stellen.
Widerristhöhe:	Mehr als 38 cm sowohl bei Rüden als auch bei Hündinnen, unter 32 cm bei Rüden, unter 31 cm bei Hündinnen.
Gangwerk:	Ständiger Paßgang.

Neuer Standard, vom Vorstand des E.N.C.I. am 16. Juli 1968 angenommen.

Der Galgo español

Der bodenständige Windhund Spaniens ist der Galgo. Dieser Windhund ist, wie der englische, keltischen Ursprungs. Das kommt noch heute in seinem Namen »Galgo« zum Ausdruck. Er ist vom »Canis gallicus«, dem gallischen, also keltischen Windhund abgeleitet. Als Windhunde gleichen Stammes weisen Greyhound und Galgo auch eine ziemliche Übereinstimmung im äußeren Erscheinungsbild auf. Der Unterschied liegt, für manchen nur nach längerem Studium ersichtlich, in Details.

Auf den ersten Blick wirkt der Galgo weniger athletisch und erscheint als ein weniger ausgefeilter Windhund als der Greyhound, dazu ist er etwas kleiner (60 cm bis 65 cm Schulterhöhe). Der reine, ursprüngliche Galgo unterscheidet sich vom Greyhound durch einen weniger gewölbten Rücken, durch eine höhere Hüftpartie, durch weniger stark gewinkelte und flacher bemuskelte Gliedmaßen, durch lange, kräftige Pfoten im Gegensatz zu den kleinen runden Füßen des Grey, durch eine auffallend lange Rute, durch einen längeren, schmaleren Kopf mit längeren, halb fallend getragenen Ohren. Der Galgo español ist der einzige Windhund, der sowohl in Glatthaar als auch in Rauhhaar vorkommen darf. Die Farbskala ist auch beim Galgo nahezu unbeschränkt.

Bei der Hasenhetze zeichnet sich der Galgo als robuster Geländejäger aus. Er ist zwar langsamer als der Greyhound, das macht er aber durch seine Ausdauer wett und durch sein für Verletzungen unanfälliges Laufwerk. Dem Galgo español, besonders dem andalusischen, wird ein starker

Der ursprüngliche Windhund Spaniens ist der Galgo español. Sein Name ist vom »Canis gallicus« abgeleitet und weist auf seine gallische, also keltische Abstammung hin. Hier ein standardgerechter, dunkelgestromter Rüde.

Seine Robustheit und Verletzungsunanfälligkeit kommen dem Galgo beim Lauf im Gelände zugute. Diese hellsandfarbene Hündin mit leichter Stromung beobachtet aufmerksam jede Bewegung in ihrer Umgebung.

Seite 71: Hierzulande eine seltene Erscheinung: rauhhaarige Galgo-Dame.

Anteil Sloughiblut nachgesagt, das besonders während der jahrhundertelangen maurischen Herrschaft in die spanischen Windhunde einfloß.

Die heutige Situation des Windhundes in Spanien und seine Zucht wird zu großen Teilen von rennsportlichen Gesichtspunkten bestimmt. Ähnlich wie in England sind die Windhundrennen ungeheuer populär und vom Wettgeschäft geprägt. Eine sehr große Anzahl von Cynodromen ist über alle Landesteile verstreut.

Neben den »carreras de pista« (Bahnrennen), die es seit 1930 in Spanien gibt, veranstaltet man, ähnlich wie in England, die »concursos de campo« (Meisterschaften im Gelände) auf lebende Hasen.

Die Eigenständigkeit der spanischen Galgorasse wurde jedoch der Spitzengeschwindigkeit und der Konkurrenzfähigkeit auf der Rennbahn zuliebe geopfert: Seit Jahrzehnten wird die Vermischung mit Greyhounds betrieben, so daß heute in Spanien neben dem Greyhound der sogenannte Galgo anglo-español (der englisch-spanische) dominiert, das Kreuzungsprodukt aus beiden Rassen. Diese Hunde werden, in allen Stadien der Blutsvermischung, von der spanischen Windhundorganisation zuchtbuchmäßig eingetragen, während ein ursprünglicher Galgo español mit Stammbaum quasi nicht zu finden ist. Nach offiziellen Verlautbarungen des spanischen Windhundverbandes ist der reine, alte spanische Galgo heute praktisch nicht mehr existent. Höchstens in ganz entlegenen Winkeln mögen noch mehr oder minder ursprüngliche Tiere leben, um, wie seit eh und je, zur privaten Hasenjagd mit auf die Hügel hinter dem Dorf zu gehen.

In Spanien war der Besitz des Galgos nicht auf die soziale Oberschicht beschränkt. Die Galgojagd war ein ländliches Vergnügen und konnte und kann von jedermann ausgeübt werden. Der Galgo español ist von seinem ursprünglichen Charakter her feuriger und heftiger als sein sanfter, auf Rennsporteigenschaften durchgezüchteter Vetter Greyhound. Von mehr individualistischer Art, ist er Fremden gegenüber zurückhaltender und bekundet nur seinem Besitzer seine ganze Anhänglichkeit.

Die wenigen heute außerhalb Spaniens bestehenden Galgo-Zuchtstätten bemühen sich, den Typ des ursprünglichen Galgos wieder herauszuzüchten.

Standard: Galgo Español (Levrier Espanol)

FCI-Nr. 285 Übersetzung: Commission des Levriers

Ursprungsland: Spanien

Allgemeine Erscheinung: Der Spanische Galgo ist ein Windhund von ziemlicher Größe, der in der Lage ist, bei der Verfolgung der gehetzten Jagdbeute eine große Geschwindigkeit und außerordentliche Ausdauer zu entwickeln. Sein Fell ist meist kurz und fein. Es gibt aber auch Rauhhaar-Galgos. Er hat einen länglichen Kopf, festen Knochenbau, eine tiefe Brust und gut bemuskelte Hinterläufe.

Kopf: Langgezogen mit wenig Stop, ziemlich langes Schädeldach, jedoch schmal zwischen den Ohren. Die Kiefer sind kräftig, trocken und lang, mit dünnen Lefzen. Starke Zähne im Scherengebiß.

Augen: Groß und dunkel. Ein aufmerksamer Blick wird bevorzugt. Die Farbe der Augen kann mit der Fellfarbe übereinstimmen, aber sie sind nie sehr hell (gelb oder hell-bernsteinfarbig).

Ohren: Dünn, fein, hoch angesetzt und nach hinten liegend, halb fallend.

Hals: Schlank, fast gerade und (von den Schultern nach oben) leicht abgeflacht, lang und muskulös.

Brust: Tief, bis zu den Ellenbogen reichend, von vorn gesehen breit, mit genügend Lungenraum, auch in der Länge durchlaufend bis zu den schwebenden Rippen. Gute Rippenwölbung ohne Übertreibung.

Rumpf: Der Rücken ist kräftig, muskulös und insoweit gewölbt, daß man Spannung ahnen kann; die Nierenpartie (Lenden) kräftig und leicht gebogen, die Kruppe ebenfalls leicht gebogen; die Flanken innenwärts und kurz; sehr trockene aufgezogene Bauchlinie (agalgado).

Rute: Lang und dünn, niemals kupiert und mit punktförmigem Ende, fällt im Bogen bis zu den Sprunggelenken. Wenn der Hund ruhig steht, hängt die Rute niemals gerade (sondern im Bogen).

Gliedmaßen: Schultern gut gewinkelt, das heißt mit guter Winkelung des Schulterblattes.

Vorhand: Die Beine sind lang, trocken, gerade und gut bemuskelt, sie verlaufen parallel zum Körper, die Ellenbogen frei (gelenkig), ohne auswärts zu stehen. Die Pfoten sind geschlossen mit gebogenen Zehen, die nie ganz rund (wie bei Katzen) gebogen sind, eher leicht länglich. Die Ballen sind breit und kräftig, so daß die Verletzungsgefahr auch bei ungünstigen Bodenverhältnissen gering ist.

Hinterhand: Sehr kräftig bemuskelt. Die Muskeln sind lang, breit und gespannt.

Haut und Fell: Das Fell ist kurz und meist fein; es gibt auch rauhhaarige Galgos mit dickem Haar. Die Muskeln zeichnen sich unter der Haut deutlich ab.

Farbe: Zimtfarbig, kastanienbraun, rot, schwarz, »brindle« mit weiß. Auch sind Kombinationen dieser Farben zulässig.

Größe und Gewicht: 65 cm für Rüden und 60 cm für Hündinnen. Gewicht zwischen 25 und 30 kg für Rüden und 20 bis 25 kg für Hündinnen.
Idealmaß des Spanischen Galgo-Rüden: Schulterhöhe 65 cm; Rutenlänge 50 cm; Brustumfang 65 cm; Rückenlänge 70 cm.

Der Magyar Agar

Ein erst in jüngerer Zeit als eigenständige Rasse anerkannter Windhund ist der Magyar Agar. Der heute wieder herausgezüchtete ungarische Windhund knüpft an eine alte ungarische Rasse und eine lange Windhundtradition in diesem Land an.

Für das heutige Rassebild des Magyar Agar sind verschiedene Windhundtypen verantwortlich. Wie frühe Funde aus dem Gebiet des heutigen Ungarn nahelegen, war dort bereits zur Zeit der Pannonier (die zu den Kelten zählen) ein Windhundtyp in Gebrauch, bei dem es sich um einen Zweig des glatthaarigen gallischen »Vertragus« gehandelt haben muß. Pannonien war damals Teil des Römischen Reiches. Während der Völkerwanderung im 4. bis 6. Jh. kamen Ostgoten, Langobarden und Hunnen ins Land, und mit letzteren wahrscheinlich auch orientalische Windhunde.

Um 890 wurde das Land von den Magyaren besiedelt. Dieses Reitervolk, von dem die Ungarn ihren Namen erhalten haben, stammte ursprünglich aus den Steppengebieten des Ural. Im 7. Jahrhundert brach es zu einer 200 Jahre dauernden Wanderung nach Westen auf. Im 9. Jahrhundert drang es schließlich in das Karpaten-Becken ein und nahm das jetzige Ungarn als neue Heimat in Besitz.

Man kann sich vorstellen, wie dieses nomadisierende, Jagd treibende und mit Pfeil und Bogen meisterhaft umgehende Reitervolk auf seinem Zug nach Westen, der durch Steppen und Halbwüsten führte, von Windhunden begleitet wurde. Es muß sich um einen widerstandsfähigen, anspruchslosen und ausdauernden Steppenwindhundtyp asiatischer Prägung gehandelt haben. Er vermischte sich bei der Besiedelung Ungarns mit den bereits vorhandenen Windhunden. Man darf daher im ungarischen

»Zur Jagd bereit«. Gemälde von Sterio Karoly (Ungarn, 1856, Ungarische Nationalgalerie).

Typischer Magyar-Agar-Kopf mit geräumigem Schädel, kräftigen Backen, keilförmigem Fang und hoch angesetzten Ohren von guter Größe.

türkische Windhunde nach Ungarn. Dadurch dürfte eine weitere Komponente zum Ungarischen Windhund hinzugekommen sein.

Jahrhundertelang wurde die traditionelle Windhundjagd in Ungarn vom Hofe wie von den Landsitzen und Herrenhöfen aus betrieben. Das 19. Jahrhundert brachte eine zunehmende Einschränkung der Windhundjagd zu Pferd. Die Landwirtschaft und eine rationelle Waldwirtschaft entwickelten sich, worin die bisher freizügig ausgeübte Windhundjagd zu Pferd keinen Platz mehr hatte.

Dann kam in der zweiten Hälfte des 19. Jahrhunderts der Trend zum Pferde- und Windhundsport nach englischer Manier auf. Man importierte in zunehmendem Maße englische Greyhounds und setzte sie auch zur »Veredelung« der ungarischen Hunde ein. Das führte bald zu einer weitgehenden Durchmischung der einheimischen Rasse.

Windhund die Verquickung asiatischer und europäischer Windhundmerkmale annehmen. Eine landeseigentümliche Rasse, der Magyar Agar, entstand. Während der 150jährigen Türkenherrschaft im 16./17. Jahrhundert gelangten wahrscheinlich auch

Ein eigener Rassetyp, der nicht zuletzt in einem vergleichsweise stämmigeren Körperbau zum Ausdruck kommt, soll den Magyar Agar von den anderen glatthaarigen Windhunden unterscheiden.

Die Anspruchslosigkeit in der Haltung und die zähe Natur des Magyar Agar werden in Ungarn hoch geschätzt. Hier ein rassetypischer Rüde aus deutscher Zucht.

Ursprüngliche Agars verblieben am ehesten auf einsamen Bauernhöfen zum privaten Hasenfang. Während der beiden Weltkriege gingen in Ungarn die meisten Windhunde verloren. Erst in den sechziger Jahren erwachte wieder Interesse an der nationalen Windhundrasse Ungarns, und man unternahm ernsthafte Anstrengungen, diese zu rekonstruieren.

Seit 1966 ist der Magyar Agar offiziell als Rasse anerkannt. Während die in den ersten Jahren auf Ausstellungen gezeigten Magyar Agars noch ein ausgesprochen uneinheitliches Bild boten und große Typvariationen aufwiesen, ist heute der gewünschte Rassetyp schon deutlich zu erkennen. Konsequente Zuchtauswahl in Ungarn und sachverständige Richtertätigkeit waren zu diesem Zweck unverzichtbar und werden auch weiterhin wichtig sein.

Die im gültigen Standard festgelegten Rassekennzeichen betonen bewußt die Unterschiede zum Greyhound. Auch die Heraufsetzung der Länge der Rennstrecke auf 750 m und mehr bei internationalen Rennen trägt dazu bei. Eine lange Bahn fördert den bodenständigen, ausdauernden und damit typischen Magyar Agar gegenüber einem greyhoundartig schnellsprintenden Hund auf kurzer Strecke. Im Heimatland Ungarn läuft der Magyar Agar ohnehin nur über lange Distanzen.

Wer nicht jeden großen kurzhaarigen Windhund automatisch mit einem Greyhound gleichsetzt, müßte anhand einiger prägnanter Merkmale den Magyar Agar von ersterem unterscheiden können. Der Magyar Agar sollte etwas kleiner als der Greyhound sein und dabei stämmiger, ohne schwer zu wirken. Detailunter-

Zwei hoffnungsvolle Magyar-Agar-Babys im Alter von 4 Wochen. Alle Farben und Farbvariationen sind gestattet.

schiede liegen im breiteren Kopf mit ausgeprägten Backen und größeren, dickeren Ohren, die halb gefaltet an den Kopf angelegt oder V-förmig seitlich abgestellt werden können. Diese Ohrform stellt einen Übergang zum Hängeohr der Orientalen dar. Auch die eher gerade Rückenlinie und die großen kräftigen Pfoten von länglicher Form lassen einen Bezug zu den orientalischen Windhunden erkennen. Dazu kommt auch eine Ähnlichkeit im Wesen. Der Charakter des Magyar Agar ist reservierter und wachsamer Fremden gegenüber, die Grundhaltung ist aber gutmütig.

Wie beim Greyhound sind alle Farbvariationen gestattet. Die Behaarung ist jedoch weniger fein und kann im Winter sogar Unterwolle aufweisen.

Die Anspruchslosigkeit in der Haltung und die zähe Natur des Magyar Agar werden in Ungarn geschätzt. Der Magyar Agar soll auch auf längeren Strecken nicht ermüden und auf schwierigem Gelände keine Probleme mit den Pfoten bekommen.

Der Magyar Agar könnte eine sympathische Alternative für den Liebhaber des großen glatthaarigen Windhundes vom englischen Typ darstellen. Seine Robustheit und Verletzungsunanfälligkeit enthebt den Besitzer mancher Probleme. Da die meisten aber offensichtlich das Attribut der Spitzengeschwindigkeit nicht missen möchten, das dem ungarischen Windhund weniger eigen ist als dem Greyhound, ist der Kreis der Besitzer von Magyar Agars außerhalb Ungarns bisher noch klein.

Die Übersetzung des Rassestandards übermittelte Magyr Ebtenyésztök Orszagos Egyesülete.

Standard: Magyar Agar

FCI-Nr. 240 b Ursprungsland: Ungarn

Der Magyar Agar ist eine alte Rasse. Seit dem 19. Jahrhundert wurden leider oft aus England importierte Greyhounds eingekreuzt, wodurch sich die typischen Merkmale der Rasse etwas verwischt haben.
Er ist ein unermüdlicher, zäher Hetzhund, das Ebenbild von Schnelligkeit, Kraft und Ausdauer, fähig, nicht nur den Hasen, sondern auch das größere Wild zu erbeuten. Er ist leicht zu halten, da er abgehärtet und anspruchslos ist und die einheimischen extremen Witterungsschwankungen gut verträgt. Er eignet sich auch vorzüglich für die Rennbahn, besonders für längere Strecken und über Hürden. Er hat einen etwas reservierten aber gutmütigen Charakter, er ist intelligent, treu, ja sogar wachsam.
Allgemeine Erscheinung: Weder zu derbes noch zu filigranes Gesamtbild. Hochläufig, etwas länger als quadratisch. Ausgeprägte Muskulatur, reichliche Knochensubstanz, trockene, kräftige Gliedmaßen.
Größe: Die Idealhöhe der Rüden steht zwischen 65 und 70 cm, die Hündinnen dürfen entsprechend kleiner sein.
Kopf: Von oben wie auch von der Seite gesehen keilförmig. Kräftige Backen. Der Schädel ist geräumig, die Stirn relativ breit. Der Fang etwa so lang wie der Oberkopf, soll nicht sehr zugespitzt sein.
Gebiß: Kräftiges, womöglich vollständiges Scherengebiß.
Augen: Möglichst dunkel, von mittlerer Größe. Der Blick ist offen und kühn. Quellaugen unerwünscht.
Ohren: Sehr beweglich, nicht so klein und weich wie beim Greyhound. Ziemlich hoch angesetzt, in »V«-Form gekippt oder halb gefaltet anliegend, bei Aufmerksamkeit leicht angehoben. Stehohren dürfen nur im Affekt kurzzeitig erscheinen.
Nasenspiegel, Augenränder und Lippen: Pigmentiert.
Hals: Mäßig lang, kräftig, mit elegantem Schwung und gutem Übergang zum Rücken.
Rumpf: Gestreckt, muskulös und nervig.
Brust: Tief und relativ breit, damit die große Lunge und das Herz Platz haben.
Bauch: Leicht aufgezogen.
Rücken: Fest aber elastisch, eher gerade oder nur leicht gewölbt. Lendenpartie gut bemuskelt.
Kruppe: Breit, nur leicht abfallend.
Rute: Mittelhoch angesetzt, bis zum Sprunggelenk reichend. Sie wird hängend getragen, das Ende leicht gebogen. Im Affekt darf sie bis zur Horizontalen gehoben werden.
Vorderhand: Schulter lang und gut anliegend. Unterarm gerade, Ellenbogen beweglich, aber nicht abstehend. Mittelhand kurz.
Pfoten: Ziemlich groß und länglich, Zehen geschlossen, starke Ballen.
Hinterhand: Gut gewinkelt. Die Keulen breit, gut bemuskelt. Sprunggelenke kräftig, sollen parallel gestellt sein. Der Mittelfuß steht von der Senkrechten etwas nach vorn. Der Gang des Magyar Agar soll elastisch, ruhig und raumgewinnend sein.
Behaarung: Kurz und glatt, jedoch nicht so dünn wie beim Greyhound. Im Winter bildet sich ziemliche Unterwolle.
Farbe: Alle bei Windhunden vorkommenden Farben und Farbvariationen sind gestattet.

Der Irish Wolfhound

Der Name des Irish Wolfhound, früher auch als Irish Wolfdog oder Irish Greyhound erwähnt, gibt uns bereits in zweierlei Hinsicht Auskunft über ihn. Die Heimat dieses Hundes ist Irland. Sein Verwendungszweck war die Wolfsjagd bzw. auch der Schutz vor Wölfen. Die deutsche Übersetzung »Wolfshund« sollte nicht dem Mißverständnis Vorschub leisten, er sei selbst ein wolfsähnlicher Hund, auch wenn die Farbe und Struktur seines Haarkleides eine solche gedankliche Verbindung nahelegen könnten.

Mit gewöhnlich über 80 cm Schulterhöhe ist der Wolfhound nicht nur größer als alle anderen Windhunde, sondern einer der imposantesten Riesen des ganzen Hundegeschlechts. Der Standard nennt uns auch das Gewicht, das beim Rüden mindestens 54 kg beträgt. Man kann sich vorstellen, welche Kraft dieser mächtige Hund entfalten kann. Zum Glück ist er relativ leicht zu lenken. Seine Gesamterscheinung ist majestätisch und eindrucksvoll. Er darf nicht so schwer und massiv sein wie die Deutsche Dogge, sondern mehr wie der Deerhound, dessen Typ er im übrigen gleichen muß.

Holzschnitt einer vorbildlichen englischen Irish-Wolfhound-Hündin aus den 30er Jahren: »Roseen Dhu of Coolafin«.

Der Irish Wolfhound soll trotz seines mächtigen Baus Eleganz nicht vermissen lassen und in seinen Bewegungen leicht und locker wirken, wozu ihn eine starke Bemuskelung befähigt. Der Standard beschreibt einen großen Hund mit gesunder, funktionabler Anatomie, der in der Lage ist, eine lange Jagd mit hoher Geschwindigkeit nach großer und manchmal aggressiver Beute durchzuhalten. Gerade gewachsene Vorder- und Hintergliedmaßen mit Pfoten, die weder ein- noch ausdrehen, eine sehr tiefe, breite Brust, ein fester Rücken von guter Länge und ein hochgetragener Kopf, gut in der Länge, aber mäßig in der Breite entwickelt, sind die Mindestanforderungen an einen gesunden, gut gewachsenen Irish Wolfhound. Das Ohr ist klein und wird in Rosenform verletzungsunanfällig nach hinten gefaltet; ein Hängeohr wäre fehlerhaft.

Das Haar ist rauh und hart an Körper, Beinen und Kopf und besonders drahtig und lang über den Augen und unterm Kinn. Die Struktur des Haares mit einem weichen dichten Unterhaar, bedeckt von rauhem Oberhaar, befähigt den Wolfhound, mit den Unbilden nordischer Witterung, Nässe und Kühle, fertig zu werden. Gleichzeitig kann er auch durch dick und dünn streifen, ohne daß Dornen oder Teile von Sträuchern und dergleichen in seinem Haar hängenbleiben. Schlechter wird er allerdings mit Hitze fertig, die besonders für ältere Tiere kritisch werden kann.

Der Irish Wolfhound war traditionell ein Hetz- und Kampfhund, fähig, mit jedem Wetter und rauhen Boden-

Das typische rauhhaarige Profil einer Irish-Wolfhound-Hündin mit besonders langen, drahtigen Haaren über den Augen und am Unterkiefer.

verhältnissen sowie dichter Vegetation zurecht zu kommen. Er galt nach dem Jagdhund als der am meisten geschätzte und begehrte Hund früherer Jahrhunderte – nicht nur wegen seiner Jagdtapferkeit, sondern auch deshalb, weil er ein ungewöhnlicher Wächter und Gefährte des Menschen war. Als der Wolfhound noch die Anführer früherer Jahrhunderte in die Schlacht begleitete, erwartete man von ihm, sich tatsächlich am Kampf zu beteiligen. Er sollte einen Mann packen und vom Pferd zerren können. In der irischen Mythologie und in alten Heldensagen findet der mächtige Hund ehrenvolle Erwähnung. An den Heldentaten keltischer Stammesfürsten hatten vielfach die mutigen Aktionen ihrer großen Hunde maßgebenden Anteil. Als ständige Begleiter und Leibwächter ihrer Herren wurden sie nicht wie gewöhnliche Hunde gehalten, sondern hatten ihren Platz an deren Tafel und vor ihrem Lager.

Auf der Jagd wurden Irish Wolfhounds auf Wolf, Hirsch, Elch und Eber angesetzt, die es in früheren Zeiten reichlich in Irland gab. Dabei ging es nach überlieferten Darstellungen wohl so zu, daß andere Hunde das Aufspüren und Treiben des Wildes übernahmen. Der Part der Wolf-

Seine Kraft vermag der Irish Wolfhound in mächtige Sprünge umzusetzen. Seine starke Bemuskelung befähigt ihn zu raumgreifender, ausdauernder Bewegung.

hounds begann erst in der Endphase der Jagd, wenn es daran ging, das große und teilweise wehrhafte Wild zu packen und zu erlegen.

Daß schon die Römer bei ihrer Eroberung der Britischen Inseln die erstaunlichen großen Hunde vorfanden, ist authentisch. Der römische Konsul Quintus Aurelius Symmachus bedankte sich im Jahre 391 in einem überlieferten Brief bei seinem in Britannien stationierten Bruder für die Übersendung von sieben dieser Hunde. Er hatte sie in der römischen Arena vorgeführt und damit ganz Rom beeindruckt.

Die großen irischen Hunde waren in der Folgezeit stets begehrte, würdige Geschenke für andere Fürsten und Könige. Irland war lange Zeit ein Knotenpunkt für den Handel von Nord nach Süd. Nachdem seit dem 12. Jahrhundert das englische Königshaus die Herrschaft über Irland übernahm, wurden viele Irish Wolfhounds für den eigenen Bedarf aus Irland abgezogen und darüber hinaus unter dem Adel in ganz Europa verschenkt. Der päpstliche Nuntius Rinnecius beschrieb den Hund folgendermaßen: »Ein Tier, das durch seine Majestät, seine Größe, die wunderbare Vielfalt seiner Farbe und die Proportion seiner Glieder so wertvoll ist, daß es ein angemessenes Geschenk für jeden Kaiser der Welt ist.«

Als Folge des übermäßigen Exportes im 16. Jahrhundert hatte der Bestand im Mutterland der Rasse besorgniserregend abgenommen. Aber selbst ein Ausfuhrverbot, das 1652 von Oliver Cromwell, dem damaligen englischen Generalgouverneur Irlands erlassen wurde, konnte das Verschwinden der Irish Wolfhounds nicht mehr aufhalten. Zusammen mit der Ausrottung des Wolfes in Irland Ende des 17./Anfang des 18. Jahrhunderts ging auch die große Zeit der berühmten irischen Hunderasse zu Ende. Im 18. Jahrhundert wird der Irish Wolfhound in naturwissenschaftlichen Werken nur noch mit Hinweis auf seine Seltenheit erwähnt.

Der Irish Wolfhound ist nicht nur der größte Windhund, sondern er gehört auch zu den imposantesten Riesen des ganzen Hundegeschlechts. Dabei ist er vom Wesen her ein Gentleman und relativ leicht zu lenken.

Die majestätischen Wolfhounds von heute erinnern an die ruhmreiche Vergangenheit ihrer Vorfahren, verknüpft mit den Heldentaten aus der irischen Sage.

Im zweiten Drittel des vorigen Jahrhunderts wurde der Irish Wolfhound dann quasi neu erzüchtet. Captain Graham ging in die Annalen der Rasse ein als der Mann, dem der »moderne« Wolfhound seine Existenz verdankt. Unterstützt von einigen anderen Züchtern wurden in zwanzigjähriger Experimentierarbeit die letzten aufzufindenden wolfhoundblütigen Hunde mit anderen großen Rassen gekreuzt. Der maßgebliche Typgeber war der verwandte Deerhound, aber auch Deutsche Dogge, Barsoi und Pyrenäenhund sollen beteiligt gewesen sein. Deren selektierte Nachkommen bilden die Ahnen des heutigen Irish Wolfhound, eines getreuen Abbildes des antiken irischen Riesen, dessen Merkmale bei der Neuerzüchtung Vorbild waren. Ein Gemälde von Reinagle von 1803 zeigt beispielsweise einen rauhhaarigen Wolfhound des antiken Typs, so wie er heute wiedererstanden ist.

1885 wurde der Irish Wolfhound-Club in England gegründet und ein Standard aufgestellt. 1925 erfolgte auch die Gründung des Irish Wolfhound-Clubs in Irland. Auch der Jagd- und Hetzinstinkt ist im modernen Irish Wolfhound angelegt. Das war öffentlich zu beweisen, als Anfang 1900 ein Wolfhound vor Vertretern des englischen Kennel Clubs an einem Rennen teilnehmen mußte, wo er in der Tat einen Hasen erjagte. Seitdem werden die Irish Wolfhounds zu den »sporting dogs« gezählt und sind als Windhunde anerkannt, obwohl es Kynologen gibt, die den Begriff »windhundähnlich« für angebrachter halten.

Während der beiden Weltkriege war die Irish Wolfhound-Zucht noch einmal bedroht, da die Mangelsituation jener Zeit besonders die großen Rassen hart traf. Dieses Problem haben wir heute nicht mehr: Seitdem gegen Ende der sechziger Jahre die ersten Irish Wolfhounds nach Deutschland importiert wurden, hat die Wolfhound-Zucht eine geradezu stürmische Entwicklung genommen.

Trotz seines mächtigen Körperbaus soll der Irish Wolfhound eine gesunde, funktionable Anatomie besitzen und dabei auch die Eleganz nicht vermissen lassen. Diesen Anforderungen wird die hier abgebildete Rassevertreterin in hohem Maße gerecht.

Zu dem Maximum »größter Hund« ist noch ein zweites gekommen: Windhund mit der größten Zuchtzahl. Mit 415 Welpen im Jahr 1989 hat er selbst die bisher beliebteste Windhundrasse, den Afghanen, von der Spitze abgelöst. Das ist zwar, wenn man es mit den Zahlen anderer Rassehunde vergleicht, immer noch wenig, für Windhunde aber ist es außergewöhnlich. Ob es wohl daran liegt, daß viele Interessenten im Irish Wolfhound gar keinen Windhund sehen, sondern einfach das Maximum?

Wer einen Irish Wolfhound halten möchte, sollte erstens gewisse räumliche Voraussetzungen erfüllen und zweitens die notwendigen Mittel haben, um seinen Nahrungsbedarf und eventuelle Aufbaupräparate oder Medikamente zu finanzieren. Ihren Dimensionen entsprechend brauchen Wolfhounds genügend Platz und Bewegungsfreiheit. Eine kleine, zentralbeheizte Wohnung zum Beispiel, die nur über mehrere Treppen zu erreichen ist, ist genausowenig geeignet wie ein Zwinger. Auch der Wolfhound möchte in das Familienleben einbezogen werden und keinesfalls ständig ausgesiedelt leben. Er sollte sich auf einem größeren Grundstück bewegen können oder in einer weiten Landschaft eine Ausgleichsbetätigung für die frühere jagdliche Verwendung finden. Wo ausgiebige Bewegung fehlt, verliert sich der Adel der Figur.

Auch ein Irish Wolfhound soll straff und muskulös sein, nicht fett oder schlaff. Aber auch einen Wolfhound sollte man nur mit der nötigen Umsicht frei laufen lassen. Viele Tiere können, was aufgrund ihres Äußeren nicht verkannt werden sollte, ihren Renn- und Hetztrieb nicht verleugnen.

Die Zucht und Aufzucht von Jungtieren ist aufwendig und kostspielig. Man muß davon ausgehen, daß diese schnell wachsenden Tiere qualitativ und quantitativ anspruchsvollstes Futter benötigen. Sie brauchen natürlich Freilicht, Freiluft und Freiland, um sich gut zu entwickeln. Das Hauptwachstum findet während der ersten 10 Monate statt.

Ein Wolfhound-Welpe kann pro Monat bis zu 9 cm wachsen und bis zu 9 kg zunehmen. Mit Spezialfütterung wird in diesen ersten 10 Monaten das Tier sozusagen »aufgebaut«. Zur Unterstützung eines korrekten Knochenbaus empfiehlt sich eine spezielle Bewegungstherapie mit den Junghunden, genau abgemessen zwischen Zuviel und Zuwenig, zumal schon das Eigengewicht eine starke Inanspruchnahme von Schultern, Rücken und Extremitäten bedingt.

Die anspruchsvolle Aufzucht stellt die Grundlage für die spätere körperliche Verfassung und die Ausbildung eines ebenmäßigen Laufwerks dar. Durchhängender Rücken, ausgedrehte Gliedmaßen und steifer Bewegungsablauf sind Mängel, die man unbedingt zu vermeiden suchen sollte. Dem Neuling wird gerade in der Aufzuchtphase ein enger beratender Kontakt mit seinem Züchter empfohlen, der ihm seine Erfahrungen gern vermitteln wird.

Der zukünftige Wolfhound-Besitzer sollte wissen, daß die Lebenserwartung der Rasse bei aller Mühe und Fürsorge wesentlich geringer ist als die der kleineren Windhunde. 8 Jahre sind ein hohes Alter.

Vom pflegerischen Aufwand her ist das grobe, dichte Fell angenehm. Es erfordert wenig Pflege, nur ein gelegentliches Überbürsten. Auch bei schlechtem Wetter bringen die rauhhaarigen Windhunde nicht allzuviel Schmutz mit. Wind und Wetter beeindrucken sie nicht.

So gigantisch und achtunggebietend der Wolfhound dasteht, er ist ein echter Gentleman. Niemals bellt oder beißt er unnötig. Nach Windhundart ist er ruhig und anpassungsfähig. Ein vornehmer, liebenswürdiger Charakter zeichnet ihn aus. Er ist tolerant zu seiner Umgebung und auch für Kinder ein verläßlicher, gutmütiger Umgang. Fremden gegenüber gibt er sich reserviert, aber freundlich. Verfehlt wäre der Gedanke, den Wolfhound als Wach- oder Schutzhund einzusetzen. Darauf ist er wesensmäßig nicht eingerichtet. Englische Züchter haben sich über Jahrzehnte hinweg die Mühe gemacht, aus dem Irish Wolfhound einen sanften Begleithund zu züchten, dem es dennoch nicht an Instinktsicherheit und Aufmerksamkeit fehlt. Allein durch seine Erscheinung und Größe flößt der Irish Wolfhound den gebührenden Respekt ein.

An kleine Bären erinnern die beiden 14 Tage alten Irish-Wolfhound-Babys.

Standard: Irish Wolfhound

FCI-Nr. 160

Ursprungsland: Irland

Allgemeine Erscheinung: Der Irish Wolfhound soll nicht ganz so schwer und massig sein wie die Deutsche Dogge, aber mehr als der Deerhound, welchem er andererseits typmäßig gleichen soll. Der Hund ist groß und erhaben, stark bemuskelt, stark aber elegant gebaut und zeigt leichte und flinke Bewegungen. Kopf und Hals hoch (stolz) getragen. Der Schwanz gegen das Ende mit einer leichten Biegung nach oben getragen.

Kopf und Schädel: Lang, der Stirnknochen leicht erhöht mit einer sehr kleinen Vertiefung zwischen den Augen. Schädel nicht zu breit. Schnauze lang und mäßig spitz.

Augen: Dunkel.

Ohren: Klein und ähnlich getragen wie beim Greyhound.

Hals: Eher lang, sehr kräftig und stark bemuskelt, gut gebogen, ohne Wamme oder lose Haut an der Kehle.

Vorhand: Gut bemuskelte, schräg abfallende Schultern ermöglichen die Weite der Brust, Ellenbogen gut unterstellt, weder ein- noch ausdrehend. Bein und Unterarm gut bemuskelt, das ganze Vorderbein stark und gerade.

Rumpf: Sehr tiefe und breite Brust. Rücken eher länger als kurz, geschwungene Lende, gut aufgezogener Bauch.

Hinterhand: Ober- und Unterschenkel gut bemuskelt, lang und stark wie beim Greyhound. Tiefes, gut heruntergelassenes Sprunggelenk, weder ein- noch auswärts gedreht.

Füße: Mäßig groß und rund, weder nach innen noch nach außen gedreht. Gut gewölbte, geschlossene Zehen, sehr starke, gekrümmte Nägel.

Rute: Lang und leicht gebogen, von mäßiger Dicke. Gut behaart.

Haarkleid: Rauh und hart an Körper, Beinen und Kopf, speziell hart und lang über den Augen und am Unterkiefer.

Farbe: Die anerkannten Farben sind grau, gestromt, rot, schwarz, rein weiß, rehfarben und jede andere, beim Deerhound erscheinende Farbe.

Gewicht und Größe: Das Mindestgewicht beträgt beim Rüden 54 kg, die Mindestgröße 79 cm, bei der Hündin 40,5 kg und 71 cm. Alle Tiere unter diesen Werten sollen hart bestraft werden. Große Höhe, inbegriffen die Schulterhöhe, und proportionale Länge des Körpers sind das anzustrebende Ziel, und es ist erwünscht, eine Rasse zu festigen, welche durchschnittlich eine Höhe bei Rüden von 81 bis 86 cm aufweist und die notwendige Kraft, Aktivität, Mut und Ebenmaß zeigt.

Fehler: Zu leichter oder schwerer Kopf, zu stark gebogener Stirnknochen, große Ohren, kurzer Hals, Wamme, zu schmale oder zu breite Brust, eingesunkener Rücken oder Sattelrücken, krumme Vorderbeine, zu stark gebogenes Sprunggelenk, ausgedrehte Füße, offene Zehen, zu stark gebogener Schwanz, schwache Hinterhand und allgemeiner Mangel an Muskulatur, zu kurzer Rumpf, rosa- oder lederfarbene Augenlider, jede andere Farbe als schwarz bei Lefzen und Nase, sehr helle Augen.

Der Deerhound

Der Deerhound ist der große rauhhaarige Windhund Schottlands. Sein Name Deerhound, also Hirschhund, bürgerte sich erst zu Beginn des 19. Jahrhunderts ein. Bis dahin wurde er auch Irish Greyhound, Scottish Staghound, Scotch Greyhound und Highland Greyhound genannt.

Beim Anblick von Deerhounds erstehen vor dem geistigen Auge unweigerlich Bilder von schottischen Burgen und ausgedehnten Parks rund um herrschaftliche Landsitze. Der Deerhound ist ein großer, dabei elegant wirkender Hund, dem man zutraut, daß er es mit einem Hirsch aufnehmen kann.

Selbstverständlich sollen die Windhundeigenschaften dem Deerhound ihren ausgesprochenen Stempel aufdrücken. Der Rücken, Sitz verhaltener Kraft und Elastizität, ist weniger gebogen als bei Greyhound und Barsoi, aber markanter als beim Wolfhound. Seine Form ist ein langes Rechteck. Die Beschaffenheit der Gliedmaßen und Pfoten, der Brust, der Lenden, der Kruppe und Rute soll den auch an die übrigen Hetzhunde gestellten Anforderungen entsprechen. Dabei hat er starke Knochen, muskulöse Oberschenkel und eine vorzügliche Kniewinkelung, da er in bergigem, unwegsamem Gebiet hetzen und Großwild anspringen können mußte.

Der Kopf des Deerhounds, mäßig rauhhaarig und mit Augenbrauen und Bart ausgestattet, zeigt, von der Seite besehen, in vergrößertem Maßstab etwa die Proportionen des Greyhounds. Nicht zu kurz, aber kräftig –

Von fast ebenso imposanter Größe wie sein irischer Vetter, zeigt der schottische Deerhound weit klarer den reinen Windhundtyp. Hier ein dunkelgrauer Deerhound-Rüde im Dünengras.

Vom Welpen zur erwachsenen Hündin: Profil einer Deerhound-Hündin im Alter von 10 Wochen und im Alter von 2 Jahren.

diese Anforderungen werden nicht nur an Kopf und Fang, sondern besonders auch an den Hals des Deerhounds gestellt, was mit seiner Arbeit zu tun hat.

Die Farben des Deerhounds beschränken sich heute auf die Grautöne in allen Schattierungen, während die älteren Farben wie rotbräunlich oder gelb im Standard aus Tradition noch genannt werden, in der Praxis aber nicht mehr vorkommen. Mit dem rauhen, drahtigen, nässeabweisenden Haarkleid ist er für das britische Hochlandklima und für den Freiluftaufenthalt bestens ausgerüstet. Das Haar ist im Nacken, auf dem Rücken und den Seitenflächen des Rumpfes am härtesten und soll das kleine, zurückgefaltet getragene Ohr möglichst freilassen.

Für Laien ist es zuweilen nicht leicht, die Vertreter der beiden rauhhaarigen Rassen Deerhound und Wolfhound auseinanderzuhalten. Immerhin sind sie auch in Aussehen, Wesen und Abstammung nahe Verwandte. Während der Irish Wolfhound in erster Linie den Eindruck gestandener Kraft vermittelt, zeigt der Deerhound weit klarer den reinen Windhundtyp. Mit einer Mindestschulterhöhe von 76 cm beim Rüden ist der Deerhound mit dem Wolfhound fast identisch, vom Gewicht her ist er jedoch einige Kilogramm leichter.

Die unterschiedliche Verwendung der beiden rauhhaarigen Rassen hat auch ihren Typ geprägt. War der Irish Wolfhound der massige Hetz- und Kampfhund im flacheren Irland, so tat der zwar kräftige, aber weniger schwere, elastischer wirkende Deerhound seine Arbeit bei der Hirschjagd im Hochland Schottlands.

Zoologisch gesehen dürfte es sich bis zur Mitte des 19. Jahrhunderts um eine Rasse mit zwei Varianten gehandelt haben. Auch ihre Besitzer, Iren und Schotten, gehören ethnisch derselben keltischen Volksgruppe an und unterhielten stets auch Familienbande. Der Deerhound war zudem der wesentliche Typgeber für den Irish Wolfhound in der jüngeren Vergangenheit: Bei der züchterischen Rekonstruktion des Irish Wolfhound im 19. Jahrhundert waren die Vertreter der Wolfhoundlinie nahezu komplett ausgestorben; es standen aber immer noch reinblütige unverfälschte Deerhounds zur Verfügung.

Die Frage, ob es sich bei den großen rauhhaarigen Windhunden ursprünglich um das Relikt einer Urhundrasse handelte, evtl. als direkte Nachkommen des Wolfes, oder vielmehr um das Produkt aus dem keltischen Windhund und anderen großen Rassen, wird sich nicht mit Sicherheit klären lassen. Eine weitere Theorie geht davon aus, daß ihre Vorfahren glatthaarig gewesen seien und das rauhe Haarkleid erst im späteren Verlauf ihrer Geschichte, vielleicht im Mittelalter, erworben haben könnten.

In Schottland, wie überall in Europa, war die Jagd auf Großwild ein Vorrecht des Adels gewesen. Mehr noch als bei anderen Windhunden wurde beim Deerhound darauf geachtet, daß ihn kein niederer Lehensmann besaß und etwa in den Wäldern der Großgrundbesitzer »wilderte«. Die Deerhounds waren in der Obhut der »Chieftains« der verschiedenen schottischen »Clans«. Dort hatten sie seit jeher ihren angestammten Platz nicht im abgeschlossenen Zwinger, sondern im offenen Haus und in der Halle, wo die Leute ein und aus gingen. Dort liegt die Wurzel ihres verläßlich unaggressiven, meist sogar sehr freundlichen Verhaltens auch gegenüber fremden Menschen.

Die großen rauhhaarigen Deerhounds sind keine Sprinter wie der englische Greyhound. Sie jagen langsamer, aber ausdauernder. Zwei Deerhounds, mit denen ein Jäger sich bis auf Sichtweite an einen Hirsch in natürlicher Landschaft angepirscht hatte, waren in der Lage, diesen müde zu hetzen und niederzureißen oder ihn bis zum Eintreffen des Jägers festzuhalten. Die Jagd auf den wehrhaften Hirsch war auch für die Deerhounds nicht ungefährlich und konnte durchaus mit Verletzungen ausgehen.

Nach 1746 endete die große Zeit der Deerhounds, als Schottland unter englische Oberherrschaft geriet. Mit der Beseitigung des schottischen Clan-Systems gingen auch die meisten der alten Deerhound-Zuchten zu Ende. Zudem wandelten sich die ökonomischen Bedingungen, als die Ländereien großflächig der Schafzucht zur Verfügung gestellt wurden und viele Menschen in die aufkommenden Industriestädte abwanderten oder überhaupt auswanderten.

Mit dem Gebrauch der Feuerwaffe kam Anfang des 19. Jahrhunderts eine neue Form der Sportjagd auf, das »Deer-Stalking«. Dabei wurden nur noch Stöber- und Schweißhunde gebraucht; echte Windhunde waren überflüssig geworden. Bei den deerhoundartigen Hunden, die man auf

Die beste Hündin von 200 ausgestellten Deerhounds einer Ausstellung in Großbritannien.

Mit raumgreifendem, trotz ihrer Größe mühelos wirkendem Laufstil beweist die Deerhound-Hündin auch heute noch, daß die Rasse nichts von ihrer angestammten Hetzleidenschaft und Ausdauer eingebüßt hat.

Abbildungen jener Zeit sehen kann, dürfte es sich nur noch um Statisten gehandelt haben bzw. um Deerhoundmischlinge. Dennoch wurde die Jagd als solche wieder interessant, und man erinnerte sich auch wieder des Deerhounds, der aristokratischen alten Nationalrasse Schottlands.

Einen großen Anteil daran hatte der berühmte Dichter Sir Walter Scott, der durch seine vielen historischen Romane wieder Interesse an der pittoresken Welt des alten Schottlands erweckte und den Deerhound darin verewigte. Daneben fanden die Bilder Sir Edwin Landseers, eines bedeutenden Tiermalers, weite Verbreitung in Schottland und England. Unzählige von ihnen hatten den Deerhound und die Hirschjagd zum Thema.

Nachdem auch Queen Victoria und Prinzgemahl Albert eine besondere Vorliebe für Schottland und den Deerhound öffentlich bekundeten, nahmen sich engagierte Züchter der Rasse wieder an und sorgten für ihre Neubelebung. Reinblütige Deerhounds waren zwar selten geworden, hatten aber in abgelegenen Teilen Westschottlands überleben können.

Der 1886 gegründete britische Deerhound-Club hat mit gutem Gespür viele Fehler ausgemerzt und damit grundlegende Ausgangspositionen für die Zucht dieses Jahrhunderts geschaffen. Der noch Ende des 19. Jahrhunderts aufgestellte Standard hat bis heute nur wenige Änderungen, meist Präzisierungen, erfahren. Mancher Champion des vorigen Jahrhunderts würde auch heute noch bestehen können. Das ist umgekehrt ein Zeichen dafür, daß der prägnante Typ des urtümlichen Hetzhundes keine Veränderung erfahren hat und auch keine solche erwünscht ist. Lediglich die Durchschnittsgröße war in der 2. Hälfte des 19. Jahrhunderts noch erheblich geringer als heute.

Dank der Schönheit seiner Linien, des Adels seiner Erscheinung und der hohen Qualitäten seines Charakters hat der Deerhound zu allen Zeiten sei-

Seite 90: Deerhound auf einem Stich aus dem 19. Jahrhundert.

ne Liebhaber gefunden. In Deutschland erscheint der Deerhound, wie auch der Wolfhound, aufs neue zu Beginn der siebziger Jahre, nachdem er bereits zwischen 1920 und 1930 sein Debut gab. Keineswegs knüpft er aber an den Boom des Irish Wolfhounds an; seine jährliche Eintragungsrate beträgt nur ca. ein Zehntel der Wolfhound-Zahlen.

Der Deerhound ist ein schottischer Aristokrat, und so sollte er auch behandelt werden. Man kann diese Rasse lieben und gleichzeitig respektieren. Von freundlichem Charakter und ausgeglichenem Temperament zeigt er sich zu Hause, wenn ihm angemessener Platz und Auslauf zur Verfügung steht.

Was die Aufzucht angeht, so ist ähnliche Sorgfalt am Platz wie beim jungen Irish Wolfhound. Die schnell wachsenden Jungtiere benötigen ein durchdachtes Ernährungs- und Bewegungsprogramm, das genau zwischen Zuviel und Zuwenig abgewogen sein sollte.

Deerhound-Besitzer sind auch bemüht, ihren Tieren eine windhundsportliche Betätigungsmöglichkeit zu verschaffen, eingedenk der Tatsache, daß die großen Tiere für Ausdauer-Hetzarbeit geschaffen waren. Anstelle der längst auch in Großbritannien verbotenen Hirschjagd soll eine Ersatzarbeit zur Erhaltung der Rasse in möglichster Ursprünglichkeit beitragen. Aus diesem Gedanken heraus führt der Deerhound-Club in Schottland Hare-Coursings durch; das sind Jagden, jeweils zu zwei Hunden, auf echte Hasen im freien Hochland.

In Schottland wird die Deerhound-Tradition nach althergebrachter Weise gepflegt. Hier Ausschau nach dem Hasen bei der Teilnahme an einem »Open Coursing« im schottischen Hochland.

Überall sonst in Europa, so auch in Deutschland, werden Coursings auf eine Attrappe als Lockmittel angeboten. Mit dem Besuch solcher Coursings oder durch Läufe auf der Rennbahn kann der Besitzer seinem Tier eine angemessene sportliche Betätigung verschaffen. Dabei kann der Deerhound seine typische Laufaktion entfalten: kraftvoll und raumgreifend, dennoch für die Größe des Hundes von erstaunlicher Mühelosigkeit. Dabei dürften die hiesigen Parcours für die großen Rassen durchaus bedeutend länger sein.

Standard: Deerhound

FCI-Nr. 164 a — Übersetzung: Helma Quaritsch-Fricke

Ursprungsland: Großbritannien

Gesamterscheinung: Ähnelt einem rauhhaarigen Greyhound von größeren Ausmaßen und stärkerem Knochenbau.

Charakteristika: Der Körperbau ruft den Eindruck einer einzigartigen Kombination von Schnelligkeit, Kraft und Ausdauer hervor, die erforderlich ist, um einen Hirsch niederzureißen; dennoch ist die allgemeine Haltung von edler Würde geprägt.

Wesen: Sanft und freundlich. Gehorsam und leicht zu erziehen, da er bestrebt ist zu gefallen. Fügsam und ausgeglichen, niemals mißtrauisch, aggressiv oder scheu. Zeigt sich mit ruhiger Würde.

Kopf und Schädel: Am breitesten an den Ohren, verjüngt sich zu den Augen hin leicht, stärker am Fang bis zum Nasenschwamm; anliegende Lefzen. Langer Kopf, Oberkopf eher flach als gewölbt, mit sehr leichter Erhöhung über den Augen, ohne Stop. Oberkopf mit mäßig langem Haar bedeckt, das weicher als das übrige Fell ist. Nasenschwamm leicht abwärts gebogen und schwarz. Bei heller gefärbten Hunden bevorzugt schwarzer Fang. Guter Schnurrbart von ziemlich seidigem Haar, ausreichend Kinnbart.

Augen: Dunkel; im allgemeinen dunkelbraun oder haselnußfarben. Helle Augen unerwünscht. Mäßig rund mit sanftem Blick in der Ruhe, aber durchdringendem, in die Ferne gerichtetem Ausdruck, wenn der Hund erregt ist. Schwarze Lidränder.

Ohren: Hoch angesetzt und in der Ruhe zurückgefaltet. In der Erregung über den Kopf erhoben, ohne die Faltung zu verlieren, und manchmal halbaufgerichtet. Ein großes dickes, flach am Kopf herabhängendes oder ein Stehohr sind höchst unerwünscht. Das Ohr ist weich, glänzend und wie ein Mausefell anzufühlen; je kleiner, desto besser, ohne lange Behaarung oder Fransen. Das Ohr ist schwarz oder dunkelfarben.

Gebiß: Kräftige Kiefer mit perfektem, regelmäßigem und vollständigem Scherengebiß, d. h., daß die oberen Schneidezähne die unteren eng übergreifen und rechtwinklig zu den Kiefern stehen.

Hals: Sehr kräftig, von guter Länge, die gelegentlich durch die Mähne verdeckt ist. Genick am Kopfansatz stark herausragend; keine lose Kehlhaut.

Vorhand: Gut liegende Schulterblätter, nicht zu weit auseinanderstehend. Überladene und steile Schultern unerwünscht. Vorderläufe zwischen Ellenbogen und Pfoten gerade, breit und oval geformt; ein guter, breiter Unterarm und Ellenbogen sind erwünscht.

Rumpf: Rumpf und gesamter Körperbau wie bei einem Greyhound von größeren Proportionen und stärkeren Knochen. Brustkorb eher tief als breit, jedoch nicht zu schmal und flachrippig. Lende gut gewölbt und zur Rute hin abfallend. Gerade Oberlinie unerwünscht.

Hinterhand: Kruppe abfallend, breit und kraftvoll, Hüfthöcker weit auseinanderstehend. Hinterläufe im Kniegelenk gut gewinkelt mit großer Länge zwischen Hüfte und Sprunggelenk. Breite, ovalgeformte Knochen.

Pfoten: Geschlossen und gut aufgeknöchelt. Starke Krallen.

Rute: Lang, stark am Ansatz, sich verjüngend und fast bis zum Boden reichend. Im Stand vollkommen gerade herabfallend oder aufgebogen. In der Bewegung aufgebogen, niemals über die Rückenlinie erhoben. Gut mit Haar bedeckt, das am oberen Teil stark und drahtig, an der Unterseite länger ist, eine leichte Franse zum Ende hin ist nicht zu beanstanden. Eine eingerollte oder als Ring getragene Rute ist unerwünscht.

Gangart, Bewegungen: Leicht, lebhaft, parallel, weit ausgreifend.

Haarkleid: Struppig, aber nicht übermäßig viel Haar. Wolliges Fell nicht zulässig. Das korrekte Haarkleid ist dicht, anliegend, zottig, fühlt sich rauh oder kraus an.
An Rumpf, Nacken und Hinterhand harsch und drahtig, etwa 7–10 cm lang; an Kopf, Brust und Bauch viel weicher. Leichte Haarfranse an der Rückseite der Vorder- und Hinterläufe.

Farbe: Dunkles Blaugrau, dunkles und helleres Grau oder gestromt sowie gelb, rotsand oder rotbräunlich mit schwarzer Maske und schwarzen Ohren, Läufen und Rute. Eine weiße Brust, weiße Zehen und eine weiße kleine Schwanzspitze sind erlaubt, aber je weniger weiß, desto besser, da der Hund einfarbig ist. Eine weiße Blesse am Kopf oder ein weißer Kragen sind nicht zulässig.

Gewicht und Größe: Rüden: erwünschte Mindest-Schulterhöhe 76 cm, Gewicht etwa 45,5 kg; Hündinnen: erwünschte Mindest-Schulterhöhe 71 cm, Gewicht etwa 36,5 kg.

Fehler: Jede Abweichung von den vorstehenden Standardmerkmalen ist als Fehler anzusehen, und das Gewicht, mit dem der Fehler zu werten ist, muß genau seinem Schweregrad entsprechen.

Anmerkung: Rüden müssen zwei offensichtlich normale, voll abgestiegene Hoden im Skrotum aufweisen.

Von der Generalversammlung vom 23. und 24. Juni 1987 in Jerusalem genehmigt.

Europäische und asiatische Elemente sind im russischen Barsoi vereint, wobei erstere seine Gestalt prägten. Dieser hochprämierte Barsoi-Rüde mit dem graugewolkten Mantel zeigt den charakteristischen gewölbten langen Rücken, die tiefe, lange Brust, den schmalen edlen Kopf und die gewünschte harmonische Ausgeglichenheit der Proportionen.

Der Barsoi

Der Barsoi entzieht sich dem Schema der klaren Aufgliederung der Windhunde in okzidentale und orientalische. Wenn es von den äußeren Merkmalen zwar gerechtfertigt erscheint, ihn in der Reihe der westlichen Windhunde mit aufzuführen, so gehört der Barsoi von seinem Wesen her nicht zu dieser Gruppe. Parallelen wesensmäßiger Art wird man eher in der Beschreibung der Orientalen finden.

»Psovaja borzaja« wird er in Rußland genannt. »Borzoi«, das Wort, von dem die Rasse bei uns ihren Namen ableitet, bedeutet soviel wie schnell oder flink. Unverwechselbar und einzigartig hebt sich die Rasse der russischen Barsois von allen anderen bei uns vorkommenden Windhunden ab. Rußland, nicht mehr ganz Asien, noch nicht ganz Europa, seit alters her Treffpunkt von Ost und West – das ist die Welt, in welcher der Barsoi im Verlauf der vergangenen Jahrhunderte entstand. Unendliche Weite und Ausdehnung des Landes, unkontrollierbare Rudel räuberischer Tiere, besonders Wölfe, verlangten einen großen, ausdauernden Windhund mit Kraft und Mut. Er wurde von den russischen Jägern im Barsoi herangezüchtet und zur Vollkommenheit entwickelt.

Ebenso wie in seiner Heimat scheinen sich beim Barsoi das asiatische und das europäische Element zu treffen. Ersteres prägte sein Wesen, das zweite seine Gestalt mit dem gewölbten, langen Rücken, dem sehr langen schmalen Kopf und den kleinen anlie-

Der edle, besonders lange und schmale Kopf eines Barsoi-Rüden mit dem markant gebogenen Stirn-Nasen-Profil, umgeben von seinem weißen Haar wie von einem Königskragen.

genden Rosenohren, den raumgreifenden Bewegungen. Wie ein Königsmantel umgibt ihn das vornehm gewellte oder großgelockte, seidig weiche Haarkleid und verleiht ihm den Glanz aristokratischer Pracht.

Der Farbe ist ein weiter Spielraum gelassen. Wir sehen weiße Hunde oder solche mit hellen, goldenen, roten oder dunklen Tönen, gestromte oder graue in vielen Farbabstufungen. Häufig zeigt das Haarkleid des Barsois farbige Platten auf weißem Grund. Nur gegen schwarz und schwarze Platten gab es jahrzehntelang starke Vorbehalte. Schwarz mit Brand gar war früher ein Disqualifikationsgrund, weil man diese Farbe als Zeichen für orientalisches Fremdblut im Barsoi wertete. Heute ist schwarz voll anerkannt. In England und Amerika gab es nie diesbezügliche Beschränkungen.

Der Barsoi imponiert aber auch durch seine stattliche Größe, die beim Rüden ein Maß von 70 bis 82 cm Schulterhöhe aufweist. Die Hündin ist um ca. 5 cm niedriger. Eine Aura von Pracht und Hoheit umgibt den russischen Windhund. Man hat den Eindruck, daß man diese Hundepersönlichkeit umwerben muß, um ihre Gunst zu erlangen.

Nur wenig zuverlässiges Material steht uns zur Verfügung, um den Werdegang dieser Rasse in der älteren Geschichte zu verfolgen. Der früheste Nachweis über die Vorfahren des Barsois datiert aus dem 11. Jahrhundert. Es sind Fresken in der Sophienkathedrale in Kiew, der ältesten russischen Steinkirche, die Szenen der Hetzjagd mit Windhunden darstellen. Aus dem Jahre 1550 stammt eine weitere der wenigen historischen Abbildungen, die uns Hinweise auf den frühen Barsoi geben. Drei Hunde, die die Pilgerfahrt des Großherzogs von Moskau mitmachen, sind in einem Meßbuch abgebildet. Deutlich lassen sie bereits die typischen Barsoimerkmale erkennen: lange, schmale Köpfe, kleine Ohren, sichelförmig getragene Rute und welliges Haarkleid.

Welche Rassen zur Entstehung des Barsois herangezogen worden sein können, ist ein Thema, das zu den verschiedensten Theorien Anlaß gab, ohne daß jedoch bis heute eine befriedigende Lösung gefunden wurde. Verwandtschaften sind auf jeden Fall im alten Kurländischen Windhund im Nordwesten Rußlands und in den asiatisch-orientalischen Tazi-Formen im Süden zu suchen. Ersterer kam noch bis in jüngerer Zeit im Gebiet des heutigen Lettland vor: ein großer, rauhhaariger, mutiger Hetzhund, in etwa dem Typ des heutigen Deerhounds nahekommend. Der zweite, ein salukiähnlicher Schlag der sogenannten Krim- bzw. Kaukasus-Windhunde, hat noch im 19. Jahrhundert eine Rolle gespielt, indem er hier

Um 1900 galt der Barsoi als das Sinnbild des Windhundes schlechthin. Die westeuropäische Zucht hat die äußeren Vorzüge dieser russischen Rasse zur Vollkommenheit entwickelt. Hier ein typischer Barsoi mit dem klassischen weiß-roten, seidig gewellten Haarkleid.

und dort zur Steigerung von Leistung und Ausdauer eingekreuzt wurde.

Der russische Standard vermerkt folgendes zu diesem Punkt: »Die ersten Beschreibungen des russischen Windhundes gehen ins 17. Jahrhundert zurück. Sie geben eine Vorstellung von Hunden, die dem heutigen Windhund ähnlich sind und die bei der Jagd auf Wild eingesetzt wurden.

Zu Beginn des 18. Jahrhunderts ist ihnen Blut von Hunden, die aus Westeuropa nach Rußland gebracht worden waren, beigemischt worden: von englischen Windhunden, Chorts und brudastischen Windhunden, und seit den frühen zwanziger Jahren des 19. Jahrhunderts auch von östlichen Windhunden: Bergwindhunden und Krimwindhunden. Als Resultat bildete sich eine Vielzahl verschiedenartiger Typen von Hunden dieser Rasse, und erst nach dem Jahr 1888, als eine erste Beschreibung (Standard) gemacht wurde, begann die Entstehung des heutigen Barsois.«

Keine andere Rasse war Jahrhunderte hindurch in ihrer Entstehung, Entfaltung und Vervollkommnung so eng mit der wechselvollen Geschichte ihres Ursprungslandes verbunden wie der Barsoi. Die Zarenherrschaft, Glanz und Wohlleben der russischen Fürsten und Großgrundbesitzer waren die Kulisse, vor der auch das Jagdwesen mit den russischen Windhunden zu einzigartiger Entfaltung gelangte.

Um 1650 erschien ein dem Zar Alexis gewidmetes Buch als Anleitung zur Jagd mit dem Barsoi und der Beschreibung seiner Rassemerkmale. Die adligen Land- und Gutsbesitzer, welche der Jagd huldigten, unterhielten Zwinger riesigen Ausmaßes und Zuchten mit hundertköpfigen Jagdmeuten, zu deren Versorgung ein ganzes Heer von Stallknechten bestellt war. Die Ausübung der Hetzjagd wurde mit einem besonderen Aufwand an Pferden, Treibern und Spürhunden betrieben. Die direkte Arbeit am Wolf leisteten dann die Barsois, die man meist in Dreierkoppeln einsetzte.

Die Aufhebung der Leibeigenschaft 1861 war der erste Einschnitt, der die damalige Barsoi-Zucht schwer traf. Durch den Wegfall der vielen kostenlosen Arbeitskräfte konnte der Aufwand bei der Haltung und dem Einsatz der großen Barsoi-Meuten nicht mehr getrieben werden. Ca. 90% der Jagden wurden eingestellt.

Zu jener Zeit bot der Barsoi noch kein einheitliches Rassebild. Mindestens 10 Ausgangstypen waren um 1860 im alten Rußland bekannt. Dieses Problems nahm sich die 1873 in Moskau gegründete »Kaiserliche Gesellschaft zur Verbreitung der Jagdhunde« an, die jährlich eine große Ausstellung veranstaltete. Man einigte sich auf einen einzigen wünschenswerten Typ und legte seine Merkmale 1888 in einem ersten offiziellen Standard fest. Bis heute rangiert die typische Gesamterscheinung in der Wertigkeit des Standards an erster Stelle.

Als dann 1917 die Oktoberrevolution über Rußland hinwegfegte, erhielt die entstandene russische Barsoi-Hochzucht ihren zweiten, entscheidenden Schlag, der zu ihrer drastischen Einschränkung bzw. zur nahezu völligen Zerstörung führte. Zusammen mit der Aristokratie und ihrem Lebensstil ging der zur Perfektion gelangte Barsoi in Rußland unter.

Zum Glück hatte zu dieser Zeit die Rasse in Europa und Amerika bereits eine neue Heimat gefunden. Die Bar-

soi-Bewegung in Deutschland setzte gegen 1890 ein. 1892 wurden bereits die ersten beiden Barsoi-Clubs außerhalb Rußlands gegründet, und zwar der »Barsoi-Club zu Berlin« und ein Barsoi-Club in England. 1903 folgte ein solcher in den U.S.A. Der Berliner Barsoi-Club ist der Vorgänger des heutigen Deutschen Windhundzucht- und Rennverbandes für alle Rassen. Das deutsche Windhundwesen neuer Zeit begann also mit dem Barsoi.

Vor allem Barsoi-Importe aus der Zeit vor dem Ersten Weltkrieg aus dem berühmten Zwinger »Perchino« des Großfürsten Nikolai Nikolajewitsch bildeten die Basis der westeuropäischen Zucht. Dieser Zwinger, dem es gelungen war, Barsois verschiedenartigsten Ursprungstyps zu einem Idealtyp zu verschmelzen, wurde richtungweisend für die außerrussische erfolgreiche Barsoizucht. Übrigens wurde der in Westeuropa ab 1925 für den FCI-Bereich gültige Barsoi-Standard von emigrierten russischen Barsoi-Experten aufgestellt, von Boldareff und den gräflichen Brüdern Cheremeteff.

Der Barsoi galt damals als das Sinnbild des Windhundes schlechthin. Es waren nicht Gründe der Zweckmäßigkeit, die den Barsoi zum beliebtesten Windhund jener Zeit werden ließen, sondern seine individuelle, auffallende Erscheinung gewann ihm seine Liebhaber. Die großen, edlen und repräsentativen Hunde mit dem auffallenden Haarkleid paßten so recht in die damalige Zeit. Ihr Nimbus, der Hund der russischen Aristokratie zu sein, machte sie äußerst begehrt. Die westeuropäische Zucht hat der Rasse alle äußeren Vorzüge erhalten, ja zur Vollkommenheit entwickelt. Dabei entfernte sie sich jedoch weit von ihrer ursprünglichen Aufgabe.

In den zwanziger und dreißiger Jahren machte der Barsoi eine Periode als eine Art Modehund mit, als man in ihm mehr einen Dekorationsartikel des »Art Deco« sah als einen typischen Windhund. Der Barsoi wurde vielfach als »Damenhund« und Accessoire für ihr modisches Outfit angepriesen. Das bekam dem souveränen, unerschrockenen Charakter des früheren Wolfsjägers schlecht. Dem so denaturierten Hund lastete man an, daß er labil und unberechenbar geworden war.

Insgesamt gesehen war der Barsoi die in der ersten Hälfte des 20. Jahrhunderts mit Abstand am meisten gezüchtete Windhundrasse. Später hat der Barsoi seine Spitzenposition an einen anderen langhaarigen Windhund, den Afghanen, abtreten müssen. Insgesamt wurden bis 1989 rund 15200 Barsois ins deutsche Zuchtbuch eingetragen. Heute hat der Barsoi einen kleineren, aber fest eingeschworenen Kreis von Liebhabern und Züchtern bei uns. Mit ca. 140 jährlichen Zugängen steht die Rasse an 4. Position aller hiesigen Windhunde.

Während der russische Barsoi seine eigentliche Bestimmung in der Jagd fand, ja es mit Wölfen aufnahm, da er mit Hetzeigenschaften und Kampftrieb ausgestattet war, schätzte man ihn außerhalb Rußlands stets nur wegen seiner Schönheit. Die Barsois der Anfangszeit waren noch zahlreich auf Windhundrennen zu finden. Aber auch diese Neigung scheint heute weitgehend untergegangen zu sein. Manche Barsoi-Kenner geben neben der züchterischen Vernachlässigung des Rennaspektes auch dem heutigen perfekt technisierten Rennablauf die Schuld. Das Hetzobjekt, in Hasengröße dargeboten und vielfach als Plastikersatz zu erkennen, stellt für den großen Barsoi nur ein bescheidenes Stimulans dar.

In der Sowjetunion konnte die Rasse auf schmalster Zuchtbasis über die Revolution und den zweiten Weltkrieg hinübergerettet werden. Die Erhaltung ist einigen privaten Liebhabern und vor allem der sowjetischen Staatszucht zu verdanken. Heute gesteht man dem Barsoi nicht nur wieder die Existenzberechtigung zu, sondern er wurde vor allem als Jagdgebrauchshund neu entdeckt. Er jagt keine Wölfe mehr; vielmehr wird er von Berufsjägern zur Jagd auf kleine Pelztiere, Hasen und Füchse verwandt. Neben den äußerlichen Voraussetzungen gehört in der UdSSR die Leistungsprüfung im Feld zu den Voraussetzungen, um Diplome und Championate zu erringen. Vom heutigen sowjetischen Barsoi wird ein extremes Jagdverhalten in Verbindung mit Dressurfähigkeit und Gehorsam verlangt.

Daraus ergibt sich auch der Unterschied zwischen den heutigen westeuropäischen und sowjetrussischen Barsoi-Stämmen. In Westeuropa steht das edle äußere Erscheinungsbild im Vordergrund. In der UdSSR dagegen ist der Jagdgebrauchswert oberstes Kriterium. Dort kann der Barsoi äußerlich zwar nicht mehr mit der vorrevolutionären hochblütigen Form des Perchino-Typs konkurrieren – auch deshalb, weil wohl nicht immer ganz reinrassige Exemplare die viel zu geringe Zuchtbasis aufstocken mußten –, die Gebrauchseigenschaften des Barsois jedoch wurden bewahrt und werden gefördert.

Eine bemerkenswerte Zuchtgruppe von drei weißen Barsois.

So ausgelassen spielen drei einjährige Barsois.

Den westeuropäischen Barsois würde man eine Anleihe bei den Hetzeigenschaften der sowjetrussischen Barsois wünschen. Man sollte sich nicht damit abfinden, im Barsoi nur noch ein prächtiges Denkmal der äußeren Formen des früheren Wolfsjägers zu sehen.

Auch der Barsoi, der in Rußland in großen Meuten in Zwingern gehalten wurde, hat bei uns seinen Platz in Haus und Familie. Trotz seiner Größe ist er ein idealer Begleithund, angepaßt und schweigsam im Haus. Zu lebhaften Äußerungen läßt er sich selten hinreißen, höchstens einmal anderen Hunden gegenüber. Der Barsoi stört niemals das Familienleben durch seine Anwesenheit. Er ist unaufdringlich, auf seinem Platz verharrend, ohne ständig auf sich aufmerksam zu machen.

Zu seiner Pflege gehört mäßiges Bürsten, einmal, um Knotenbildung im Fell zu vermeiden, zum anderen, um beim Haarwechsel das Haaren in der Wohnung auf ein Minimum zu beschränken. Es soll aber nicht so übertrieben werden, daß die wellige Struktur des Haares leidet.

Der Barsoi ist kein Hund für mehrere Besitzer, kein Hund zum Weitergeben. Er ist vielleicht auch nicht der Hund, an dem ein Erstbesitzer die Grundregeln des Umgangs mit einem Hund lernen sollte. Er hält dem die Treue, von dem er sich verstanden fühlt, ohne daß sein Stolz unterdrückt wird. Er ist nie untertänig und ergeben, aber er paßt sich da an, wo er Verständnis und Liebe findet. Sein Wesen erschließt sich nicht dem Fremden, seinem Herrn aber ist er ein anhänglicher Kamerad.

Standard: Barsoi (Psowaya Barsaya)

FCI-Nr. 193 b

Standard der Kommission für Windhunde

Ursprungsland: UdSSR

Gesamterscheinung und Wesenseigenschaften: Die Gesamterscheinung des Barsoi ist vor allem durch seine imponierende Größe, sein reiches Haarkleid, die Schönheit der Farben, die Ausgeglichenheit der Proportionen, die Eleganz und die Harmonie seiner Konturen und Bewegungen gekennzeichnet, was seinem Exterieur einen unverkennbaren Adel verleiht.
Abstammungsmäßig soll der Barsoi auf dem alten russischen Windhund mit einem leichten Zuschuß von Krim- und Bergwindhundblut basieren. Sein Wesen zeichnet sich im allgemeinen durch vornehme Ruhe und Zurückhaltung sowie durch Sicherheit und Unerschrockenheit aus. Als Hetzhund ist der Barsoi schnell und ausdauernd. Im Kampfe kann er zum gefährlichen Gegner werden, denn trotz der Eleganz seines Äußeren handelt es sich um einen kräftigen, ursprünglich kampffreudigen Hund, welcher in der UdSSR als Jagdhund eingesetzt wird. Als Jagdhund soll sich der Barsoi durch scharfe Sicht, große Schnelligkeit – vorab auf kurzen Strecken – und Raubzeugschärfe auszeichnen. Maßgebend für die Beurteilung ist stets die Gesamterscheinung sowie die Wesensverfassung. Die Gesamterscheinung, die der maßgebende Beweis der Rassereinheit ist, soll bei der Beurteilung gegenüber anderen Punkten, so wichtig diese auch sein mögen, nie nachgestellt werden.
Größe: Die Schulterhöhe beträgt beim Rüden 70–82 cm und mehr; die Hündin ist um etwa 5 cm niedriger. Besondere Höhe wird im allgemeinen solange geschätzt, als sie nicht auf Kosten der Harmonie des Gesamtbildes geht und die Geschwindigkeit nicht beeinträchtigt. Die Widerristhöhe übertrifft die Kreuzbeinhöhe nur um weniges oder ist ihr gleich.
Format: Leicht gestrecktes Rechteckformat, d. h. die Rumpflänge übertrifft die Schulterhöhe um 1–2 cm.
Typus: Ausgesprochener linearer oder leptosomer Konstitutionstyp (langschädlig, langgliedrig, schmal- und flach-, aber tiefbrüstig).
Verwendungsart: Hetzhund, insbesondere zur Jagd auf Hase, Fuchs und Wolf. Heute im Westen vielfach als Rennhund tätig.

Kopf

Gesamtform: Sowohl im Profil wie von oben gesehen soll der Kopf schmal, trocken und fein gemeißelt wirken und sich nasenwärts ganz allmählich zuspitzen. Seine Länge und Breite sollten proportional etwa der Länge und Schlankheit der Gliedmaßen entsprechen. Die Länge des Fanges ist etwas größer als diejenige des Hirnschädels. Besonders charakteristisch ist das Stirn-Nasen-Profil, das infolge Fehlens eines Stirnabsatzes einen beinahe gestreckten Winkel mit dem Scheitel auf Höhe der flachen Stirnhöcker (über den Augen) bildet.
Oberkopf: Flach, nach hinten leicht abfallend und infolge geringer Jochbogenausladung schmal. Hinterhauptstachel gut ausgeprägt.
Fang: Kräftig, lang, schmal, trocken und von geringer Tiefe. Der leicht aufgeworfene Nasenrücken und der gerade Kehlrand des Unterkiefers bilden die Schenkel eines sich nach innen öffnenden spitzen Winkels. Die dünnhäutigen, trockenen Lippen sind dem Zahnbogen straff angeschmiegt

und besitzen schwarz pigmentierte Ränder. Der relativ große Nasenspiegel überragt den Schneidezahnrand beträchtlich und ist ohne Rücksicht auf die Haarfarbe schwarz pigmentiert.
Gebißverhältnisse: Erwünscht ist ein vollständiges, gut schließendes kräftiges Scheren- oder Zangengebiß. Vor- und Unterbiß sind ein großer Fehler. Infolge der Länge des Fanges ist die Lückenzahnreihe aufgelockert.
Augen: Groß, mandelförmig, mit möglichst dunkler (kastanienbrauner) Irisfarbe. Liegen relativ nahe beisammen und etwas hinter der Kopflängenmitte. Ausdruck sanftmütig, aber lebhaft. Die Lidspalten sind leicht schräg gestellt und die Lidränder schwarz pigmentiert.
Ohren: Hoch und weit hinten angesetzt, relativ klein, feinledrig, schmal und in eine Spitze auslaufend. In Ruhe liegen sie halswärts zurückgeschlagen (Rosenohr), wobei die Spitzen dicht nebeneinander zu liegen kommen. Im Affekt werden sie aufgerichtet, wobei die Spitzen oft nach vorne kippen.

Hals: Lang, gut bemuskelt, seitlich abgeflacht, obere Kontur leicht gewölbt, reich behaart, ohne Wamme.

Rumpf
Rücken: Bildet, namentlich beim Rüden, einen flachen Bogen, dessen höchster Punkt am Übergang von Brust zum Lendenteil liegt. Bei der Hündin kann die obere Kontur flacher verlaufen. Brust und Lendenteil des Rückens verhalten sich etwa wie 1 : 1. Der ganze Rücken, insbesondere aber die Lendenpartie, ist relativ breit und sehr muskulös.
Widerrist: nicht betont.
Brust: Relativ lang und sehr tief (bis zum Ellbogenhöcker reichend), aber verhältnismäßig schmal und flach (wenig Rippenwölbung). Die Vorderbrust ist wenig betont. Die Unterbrust bildet einen nach unten konvexen Bogen.
Bauch: Sehr stark aufgezogen und wenig entwickelt.
Kruppe: Lang, breit und stark, in Fortsetzung der Rückenwölbung harmonisch nach hinten abfallend. Die oberen Ränder der beiden Hüftknochen sollen mindestens handbreit (ca. 8 cm) Abstand voneinander haben.

Rute: Tief angesetzt, säbel- oder sichelförmig, kräftig, reich behaart und so lang wie möglich, d. h. zwischen den Hinterschenkeln durchgezogen, soll sie bis zum oberen Hüftbeinrand reichen. In der Ruhe wird die Rute hängend, im Affekt erhoben getragen. Dabei soll sie aber die Rückenlinie nicht überragen. Eingerollte, seitlich abgebogene oder zu hoch getragene Rute gilt als Schönheitsfehler.

Vordergliedmaßen: Die Gesamtgliedmaßen sind lang, trocken bemuskelt, und der Lauf von vorne wie von der Seite gesehen gerade.
Die Winkelung ist im ganzen relativ steil. Schulter- und Ellbogenwinkel sind stark geöffnet. Zu steile Winkelung (sog. Säulengliedmaßen) gilt jedoch als fehlerhaft. Alle Gliedmaßenabschnitte, vor allem der Unterarm, zeichnen sich durch beträchtliche Länge aus. Die Länge der Vorderläufe entspricht etwa der Hälfte der Schulterhöhe.
Schultern: Lang, schmal und flach, aber drahtig bemuskelt und gut mit dem Rumpf verbunden. Die oberen Schulterblattränder überragen im allgemeinen die Brustwirbeldornen nicht.
Oberarm: Ebenfalls lang, relativ steil gestellt und sehr trocken bemuskelt. Der Ellbogenhöcker soll nach hinten gerichtet sein, weder vom Rumpf abstehen, noch ihm dicht anliegen.
Unterarm: Ist besonders lang und steht senkrecht. Von vorne schmal, von der Seite infolge der trockenen Bemuskelung breit. Hinterseite befedert.

Vorderfußwurzelgelenk: Kräftig und nur leicht durchgedrückt.
Vordermittelfuß: Er ist relativ kurz und soll nicht vollkommen senkrecht stehen.
Pfoten: Parallel gestellt, schmal von ovalem Grundriß, besitzen schön gewölbte und geschlossene Zehen sowie derbe, gut pigmentierte Krallen und Ballen.

Hintergliedmaßen: Die Gesamtgliedmaßen sind ebenfalls lang, aber viel stärker bemuskelt und weniger steil gewinkelt als die Vordergliedmaßen. Zwar sind Hüft-, Knie- und Sprunggelenkwinkel auch stark geöffnet, aber die Öffnung der Winkel ist kleiner als an den entsprechenden Gelenken der Vorderhand. Von hinten gesehen sind beide Läufe gerade und parallel, aber breiter gestellt als vorne; von der Seite gesehen etwas nach hinten gestellt.
Oberschenkel: Lang, breit und sehr stark, aber trocken bemuskelt. Die Hinterbacken sind reich behost. Das Kniegelenk ist gut markiert.
Unterschenkel: Lang und drahtig bemuskelt.
Sprunggelenk: Tiefgestellt, kräftig, breit und trocken; von der Seite gesehen ist die vordere Kontur leicht konkav.
Hintermittelfuß: Kurz, aber länger als vorn und senkrecht gestellt.

Gangwerk: Im Schritt und im Trab federnd und weit ausgreifend. Beim Hetzen von Wild bis zum Aufscheuchen ein nicht sehr schneller Trab; während des Hetzens ein rascher Galopp in großen, fließenden Sprüngen.

Haut: Dünn und im allgemeinen straff aufsitzend, gut pigmentiert (auch bei rein weißen Tieren), keine losen Falten bildend.

Haarkleid: Lang, seidig, gewellt oder gelockt. Besonders reiches und dichtes Schmuckhaar am Hals, an der Unterbrust, an der Hinterseite der Vorderläufe, an den Hinterbacken und an der Rute. Kurz nur am Kopf, an den Ohren und an der Vorderseite der Läufe. Kurzhaar, kleine Löckchen oder Kraushaar gelten als Schönheitsfehler.

Farbe: Weiß, gold in allen Schattierungen, gold mit silbernem Anflug, gold, dunkel gewolkt, rot, schwarz gewolkt bei dunklem Fang und Läufen, grau, von aschgrau bis gelblich-grau; gestromt: gold, rot oder grau mit ausgedehnten dunkleren Streifen, rot, schwarz und alle Abstufungen dieser Farben. Brandzeichnung ist erlaubt, doch nicht wünschenswert.
Bei dunkel gefärbten Hunden sind sowohl eine schwarze Maske wie breite, dunkle Abzeichen auf dem Körper typisch.
Alle diese Farben können einfarbig oder als Scheckung auf weißem Grund vorkommen.
Bei den einfarbigen Hunden ist die Farbe an der Oberseite dunkler und hellt sich bauchwärts und an der Hinterseite der Läufe auf.

Fehler und Mängel
Allgemeine Erscheinung, Wuchs, Konstitutionstyp: Zu hoch gestellt, zu lang, zu tief gestellt, Höhe 5 cm unter der angegebenen Norm.

Farbe:	Zu greller Brand, kaffeefarbig, getüpfelt
Fell:	Matt, kurz, zerzaust, spärliche, ungenügende Entwicklung der »Hosen« und Fransen. Hartes Haar; dichtes, über den ganzen Körper verteiltes Fell.
Kopf:	Markierter Übergang von der Stirne zum Fang; grob; hervorstechende Backenknochen; zu spitzer Fang; helle Nase.

Ohren:	Tief angesetzt, zu weit auseinanderliegend, ungenügend dem Hals angelegt, groß, grob, abgerundete Enden.
Augen:	Klein, runder Schnitt der Lider, helles Auge, helle Lider.
Hals:	Rund, grob.
Brust:	Zu eng, zu breit.
Rücken:	Schmal, eingesunken, buckelig; ein Sattelrücken ist ein großer Fehler. Ein gerader Rücken ist ein Fehler beim Rüden, ein Mangel bei der Hündin.
Kruppe:	Schmal, ungenügend.
Bauch:	Schwach aufgezogen, von übertriebener Länge.
Vordergliedmaßen:	Weiche Fesseln; enge oder ausgedrehte Ellenbogen; ausgedrehte Pfoten, tolpatschiger Gang, Schwerfälligkeit; Spuren von Rachitis.
Hintergliedmaßen:	Kuhhessig, säbelbeinig, schwach ausgeprägtes Sprunggelenk, zu steil hinten, zu dicke Zehen.
Pfoten:	Gespreizte Zehen, runde, fleischige Pfoten.
Rute:	Kurz, eingerollt, hoch getragen, seitlich abgebogen, ungenügend entwickelte Fransen.

Sämtliche Defekte sind als Fehler oder Mängel zu bewerten, je nach dem Grad ihrer Ausprägung.

Der Windhund war stets die einzig reine, die kostbare und behütete Hunderasse in der arabischen Welt. Niemals würde dieser vornehme arabische Sloughi-Halter seine wertvollen Tiere verkaufen.

Orientalische (östliche) Windhunde

Drei Dinge schätzt der Beduine mehr als alle anderen: sein Pferd, seinen Windhund und seinen Jagdfalken. Von uralter, edler Rasse sind die Windhunde, die Jagdgefährten der mächtigen Scheichs und die Begleiter der freiheitsliebenden Beduinen. Größter Wert wird seit alters her auf die Reinhaltung der Rasse gelegt, und die Zahl der aufgezogenen Welpen und der Zuchthunde ist begrenzt. Der lange Stammbaum, den der Beduine auswendig kennt, ist der Stolz des Besitzers.

Die Orientalen – die afghanischen (Afghane), die arabischen und persischen Windhunde (Sloughi und Saluki) sowie die Windhunde der Sahelzone (Azawakh) – sind züchterisch noch wenig europäisiert. Sie vermögen Menschen zu begeistern, die eine exklusive Hundepersönlichkeit suchen und einen eigenständigen Charakter beim Windhund lieben, dazu fremdartige Besonderheit in der Erscheinung.

Der Windhund war stets die einzig reine, die kostbare und behütete Hunderasse in der arabischen Welt; ein Tier, das als vom gewöhnlichen Hund meilenweit entfernt betrachtet wird. Schon vom Namen her hat es nichts mit letzterem gemein. Ein Hund ist ein »kelb«, unrein für den Mohammedaner und verachtet. Nach seiner Berührung wäscht man sich die Hände. Der Sloughi oder Saluki zum Beispiel, das ist ein anderes Wesen, das ist »el hor«, der Edle. Er bewegt sich in menschlicher Gesellschaft wie unter seinesgleichen. Diese hohe Wertschätzung des edlen Windhundes im Orient ist uralt. Sie findet sich vom Atlas in Marokko bis zu den Grenzen Indiens, sie ist den Königen und Fürsten wie den ärmsten Beduinen gemein. Jahrtausendealt ist im Orient die Tradition der Jagd mit dem Windhund.

Die Jagdeigenschaften der orientalischen Windhunde in ihren Heimatländern waren Gewandtheit, Reaktionsschnelligkeit, Selbständigkeit und Ausdauer. Auch Mut und Härte sind bei einigen Arten zu finden, die sich mit wehrhaften Tieren auseinanderzusetzen hatten. Sie wurden nicht für die Gruppenjagd gezüchtet, sondern als Solo- oder Paarjäger. Das vornehmste Wild, das der orientalische Windhund jagte, war die Gazelle. Die Vergangenheitsform »war« ist heute angebracht, denn die Gazellenbestände sind so zurückgegangen, daß sie heute vielerorts geschützt sind – auch wenn viele Beduinen nie anders als mit leuchtenden Augen von ihnen sprechen.

Faszinierend war das Schauspiel, das ein Trupp berittener Gazellenjäger mit Windhunden und Falken bot. Wenn sie sich nach langen Anmärschen dem Standort eines Gazellenrudels näherten, wurden die Sloughis in die Sättel vor die Reiter genommen, und in wildem Ritt ging es den flüchtenden Gazellen nach. Wenn die Pferde ermüdeten, sprangen die Windhunde ab und holten einzelne Gazellen ein, die sie hielten, bis ihre Herren kamen und das Wild übernahmen.

In vielen Gegenden fanden Falken zusätzliche Verwendung. Sie arbeiteten mit dem Saluki zusammen, indem sie sich der Gazelle auf den Kopf setz-

Ein historischer Afghane mit seinem Herrn. (Reproduktion nach einem Gemälde aus dem Jahre 1813: »Ein Meenah von Jajuruh mit seinem Afghanischen Windhund«).

ten und sie so behinderten, daß der Windhund leichteres Spiel hatte. Die Chancen waren auf beiden Seiten – die geschickte und kräftige Gazelle vermochte zu entkommen. Auch für den Windhund verlief das alles nicht ohne Risiko, denn die Hörner mancher Gazellen sind scharfe Waffen, und der Windhund wagt sein Letztes an Einsatz und Ausdauer, wenn er in der Wüste jagt oder in den Bergen dem Steinwild nachsetzt.

Die Orientalen sind im Laufen ausdauernd und hart. Verletzungen sind auch über Stock und Stein nicht zu befürchten. Sie lassen sich jedoch nicht so ohne weiteres in das europäische System des Sechserfeld-Bahnrennens integrieren. Vom leidenschaftlichen Renneinsatz her wohl – nur vom geforderten absolut leidenschaftslosen Miteinander her, Körper an Körper auf der engen Bahn, nicht immer.

Äußerlich sind die Orientalen im Körperbau quadratisch kurz, mit horizontal verlaufender Rückenlinie und Hängeohren. Der Blick des Orientalen ist ruhig und beständig. Er wirkt oft wie träumerisch verhangen. Der Augenausdruck ist mild und beinahe menschlich. Sie sind vom Charakter her reserviert, in sich gekehrt. Ihre Zärtlichkeit ist nur dem eigenen Besitzer vorbehalten.

Den reichen Scheichs und bedeutenden arabischen Herren sind Afghane, Saluki und Sloughi Gefährten ihrer Jagdvergnügen, im Einsatz aus sportlicher Passion. Dem Beduinen, am Rande des Existenzminimums, sind sie Ernährer der Familie. Ein guter Jagdsloughi oder -tazi ist niemals käuflich. Er ist so wertvoll wie ein edles Pferd oder ein gutes Reitkamel. Nur als Geschenk, als Zeichen höchster Wertschätzung, wurden die ersten Tiere, die zu Beginn dieses Jahrhunderts aus dem Mittleren Osten, Afghanistan und Nordafrika nach Europa kamen, den glücklichen neuen Besitzern anvertraut.

Der Afghane

Die wohl auffallendste Erscheinung unter den Windhunden ist der Afghane. Nicht allein wegen seines Äußeren, auch vom Wesen her nimmt er eine gewisse Sonderstellung ein. Es handelt sich um einen kräftig gebauten, quadratischen Hund mit langem, nicht zu schmalem Kopf. Die ideale Schulterhöhe beträgt für Rüden 68 bis 74 cm, für Hündinnen 63 bis 69 cm. Die gesamte Erscheinung soll den Eindruck von Stärke und Würde vermitteln, kombiniert mit den Merkmalen von Schnelligkeit und Kraft. Zu

Der Afghane ist eine besonders auffallende Erscheinung unter den Windhunden, nicht zuletzt durch die außergewöhnliche Art seiner Behaarung. Der abgebildete Rüde vermittelt in idealer Weise den der Rasse eigenen Ausdruck von Stärke und Würde, kombiniert mit den Merkmalen von Schnelligkeit und Kraft.

seinem Wesen gehört vornehme Zurückhaltung wie auch leidenschaftliches Ungestüm.

Die außergewöhnliche Art der Behaarung zieht sofort die Blicke auf sich. Gerade diese Behaarung kaschiert aber zum großen Teil den windhundtypischen Körperbau, wodurch ihn unbefangene Betrachter nur schwer als Windhund erkennen. Kaum eine andere Rasse verändert ihre Erscheinung so grundlegend während ihrer Entwicklung. Der Welpe läßt noch nichts von dem späteren Haarreichtum ahnen. Sein Fell ist überall gleich kurz, um beim jungen Hund einen bärenartigen Bewuchs anzunehmen, der nur das Gesicht freiläßt. Erst im Erwachsenenalter entwickelt das Fell seine fließende Pracht, wobei das Gesicht ausgenommen ist und die Rückenpartie sowie die dünne Rute in der Regel kürzer behaart sind. Die Farbskala des Afghanenfells reicht von beige über lohfarben, grau, gestromt bis hin zu schwarz und creme-hell, mit oder ohne schwarze Maske. Dazu gibt es sogenannte Blaue, Dominos und weitere exotische Farbkombinationen.

Seine Heimat Afghanistan bewahrte durch die geographisch abgeschiedene Lage und die Unzugänglichkeit ihrer Gebirge und Steppen die Kenntnis der Afghanen-Rasse lange für sich. Die Ausfuhr dieses Hundes war darüber hinaus verboten. Erst vor rund 150 Jahren erfuhr Europa von der Existenz des Windhundes aus Afghanistan.

Für den Afghanen fehlen die von vielen anderen Rassen in Bild und Schrift überlieferten Unterlagen, die Auskunft über das Alter und die Entwicklung geben könnten. Bei keiner anderen Windhundrasse gibt es so wenig authentisches Material aus dem Ursprungsland, dafür aber Geschich-

Der Afghane kam in seiner Heimat als Jagdgebrauchshund bis in die unwirtlichen Bergregionen hinauf zum Einsatz. Auch bei uns hat er sich seine ungestüme Lauffreude erhalten.

ten – angefangen damit, daß der Afghane der Hund gewesen sein soll, der Noah in die Arche begleitete, bis zum Jägerlatein über Leopardenjagden mit ihm.

Einige Kenner der Rasse leiten von Höhlenbildern, die im Nordwesten Afghanistans entdeckt worden sein sollen, ein Alter von mindestens 4000 Jahren ab. Da aber die Existenz von echten Dokumenten bisher unbestätigt blieb, ist die Geschichte der Rasse nur Legende.

Die Entstehung der heute so populären westlichen Afghanenzucht kann man dagegen recht genau bis zu ihren ersten Anfängen zurückverfolgen. Gar nicht so selten gelangten durch militärische Vorstöße in andere Länder fremdes Kulturgut und sogar exotische Hunderassen nach Europa. In der Geschichte der Windhunde war es die koloniale Präsenz Englands im Nahen, Mittleren und Fernen Osten im 19. Jahrhundert, die die Bekanntschaft mit den Rassen Saluki und Afghane brachte. Englische Offiziere brachten Ende des 19. Jahrhunderts die ersten vereinzelten Windhunde aus Afghanistan nach England mit, wo sie bald schon auf den dort bereits regelmäßig veranstalteten Hundeausstellungen in der Sammelklasse für Exoten gezeigt wurden und durch ihr Äußeres stark auf sich aufmerksam machten. In »Cassell's New Book of the Dog«, das 1907 in London erschien, sind bereits 3 Fotos dieser frühimportierten Exemplare reproduziert, von denen zwei allerdings eher setterähnlich aussahen. Sie wurden damals als »Barukhzy Hound« vorgestellt, ein Name, der von der königlich afghanischen Familie der Barukhzy entlehnt war. Afghanen und Perser nennen die Rasse Tazi, derselbe Name, der auch für die Salukis verwandt wird.

1907 wurde von Capt. Barff ein Rüde nach England importiert, dessen Name jeder Afghanen-Liebhaber kennt: »Zardin«. Dieser Hund besiegte bereits bei seiner 1. Ausstellung im Crystal Palace alle Konkurrenten und erregte ein solches Aufsehen und solche Bewunderung, daß er sogar zur Vorführung in den Buckingham-Palast geladen wurde. Es handelte sich um einen hell-sandfarbenen Hund mit schwarzer Maske, der am ganzen Körper vorzüglich behaart war. Er war von repräsentativer Größe, guten Winkelungen, guten Proportionen und stolzer Haltung, alles in allem ein Exemplar, das man damals wie noch heute als hochtypisch verstand. Sein Vorbild wurde richtungweisend für die ganze Afghanenzucht: Auf seiner Beschreibung basierte der erste Standard von 1925 und alle späteren Fassungen. Noch heute ist der englische Afghanenstandard für Europa bindend.

Richtig in Gang kam die Afghanenbewegung erst nach 1920. Zu diesem Zeitpunkt kehrte die Familie Bell Murray aus dem südlichen Grenzgebiet Afghanistans mit 7 Hunden zurück, die der Grundstock einer schnell wachsenden Zucht wurden. Schon 1925 wurde der 1. Afghanen-Club gegründet, und ein Jahr später wurde die Rasse vom Kennel Club voll anerkannt.

Wenn »Bell Murray« der eine Name ist, der in Fachgesprächen immer wieder auftaucht, ist »Ghazni« der andere. Beide Namen stehen heute für je einen Ausgangstyp der Afghanen. 1925 kehrte Familie Amps ebenfalls mit ca. 10 Tieren aus Afghanistan zurück. Ihre Hunde entstammten dem Gebiet nördlich des Hindukusch, einem Gebiet also, das geographisch und von seiner Struktur her weit entfernt war von der südlichen Steppenheimat der Tiere, die Bell Murray importiert hatte. So trafen in England zwei Erscheinungsformen aufeinander, die so konträr waren, daß man sie zuerst gar nicht als dieselbe Rasse erkannte. Der bemerkenswerteste Hund von Mrs. Amps war der Rüde »Sirdar of Ghazni«, den man bald zum besten Hund seit Zardins Zeiten erklärte. Nach ihm, also »Ghazni«, nannte sich der Zwinger seiner Besitzerin und später pauschal der Typ der sogenannten »Bergafghanen«, den er verkörperte. Daneben wurde dieser Hund einer der Ahnen fast aller heutigen Afghanen. Allerdings blieb er auch für die Zukunft ein Einzelexemplar, das in dieser Ausprä-

Eine bestechend gleichförmige Zuchtgruppe bilden diese fünf typvollen Afghanen-Hündinnen, die Wurfschwestern sind.

gung kein zweites Mal festgestellt werden konnte, wahrscheinlich, weil er ein besonders sorgfältig gezüchtetes Produkt des königlichen Zwingers in Kabul war. Dagegen gibt es heute noch viele den Bell-Murray-Hunden ähnliche Typen in Afghanistan.

Der Afghane ist in seiner Heimat Jagdgebrauchshund. In den bis zu 3000 m hohen schroffen und wüsten Gebirgszügen verwenden die Bergbauern und Jäger ihre Windhunde zur Hetze auf Steinwild. Sie sind in der Lage, es ganz auf sich allein gestellt, oft über Kilometer, zu verfolgen und zu erbeuten. Der Bergafghane ist kleiner, kürzer und kompakter, hat eine lange und gut gewinkelte Hinterhand, die ihm Wendigkeit und Sprungkraft in den Felsen erlaubt und hat gemäß dem kälteren Klima eine dichte Behaarung.

In den flacheren Gebieten und Steppen zum Süden hin wird der Afghane hochbeiniger, weniger gewinkelt und zeigt einen längeren, feineren Kopf. Am auffallendsten aber ist die schwächere Behaarung. Manche Exemplare scheinen neben behaarten Ohren und einem Saum an der Brust-/Bauchseite nur noch über eine Art »Hosen« zu verfügen, aus denen der untere Teil der Beine vorne unbedeckt herausschaut. Sie wirken wesentlich windhundartiger und zeigen den verwandtschaftlichen Bezug zur Rasse Saluki und die Zugehörigkeit zur großen Familie der orientalischen Windhunde auf.

Daneben kommt ein völlig glatthaariger Typ vor, der dem nordafrikanischen Sloughi ähnelt; diese ist jedoch in Europa so gut wie unbekannt geblieben.

Zwischen den beiden Extremen, Berg- und Steppenafghane, bestehen natürlich im Ursprungsland auch vielfältige Übergangsformen.

Obwohl man in England direkt begann, die Afghanen ineinanderzuzüchten, gab es doch vehemente Auseinandersetzungen zwischen den Anhängern der beiden Typen. Mit dem Afghanen übernahmen auch andere Länder Europas die Kontroversen um die Typfrage. Einige Afghanen-Pioniere setzten sich dafür ein, die beiden Typen getrennt zu halten, konnten sich aber mit ihrer Meinung nicht durchsetzen. Heute sind die Afghanen in Europa und Amerika züchterisch zu einer Rasse verschmolzen. Grundlage der gesamten heutigen Afghanen-Zucht sind die beiden alten englischen Linien und die relativ wenigen Originalimporte der 20er Jahre, dazu noch einige Einzelimporte anderer Züchter.

Der Afghane präsentiert sich heute bei uns verhältnismäßig einheitlich mit dem charakteristischen, weitgehend dichten, langen Haar bis zu den Füßen, auf das bei der europäischen und amerikanischen Zucht stets großer Wert gelegt wurde.

Nach England war Holland das erste, bedeutende Land für die Zucht der Rasse auf dem Kontinent. Zwischen 1930 und 1940 kamen die ersten 11 Afghanen auch nach Deutschland. Hier stellte ein profilierter holländischer Richter und Afghanen-Liebhaber die Rasse erstmals einem staunenden Publikum vor. In einem ersten Artikel aus seiner Feder im Windhundzuchtbuch von 1931/32 war u. a. folgendes zu lesen: »Kommen die Afghanischen Windhunde nun auf eine Ausstellung ... kommen dann Irrtümer vor, die zu entschuldigen sind, weil außer England, Holland und Frankreich fast kein europäischer

Windhundrichter Gelegenheit gehabt hat, sich diese orientalische Windhundart genau anzusehen.« Ein heute – angesichts der Dominanz der Afghanen – amüsant wirkender Rückblick in die Zeit, als der Afghanische Windhund die exotische Rarität unter den etablierten Windhunden war.

Noch erahnte niemand die ungeheure Entwicklung und Verbreitung, die die Rasse unter Züchtern und Besitzern nehmen würde. Im Zuchtbuch von 1933–36 fanden sich folgende Bemerkungen zum Afghanen: »Er ist einer der merkwürdigsten unter den Windhunden und zugleich einer der originellsten.« Und zu seinem Wesen hieß es: »Er ist eine eigenartige, sozusagen »abweisende« Persönlichkeit, die sich auch dadurch stark von den meisten seiner Rassengenossen unterscheidet.«

Diese Originalität und Andersartigkeit faszinierte bald einen wachsenden Kreis von Liebhabern. Auch die Wesensbeschreibung konnte nur eine Herausforderung sein. Die Zucht in Deutschland begann mit dem ersten Wurf 1939 und entwickelte sich bald in rasanten Dimensionen. Obwohl Krieg war und andere Rassen starke Rezensionen erlitten, wurden bei den Afghanen von 1939 bis 1945 46 Würfe mit 210 Jungtieren gezüchtet. Nach dem Krieg begann der endgültige Aufschwung unter dem Einfluß von Ausstellungsvergleich und Zuchtaustausch mit dem Ausland, besonders Holland, England und auch Amerika. Viele Hundert Afghanen-Würfe fielen seither. In den siebziger Jahren weitete sich die Zucht derart aus, daß teilweise über 100 Würfe pro Jahr eingetragen wurden – so viele, wie bei

Die stolze Afghanen-Hündin: alle Sinne angespannt auf ihrem Beobachtungsposten – im nächsten Moment bereit, auf und davon zu jagen.

allen anderen Windhundrassen zusammengenommen. Berechtigte Befürchtungen wurden laut, daß dieser Trend der Rasse zum Schaden gereichen könnte. Es läßt sich nicht verhehlen, daß einem freiheitsliebenden, unabhängigen Windhund wie dem Afghanen als Modehund und Repräsentationssymbol in Händen eines unkundigen Besitzerkreises Gewalt angetan wird.

1988 hatten die Afghanen mit über 16000 Zuchtbucheintragungen seit ihrem Zuchtbeginn in Deutschland die höchste Zahl aller Windhundrassen erreicht und damit sogar noch die Rasse Barsoi überflügelt, obwohl diese einen über 40jährigen Vorsprung in der deutschen Windhund-Zuchtgeschichte hat. Die jährlichen Welpenzahlen sind allerdings in den letzten Jahren fühlbar zurückgegangen und liegen heute hinter denen einer anderen zu höchster Beliebtheit aufgestiegenen Rasse, dem Irish Wolfhound. Dennoch stellen Afghanen in der Regel auf Ausstellungen von allen Windhundrassen die weitaus größten Teilnehmerzahlen. Sie sind die meistgesehenen Hunde auf Windhundveranstaltungen. Der Auftritt einer Reihe von Champions in vorzüglicher Fellkondition, die, in professioneller Art vorgeführt, ihr weitausgreifendes Gangwerk mit stolzer Haltung präsentieren, ist in der Tat ein Spektakel, das die Zuschauer veranlaßt, sich um den Vorführring zu drängen und Beifall zu spenden.

Während die Wild hetzenden Tazis Afghanistans nur ein eher mäßiges Haarkleid gebrauchen können, um ihrer Aufgabe gerecht zu werden, wurde bei der hiesigen Züchtung das volle Haarkleid bevorzugt. Mit der überreichen Behaarung gewisser Show-Afghanen auf internationalen Bühnen wird heute teilweise ein grotesk anmutender Kult getrieben. Manche »Spezialisten« stecken diese Tiere in Schutzanzüge, um einen gleichmäßigen Haarfluß bis zum Boden ohne Beschädigung zu garantieren. Ein Herumtollen in freier Natur ist undenkbar. Diese Überspitzung ist glücklicherweise in Deutschland bisher noch nicht eingetreten.

Die westeuropäische und amerikanische Zucht ist heute eine zum großen Teil »geschlossene Gesellschaft«. Die Zuchtbücher Amerikas, Englands, Deutschlands und Hollands sind für Importe aus dem Ursprungsland geschlossen. Neue Einflüsse aus Afghanistan sind mit Rücksicht auf den in der Zucht erreichten Stand nicht erwünscht.

Speziell wie die Erscheinung ist auch der Charakter des Afghanen. Obwohl der Windhundtypus bei ihm nicht so augenfällig herausgekehrt ist wie bei den glatthaarigen Rassen, ist sein Bewegungsbedürfnis, sein Hetztrieb und Freiheitsdrang stark ausgeprägt.

Der Afghane ist eine der eigenwilligsten Hundepersönlichkeiten, die wir kennen. Sehr selbstbewußt, sehr unabhängig – was verständlich ist, wenn man bedenkt, daß der Hund in seiner Heimat ganz auf sich gestellt und ohne Einwirkungsmöglichkeit eines ihn führenden Menschen dem Steinwild ins Gebirge folgte. Ungeheure Kraft, Ausdauer, Geschicklichkeit und Selbständigkeit waren erforderlich, um bei solchen Jagden erfolgreich zu sein. Hier war der Afghane König, und als solcher wurde er auch von seinen Besitzern respektiert. Daher sollte man auch vom hier gezüchteten Afghanen nicht ohne weiteres

Ein Afghane mit fließendem, weitausgreifendem Gangwerk und malerisch auf- und abschwingender Behaarung vermag viele Blicke zu fesseln.

erwarten, daß er seine Neigung zu selbständigen Touren aufgegeben hätte und im Freien mit Pfiff zurückzurufen sei. Frei laufen lassen empfiehlt sich daher nicht; es könnte passieren, daß es Stunden dauert, bis der Afghane zurückkommt.

Unnahbar zeigen sich viele Afghanen und übersehen Fremde, als wären sie Luft. Sparsam sind sie im Ausdruck ihrer Zuneigung. Stolz ist ihre Haltung und Bewegung; majestätisch umgibt sie ihr wallender Mantel. Das Wesen des Afghanen ist sozusagen in sich ruhend. Dabei sind sie durchaus anpassungsfähig im Haus und integriert in den Tagesrhythmus ihrer Familie.

Auch wenn man mehrere Tiere hält, überfordern sie ihren Besitzer nicht mit Kontaktwünschen. So wohl der Afghane sich im Haus und in der Nähe seiner Familie fühlt, ist doch der Auslauf und das Hetzenkönnen das dringende Urbedürfnis, auf dessen Befriedigung er Wert legt.

Unterordnung ist ein Zug, der nur beschränkt im Charakter des Afghanen vorkommt. Wer ihn mit Gewalt zum Gehorsam erziehen will, würde einen Konflikt heraufbeschwören. Um es spaßhaft zu sagen: Wenn der Afghane folgt, so deshalb, weil er gerade dasselbe im Sinne hat wie sein Besitzer.

Dennoch ist es durchaus wichtig, daß der Mensch, der mit ihm umgeht, selbst eine natürliche Überlegenheit und eine respektable Persönlichkeit zeigt, damit besonders der Rüde weiß, wer der »Chef« der Familie ist. Wenn der Afghane dann natürlich und selbstbewußt im Haus umhergeht, als sei er der Vertreter des Hausherrn, warum sollte man ihn so nicht anerkennen?

In die Haarpflege des Afghanen muß mehr Aufwand investiert wer-

So kann sich ein Afghanen-Rüde verwandeln: Vom kurzbehaarten $3^1/_2$ Monate alten Welpen über den 17 Monate alten, schon vorzüglich angelegten Junghund zur imposanten, voll ausgereiften Erscheinung des Dreijährigen.

den als in die der anderen Windhunde. Um das Fell in einem ansehnlichen, gepflegten Zustand zu erhalten, ist regelmäßiges Bürsten erforderlich. Je nach Fellstruktur und Dichte ist das täglich, mindestens aber zweimal wöchentlich erforderlich.

Geschieht es nicht und hat das Tier Auslauf in einem Naturgelände und nicht nur auf kurzgeschnittenem Rasen, verfilzt das Fell rasch, und es drehen sich Stöckchen und Kletten ein. Dann helfen nur noch ein Spezialkamm und schließlich die Schere, und es wird für den Hund relativ unangenehm.

Man sollte den Afghanen von Jugend an an das Bürsten gewöhnen. Wirklich notwendig wird es zwar erst ab ca. 9 Monaten, wenn die Babywolle dem endgültigen Haarkleid Platz macht, aber das geduldige Stehenbleiben muß von Jugend an trainiert werden. Das kann man mit Konsequenz auf der einen und mit Belohnung auf der anderen Seite erreichen.

Die lang behaarten Ohren kann man beim Füttern durch Zurückbinden vor dem Verschmutzen schützen.

Den meisten Afghanen ist das Badezimmer ein vertrauter Ort. Viele Besitzer brausen ihren Tieren regelmäßig die Füße ab, wenn sie bei Regenwetter vom Ausgang zurückkommen. Für das Bad des Afghanen – und das wird eigentlich vor jeder Ausstellung erwartet – hat der Zoofachhandel ein ganzes Sortiment an geeigneten Spezialshampoos und Nachpflegemitteln im Angebot.

Es ist erstaunlich, in welcher Weise Afghanen sich heute auch auf der Rennbahn etabliert haben. Sie erreichen nicht die Spitzenzeiten, die mit

denen der glatthaarigen Renner vergleichbar wären. Das ist auch kein Wunder bei der reichen Behaarung, die sie mittragen müssen, und der Jagdform, für die sie gezüchtet waren. Das Fell zeigt in der Bewegung ein beschwingtes Auf und Ab, wodurch die Afghanenläufe einen ganz eigenen, unverwechselbaren Stil erhalten.

Afghanen haben sich von der alle Konzentration und Geschicklichkeit fordernden natürlichen Hetzjagd in ihrem Heimatland auf die übersichtliche, glatte Bahnstrecke umgestellt. Wenn dennoch mit manchen Hunden das Temperament durchgeht und zu Verstößen gegen die strenge Disziplin der Bahnrennordnung führt, so sollte man sich der überkommenen Hetzjagdtradition des Afghanen – des ursprünglichen Solojägers – erinnern, für die ein temperamentvoller Hund Voraussetzung war.

Standard: Afghanischer Windhund

FCI-Nr. 228 Übersetzung: Uwe H. Fischer

Ursprungsland: Afghanistan, Patronatsland: Großbritannien

Allgemeines Erscheinungsbild: Vermittelt den Eindruck von Stärke und Würde, dabei Schnelligkeit und Kraft in sich vereinigend. Der Kopf wird stolz erhoben getragen.

Charakteristika: Der östliche bzw. orientalische Ausdruck ist für die Rasse typisch. Der Afghane schaut jemanden an und durch ihn hindurch.

Wesen: Würdevoll und zurückhaltend, mit einem gewissen leidenschaftlichen Ungestüm.

Kopf und Schädel: Langer, nicht zu schmaler Schädel, mit deutlich erkennbarem Hinterhauptbein. Vorgesicht lang, mit Kiefern, welche die Fähigkeit zum Zupacken aufzeigen, geringfügiger Stop. Schädel richtig proportioniert und mit einem langen Haarschopf bedeckt. Nase vorzugsweise schwarz, leberfarben bei hellen Hunden erlaubt.

Augen: Bevorzugt dunkel, jedoch ist goldfarben nicht auszuschließen. Nahezu dreieckig, dabei vom inneren zum äußeren Augenwinkel geringfügig schräg nach oben verlaufend.

Ohren: Tief und weit hinten am Kopf angesetzt, dicht anliegend getragen. Mit langem seidigem Haar bedeckt.

Fang, Gebiß: Kräftige Kiefer mit einem perfekten, regelmäßigen und vollständigen Scherengebiß, d. h. daß die obere Schneidezahnreihe ohne Zwischenraum über die untere greift und die Zähne senkrecht im Kiefer stehen. Zangengebiß zulässig.

Hals: Lang, stark, wobei der Kopf stolz erhoben getragen wird.

Vorhand: Lange, schräge und gut zurückliegende Schultern, gut bemuskelt und stark, ohne dabei überladen zu wirken. Vorderläufe gerade mit kräftigen Knochen, von vorne betrachtet in einer Linie mit den Schultern stehend; die Ellenbogen liegen dicht am Brustkorb an und drehen weder nach innen noch nach außen.

Körper: Gerader Rücken, mäßig lang, gut bemuskelt, Kruppe fällt zum Rutenansatz hin leicht ab. Lendenpartie gerade, breit und ziemlich kurz. Hüftbeinhöcker ziemlich deutlich erkennbar und weit voneinander entfernt. Angemessene Rippenwölbung und gute Brusttiefe.

Hinterhand: Kraftvoll, Schenkel mit guter Winkelung zueinander und gut geformt. Große Entfernung von der Hüfte zu den Sprunggelenken und vergleichsweise geringer Abstand zwischen den Sprunggelenken und den Pfoten. Afterkrallen dürfen entfernt sein.

Pfoten: Vorderpfoten stark und sehr groß, sowohl in der Länge wie in der Breite, gut mit langem, dickem Haar bedeckt, Zehen gewölbt. Vordermittelfuß lang und flexibel, Ballen gut auf dem Boden stehend. Hinterpfoten lang, jedoch nicht ganz so breit wie die Vorderpfoten; mit langem, dickem Haar bedeckt.

Gangart, Bewegung: Fließend und federnd in hochklassigem Stil.

Rute: Nicht zu kurz. Tief angesetzt und am Ende einfach geringelt. In der Bewegung hoch erhoben. Dünn befedert.

Haarkleid: An den Rippen, an der Vor- und Hinterhand und an den Flanken lang und von sehr feiner Textur. Bei erwachsenen Hunden von den Schultern an rückwärts und entlang des Sattels kurz und dicht. Vom Vorgesicht an nach hinten lang, mit einem markanten seidigen Haarschopf (»top-knot«). Haar am Vorgesicht kurz. Ohren und Läufe gut behaart. Die Vordermittelfüße dürfen kahl sein. Das Haarkleid muß sich natürlich entwickeln.

Farbe: Alle Farben sind zulässig.

Größe: Idealgröße für Rüden: 68 bis 74 cm, für Hündinnen: 63 bis 69 cm.

Fehler: Jede Abweichung von den vorgenannten Punkten sollte als Fehler angesehen werden, dessen Bewertung im genauen Verhältnis zum Grad der Abweichung stehen sollte.

Anmerkung: Rüden sollten zwei offensichtlich normal entwickelte Hoden aufweisen, die sich vollständig im Skrotum befinden.

Der Saluki

Der grizzlefarbene Saluki-Rüde hält Umschau in weiter Landschaft.
Der Saluki hat seinen Typ durch die Jahrtausende unverändert bewahrt: eine Form voller Ebenmaß und Leichtigkeit. Seine Spuren findet man in den ältesten Kulturen der Welt.

Im Saluki oder Persischen Windhund haben wir wohl den ältesten Windhund vor uns, möglicherweise die älteste Hunderasse überhaupt. Seit Jahrtausenden wird die Rasse in ihren Stammländern unter den gleichen Bedingungen erhalten. Der Saluki entspricht immer noch der Urform. Seine Spuren findet man in den ältesten Kulturen der Welt. Mit einer seltenen Beharrlichkeit hat sich sein Typ durch die Jahrtausende konstant erhalten. Der Jagdhund, der auf den ältesten Zeugnissen menschlicher Kultur abgebildet ist, und der elegante Begleiter, den wir seit Beginn des 20. Jahrhunderts auch in der Hand von europäischen Liebhabern bewundern können – es ist ein und derselbe Hund.

Die Rasse entwickelte sich im Mittleren Osten, Syrien, Mesopotamien, Persien und Ägypten bis zum Kaspischen Meer, von der Türkei bis Indien und zur sibirischen Steppe. Arabisch wird die Rasse »Saluki« genannt, im Türkisch-Persischen »Tazi«. Unter letzterem Namen ist sie in den weitaus größten Teilen ihres Verbreitungsgebietes bekannt. Die Züchterkunst der Araber, die wir auch beim arabischen Pferd bewundern können, manifestiert sich in gleicher Weise im Saluki – in seiner äußeren Schönheit und Eleganz und in seiner großen Schnelligkeit und Jagdtüchtigkeit, angepaßt an die extremen klimatischen Bedingungen seiner Verbreitungsgebiete.

Diese beiden Salukis, Mutter (rechts) und Sohn, repräsentieren die kurzhaarige Varietät der Rasse, die bei uns noch recht selten ist.

Natürlich variiert der Typ etwas in diesen unermeßlich weiten und ausgedehnten Zonen. 14 verschiedene Typen soll man abgrenzen können. Ihre Hauptunterschiede bestehen in der Größe und im Haarkleid. So ist der in Arabien gezüchtete Saluki ein etwas kleinerer Typ mit weniger Befederung an den Läufen und an den Ohren als der persische, jedoch das Grundmodell bleibt überall unzweifelhaft das gleiche.

Seit undenklichen Zeiten ist der Saluki für den Orientalen bei der Jagd unersetzlich. Viele arabische Gedichte preisen Schönheit und Schnelligkeit des Salukis. Als Geschenk Allahs wird er bezeichnet, zum Nutzen und zur Freude gegeben. Seine Haltung und Jagdverwendung in den Wüsten, Steppen und Hochebenen seiner vorder- bis ostasiatischen Heimat entspricht im großen und ganzen völlig der seines nordafrikanischen Vetters Sloughi. Viel mehr noch als in Nordafrika wird im Verbreitungsgebiet des Salukis mit Windhund und Beizfalke zusammen gejagt. Bevor es Gewehre gab, war das, was sein Saluki für ihn fing, für den Beduinen fast das einzige Fleisch. Die Herde des Nomaden war stets Milchlieferant und Symbol seines Besitzstandes, nicht aber zur Fleischversorgung da. In einigen Gegenden ist das noch immer so. Jedoch sind die jagdbaren Gazellen heute rar geworden. Menschliche Unvernunft, ausgerüstet mit Gewehren und wüstengängigen Jeeps, hat das Gleichgewicht der Natur zerstört. Das Öl hat den führenden arabischen Familien heute große Reichtümer gebracht. Die soziale Struktur und die alten Sitten sind auch in den Heimatlän-

Ihr nachdenklicher, tiefgründiger Blick scheint den Menschen zu durchschauen: grizzlefarbene Saluki-Hündin.

dern der Salukis in der Umwandlung begriffen. So ist der Saluki heute teilweise dabei, vom Pferde- oder Kamelsattel in den Cadillac überzuwechseln.

Schon zur Zeit der Kreuzzüge tauchten Salukis in Europa auf, die von den Rittern aus dem Heiligen Land mitgebracht wurden. So kann man tatsächlich in der europäischen Kunst des Mittelalters manchmal Salukis entdecken. Besonders italienische Meister wie Tintoretto, Veronese und Pinturicchio plazierten wie beiläufig die anmutigen Salukis in einigen ihrer Gemälde mit religiösen oder höfischen Motiven. Von Benvenuto Cellini ist ein Bronzerelief von 1544 mit der Gestalt eines Salukis bekannt, das für Cosimo de Medici gearbeitet wurde.

Obwohl vereinzelte Salukis schon im England des 19. Jahrhunderts nachzuweisen sind, machte die Rasse erst um die Jahrhundertwende einen kynologisch relevanten Anfang. 1895 erhielt Hon. Miss Florence Amherst die ersten 2 Hündinnen aus Ägypten. Es folgten weitere Importe, von denen sie auch Nachwuchs züchtete. Durch ihre gesellschaftliche Stellung gewann die Dame einflußreiche Personen, die für sie in persischen und arabischen Gebieten nach Salukis forschten. Diese frühe englische Pionierin entwickelte sich durch umfangreiche Studien zu einer Expertin für die Rasse. Sie war Autorin eines Kapitels über orientalische Windhunde in »Cassell's New Book of the Dog« von 1907, das auch eine Grundlagenveröffentlichung über den Saluki darstellte und mit verschiedenen Fotos der ersten Hunde illustriert war.

Aber erst nach dem ersten Weltkrieg setzten die bedeutendsten Saluki-Importe nach England ein. Während der militärischen Kampagnen der Engländer in Ägypten, Palästina, Syrien, Arabien, Mesopotamien und Persien waren viele Offiziere mit der Kultur des Islam und der Tradition der Araber der Wüste in Berührung gekommen und hatten ihr Herz für exotische Windhunde entdeckt. Diese brachten sie bei ihrer Rückkehr aus dem Nahen Osten auch mit nach Hause, wodurch der maßgebende Impuls für die englische Zucht gesetzt wurde. Das geschah am nachhaltigsten durch Brigade-General Lance und seine Frau, ein Name, der ebenfalls in die Chronik der Rasse eingegangen ist. General Lance brachte einige bemerkenswerte Importe aus Syrien mit. Sein herausragender Rüde war »Sarona Kelb«, der nicht nur auf Ausstellungen Maßstäbe setzte, son-

dern auch der gesamten späteren Zucht seinen Stempel aufdrückte. Er war noch in Damaskus von General Lance aus einheimischen Salukis gezüchtet worden. Dieser Rüde sollte auch – über seine nach Deutschland importierten Nachkommen – die deutsche Zucht in hohem Maß prägen.

Die zwanziger Jahre wurden die »Gründerzeit« für die europäische und amerikanische Saluki-Zucht. 1923 wurde der Saluki in England offiziell als Rasse anerkannt; seitdem gilt der englische Standard in Europa. Gleichzeitig entstand der dortige Saluki-Club. Dieser Club hat schon frühzeitig neben den Ausstellungen die Coursings gefördert. Unter den Coursing-Siegern waren stets auch Schönheits-Champions, was erkennen läßt, daß hier eine Spezialisierung analog der englischen Greyhound-Zucht vermieden wurde.

1927 wurde auch in Amerika die Rasse offiziell anerkannt.

Der Beginn der deutschen Saluki-Zucht fällt bereits in das Jahr 1922, als der erste Wurf aus persischen Import-Eltern eingetragen werden konnte. Daraus ergibt sich, daß der Vorsprung der englischen Saluki-Tradition gar nicht so eminent ist, wie in vielen kynologischen Publikationen herausgestellt wird. Allerdings wurde die deutsche Zucht nach einer Anfangsphase mit Direktimporten stark von England beeinflußt.

Seit dieser Zeit erwirbt sich der Saluki zwar langsam, aber stetig seine Freunde in Europa. Im Jahr 1936 erfolgte in Deutschland die 345. Eintragung eines Salukis ins Zuchtbuch, und 1989 war man bei der Nr. 3600.

Etwa achtwöchige junge Salukis schauen aufgeweckt und erwartungsvoll über den Rand ihres »Laufställchens«.

Salukis, Gespielen des Windes. Zwei Hündinnen fordern sich zum Spiel auf.

Nach 70 Jahren Saluki-Zucht in Europa hat sich das Erscheinungsbild der Rasse stabilisiert, aber nicht verändert. Die Salukis sind so typtreu, daß sich reinrassige Importe aus den Ursprungsländern auch heute noch nahtlos in die Zucht einfügen. Import-Salukis fallen vielfach nur dadurch auf, daß sie – gemäß ihrem Ursprungsgebiet – keine so perfekte Befederung an Ohren und Rute aufweisen, wie sie hierzulande züchterisch gepflegt wird.

Das große Spektakel in der Öffentlichkeit ist nicht Sache des Salukis, sein Auftreten ist eher dezent. So ist auch der Freundeskreis um ihn eher still und tolerant, dafür aber treu und unbeirrbar. Seine Besitzer akzeptieren in der Regel mit Gelassenheit, ob er sportlich meßbare Leistungen auf der Rennbahn zeigt oder individuelles Laufgebaren mit persönlichen Kapricen entwickelt. Das europäische Rennsystem ist ein Angebot an den orientalischen Windhund, nicht aber ein Zwangsmittel zum Erfolg. Spannung kann aufkommen, wenn sich Importsalukis und ihre Nachzuchten auf der Rennbahn mit denen aus europäischen Linien messen. Da auch heute noch in der Heimat die Zucht auf Jagdgebrauch betrieben wird, sind Importsalukis auch im Rennen oft favorisiert.

Der Saluki hat die typischen Merkmale der Orientalen: Edler Kopf mit langen Behängen, langer, schlanker Hals und ebensolche Gliedmaßen, tiefe und mäßig breite Brust, horizontaler Rücken mit leicht gewölbter Lende – eine Form voller Ebenmaß und Leichtigkeit. Das ganze Modell steht auf soliden großen Pfoten mit kräftiger Behaarung zwischen den Zehen. Das Gangwerk ist graziös und

Saluki-Rüde (links) und zwei Gefährtinnen: ein anmutiges Trio.

federnd. Der Laufstil ist fast schwebend. Seine Kraft und Ausdauer ist ihm äußerlich nicht anzusehen. In dieser Beziehung wird die Rasse leicht unterschätzt. Die Hunde sind viel robuster, als sie scheinen mögen. Die zähe ausdauernde Kraft des graziösen Salukis erfährt ihre Ergänzung durch die ungewöhnliche Wendigkeit und die Sprungkraft aus dem Stand. Der Standard gibt eine Größenskala von 58,5 bis 71 cm an.

Im Gegensatz zur klassisch strengen Farbe und Form seines nordafrikanischen Verwandten Sloughi zeigt sich der Saluki farbenprächtig in den Tönen seines Haarkleides. Neben weiß, creme, gold, rehbraun, rot, grau und schwarz darf der Saluki auch dreifarbig sein und viele Variationen und Kombinationen dieser Farben zeigen. Anmutig befedert an Behängen und Rute sowie gegebenenfalls an den Hinterseiten der Schenkel und Läufe wirkt er leicht und spielerisch. Es gibt aber auch ganz glatthaarige Exemplare, die zumindest in Europa wesentlich seltener sind. Für sie gilt der gleiche Standard. Befederte und unbefederte können gepaart werden, wobei der Wurf dann beide Typen enthalten kann.

Der Saluki ist sehr anhänglich an die Person, die es verstanden hat, seine Liebe und sein Vertrauen zu gewinnen – anhänglich, jedoch ohne zu übertreiben. Er folgt als »Vollblutorientale«, nachdem er es sich eine Weile überlegt hat. Die Reize seines Charakters erschließen sich weniger dem Fremden als nur dem vertrauten Besitzer, für den seine Zuneigung reserviert ist. Im Wesen ist der Saluki sanft und sensibel, jedoch nicht ohne Eigenwilligkeit. Aufmerksam ist er, nicht angriffslustig. Übergroßer Sensibilität im Wesen oder Scheu sollte allerdings züchterisch entgegengewirkt werden, auch wenn man berücksichtigen muß, daß es für Wüstensalukis überlebenswichtig sein konnte, nicht allzu vertrauensselig auf fremde Menschen und ungewohnte Situationen zu reagieren. Seine Liebe geht nicht durch den Magen.

Wer dem Saluki Gelegenheit zu ausgiebigem Auslauf gibt, der gilt ihm – wie vielen anderen Windhunden auch – das meiste. Hinsichtlich des Freilaufens gelten die Bedenken, die sich für jeden schnellen, unabhängigen Windhund in den engen Grenzen einer hochtechnisierten Umwelt ergeben. Die saubere, sanfte Art im Haus macht es angenehm, auch mehrere Tiere zu halten.

Standard: Saluki

FCI-Nr. 269b

Übersetzung: Uwe H. Fischer

Ursprungsland: Iran, Patronatsland: Großbritannien

Allgemeines Erscheinungsbild: Erweckt den Eindruck von anmutiger Ausgewogenheit und von großer Schnelligkeit und Ausdauer, gepaart mit Stärke und Aktivität. Der Ausdruck ist würdevoll und liebenswürdig, mit treuen, in die Ferne blickenden Augen.

Charakteristika: Von großer Qualität mit einzigartig geformten Pfoten, wie sie für die Jagd in natürlichem Gelände notwendig sind.

Wesen: Fremden gegenüber reserviert, jedoch nicht nervös oder aggressiv. Würdevoll, intelligent und unabhängig.

Kopf, Schädel: Kopf lang und schmal; Schädel zwischen den Ohren mäßig breit, nicht gewölbt, Stop nicht ausgeprägt, insg. große Qualität aufzeigend. Nase schwarz oder leberfarben.

Augen: Dunkel bis haselnußbraun, leuchtend, groß und oval, nicht hervortretend.

Ohren: Lang und beweglich, nicht zu tief angesetzt, dicht am Schädel hängend getragen, mit langem, seidigem Haar bedeckt. Sofern das Ohr nach vorne gebracht wird, erreicht die Spitze des Ohrleders die Mundwinkel. Die Standardforderung wird erfüllt, wenn seidiges Haar nur auf der oberen Hälfte des Ohres wächst. Längeres Haar ist ebenfalls korrekt.

Fang, Gebiß: Starke Zähne und kräftige Kiefer mit einem perfekten, regelmäßigen und vollständigen Scherengebiß, wobei die obere Schneidezahnreihe ohne Zwischenraum über die untere greift und die Zähne senkrecht im Kiefer stehen.

Hals: Lang, biegsam und gut bemuskelt.

Vorhand: Schräge, gut zurückliegende Schultern mit guter Muskulatur, dabei allerdings nicht grob wirkend. Tiefe, mäßig schmale Brust, die von vorne betrachtet kein umgekehrtes »V« darstellt. Vorderläufe gerade und lang von den Ellenbogen bis zu den Vorderwurzelgelenken. Vordermittelfuß kräftig und leicht gebogen. Knochen nicht rund. Der Oberarm leicht schräg nach hinten liegend.

Körper: Ziemlich breiter Rücken, über der Lendenpartie ist die Muskulatur etwas gewölbt; kein Radrücken. Brustkorb lang und gut zurückreichend, weder tonnenförmig noch seitlich flach, gut aufgezogener Bauch. Wichtig ist eine ausreichende Länge der Lendenpartie.

Hinterhand: Weit voneinander entfernt angeordnete kräftige Hüftbeinhöcker. Angemessene Winkelung der Kniegelenke mit gut ausgebildeten Ober- und Unterschenkeln. Tiefstehende Sprunggelenke.

Pfoten: Kräftig und geschmeidig, von mäßiger Länge; Zehen geringfügig mit Schwimmhaut verbunden, lang und gut gewölbt. An allen vier Pfoten sind die beiden inneren Zehen erheblich länger als die äußeren. Keine Katzenpfoten, auch nicht gespreizt, zwischen den Zehen befedert. Vorderpfoten zeigen mit sehr leichter Biegung gerade nach vorne.

Rute: Tief an das lange und sanft abfallende Kreuzbein angesetzt. Natürlich und leicht gebogen getragen. Auf der Unterseite gut befedert, jedoch nicht buschig. Erwachsene Tiere tragen die Rute außer beim Spielen nicht oberhalb der Rückenlinie. Rutenspitze reicht bis zu den Sprunggelenken.

Gangart, Bewegung: Leichtfüßig, Höhe gewinnend, mühelos, mit gutem Vortritt und gutem Schub. Der Körper hebt sich bei langen, flachen Schritten vom Boden ab, wirft sich jedoch nicht vorwärts. Kein Steppen oder Stampfen.

Haarkleid: Kurz/glatt, von seidiger Textur, an den Läufen, den Oberschenkeln und am Hintermittelfuß befedert. Welpen können wenig wollige Befederung an den Oberschenkeln und an den Schultern aufweisen. Befederung an der Kehle statthaft, aber nicht erwünscht. Die kurzhaarige Varietät entspricht dem vorstehenden Text, mit Ausnahme der Befederung.

Farbe: Weiß, creme, rehfarben, goldrot, grizzle, silbergrizzle, hirschrotgrizzle, Tricolor (weiß, schwarz mit tan), schwarz mit tan sowie eine Kombination dieser Farben, z. B. rehfarben mit schwarzen Fransen, rot mit schwarzen Fransen, nicht gestromt.

Größe: Widerristhöhe der Rüden 58,5 bis 71 cm, Hündinnen entsprechend kleiner.

Fehler: Jede Abweichung von den vorgenannten Punkten sollte als Fehler angesehen werden, dessen Bewertung im genauen Verhältnis zum Grad der Abweichung stehen sollte.

Anmerkung: Rüden sollten zwei offensichtlich normal entwickelte Hoden aufweisen, die sich vollständig im Skrotum befinden.

Der Sloughi hat das typische Exterieur des orientalischen Windhundes: Ohne lange Haare oder Fransen zeigt er seine quadratische Körperform mit den klar gemeißelten Umrissen. Der edle Sloughi ist trocken wie das arabische Vollblutpferd.

Der Sloughi

Europäische Reisende und Entdekker, die es zu Beginn des 19. Jahrhunderts in zunehmendem Maße reizte, die bis dahin verschlossene arabische Welt und das unzugängliche Nordafrika zu erforschen, brachten, zusammen mit einem bunten Bilderbogen an Berichten, die Kunde vom Sloughi, dem Windhund Nordafrikas, mit. Die ausführlichste und treffendste Schilderung überhaupt gab Mitte des vorigen Jahrhunderts, nach dem Einzug der Franzosen in Algerien, der französische General Daumas. In seinen Büchern über die Sahara, das Leben und die Gebräuche der Araber setzte der bekannte Hippologe und Arabienkenner auch dem Sloughi ein historisches Denkmal.

Mit großem Einfühlungsvermögen für die afrikanisch-arabische Welt zeigt Daumas den Sloughi als den noblen Jagdgefährten der Beduinen, der die aufmerksamste Behandlung erfährt, der als Welpe erforderlichenfalls an der Brust der Frau genährt wird, der im Zelt an der Seite seines Herrn schläft, der durch Decken vor Kälte geschützt und mit Halsbändern und Talisman geschmückt wird, der vom besten Essen erhält, der gastlich aufgenommen wird, wenn sein Herr Besuche macht, der von hohem Wert ist, wenn er durch Jagen die Familie ernährt, der am Ende seines Lebens beweint und betrauert wird. Sein Wesen wird als klug und edel beschrieben, seine Manieren als vornehm und stolz.

Der Sloughi hat das typische Exterieur des orientalischen Windhundes: edler Kopf mit hängenden oder leicht eingeschlagenen Ohren, langer Hals. Ohne den Mantel des Afghanen, ohne die verspielte Befederung des Salukis zeigt er seine quadratische Körperform mit exakter gerader Linienführung und tiefer, geräumiger Brust bei aufgezogener Bauchpartie. Dabei ist er besonders hochbeinig und hat kräftige, gesunde Füße. Wie gemeißelt erscheint die Klarheit seiner Umrisse, wenn der Sloughi in richtiger Kondition ist. Die Adern und Sehnen zeichnen sich beim edlen Sloughi ab; er ist trocken wie das arabische Vollblutpferd.

Seine Schönheit hat etwas Besonderes, Asketisches. Sein melancholischer Ausdruck fasziniert. Der Blick seiner schwarz umrandeten Augen, die geschminkt wirken wie die einer orientalischen Tänzerin, dringt tief und hält einen fest.

Es gibt nur drei Farben: sandfarbig (von hellsand bis rötlich, in allen Schattierungen, wie auch der Wüstensand), schwarz mit lohfarbenen bzw. gestromten Abzeichen und gestromt. Die dunkleren Farben kommen, neben sand, in Übereinstimmung mit der Landschaft eher im Norden bzw. der Mitte der Maghrebländer vor, während in der Sahara der Sloughi so hell ist wie der Lichtschein auf dem Sand.

Ähnlich angepaßt ist das Format der Sloughis: Der große, kräftigere Typ ist an die nördlichen Regionen und die Atlaszonen gebunden, während die Sloughis der südlichen Randgebiete der Sahara zierlich, fein und trocken sind. Die Schulterhöhe soll nach dem gültigen Standard zwischen 61 und 72 cm liegen.

Noch absolut nahe ihrem Ursprung zeichnen sich Sloughis durch ihre gesunde Konstitution aus. Trotz aller Feinheit sind sie kraftvoll, zäh und robust. Ihre Vitalität war der

Milder Blick aus schwarzen, wie geschminkt wirkenden Augen: Zwei edle, hellsandfarbene Sloughis im Profil.

Rechte Seite: Der Rüde hat eine deutlich maskuline Ausstrahlung. Adel und Anspruch dieses Sloughi-Rüden werden stark vom Kopf, den Augen und dem bestimmten Auftreten geprägt.

Garant für das Überleben unter extremen Bedingungen.

Der Sloughi ist von ursprünglichem, unverbildetem Wesen und in jeder Hinsicht instinktsicher. Geburt und Aufzucht der Jungen können noch vollkommen natürlich und unabhängig von menschlicher Hilfeleistung erfolgen. Im Zusammenleben mit seinen Artgenossen können, ähnlich wie im Wolfsrudel, uralte Verhaltensmuster beobachtet werden, die durch ausdrucksvolle Gesten, Rituale und Rangordnungsspiele zum Ausdruck kommen. Das Gesicht des Sloughis zeigt eine lebhafte Mimik und Ausdrucksfähigkeit. Seine Stimmung und Absicht ist so deutlich abzulesen.

Der Sloughi ist ein zärtlicher Familienhund und ein überaus angepaßter Hausgenosse. Er schließt sich dem Menschen sehr eng an und wird seinem Herrn treu.

Der Sloughi ist intelligent und stolz, dabei bei Gelegenheit durchaus wachsam. Viele lassen nicht mit sich spaßen, wenn die Sicherheit oder das Eigentum ihres Herrn oder ihrer selbst bedroht scheint. Der eigenen Familie und deren guten Bekannten gegenüber sind sie zuverlässige Freunde. Kindern zeigen sie sich in der Regel geduldig und nachsichtig. Fremden gegenüber verhalten sie sich oft reserviert.

Von großer Bedeutung für die spätere Entwicklung des Sloughis ist seine Jugendprägung. Besonders in seiner frühen Jugend braucht er viel menschlichen Kontakt, um die Möglichkeiten voll zu entfalten, die in ihm liegen. Wie allgemein beim Windhund sind auch beim Sloughi Kommandoton und Dressurhaltung fehl am Platz. Mit freundlicher, geduldiger Ansprache und Belohnung wird man den meisten Erfolg haben. Ein selbstbewußter Rüde verträgt in der Regel auch einmal ein energisches Wort.

Sloughis sind von sich aus reinlich. Sie putzen und lecken ihr Fell in Katzenmanier. Regen und Schmutz verabscheuen sie. Sauberkeitsbewußte Besitzer brauchen lediglich zu Zeiten des Haarwechsels die abgestoßenen Haare mit einem Noppenhandschuh zu entfernen.

Das Sloughi-Portrait von Daumas, das den nordafrikanischen Windhund inmitten der jahrhundertealten Tradition der Wüstenbewohner zeigt, blieb die klassische Beschreibung der Rasse, die von den meisten Literaten übernommen wurde und auch bei Brehms Tierleben wiederzufinden ist. Verschiedene andere Reisende und Naturforscher aus der zweiten Hälfte des 19. Jahrhunderts erwähnten den Sloughi ebenfalls in ihren Berichten, so zum Beispiel Nachtigall, Rohlfs,

Kobelt und die Franzosen Gehel, Comte d'Inghuem, Pierre d'Arc etc. Bei vielen frühen Beschreibungen durch Europäer spürt man aber immer wieder das Bemühen, den Sloughi zum englischen Greyhound in Bezug zu stellen, den man damals am besten kannte und für den »Windhund par excellence« hielt. Der deutsche Reisende Kobelt, der überall, wo er hinkam, auch ein offenes Auge für Hunde hatte, hinterließ in seinen Reiseerinnerungen eine treffende Kennzeichnung: »...ein prachtvoller wolfsstreifiger (gestromter) Windhund, ein echter Sloughi der Wüste, eine schöne Rasse, ganz unserem großen Windhund gleich, vielleicht etwas stärker gebaut, mit hängenden Ohren, ungemein graziös und vornehm in seinen Bewegungen... Sie halten sich getrennt von den gemeinen Dorfhunden, wie von einer anderen Art. Ihre Schnelligkeit ist sehr groß, aber nur die besten, in den Händen der vornehmsten Chefs, können eine Gazelle fangen. – Der Sloughi ist Liebling der Araber und seiner Kinder, lebt auch im Zelt, wird bei Erbteilungen so geschätzt wie ein Pferd.«

Hochläufiger, edler Abkömmling der schwarzen Atlas-Sloughis von Marokko (schwarz mit lohfarbenen Abzeichen).

All die Sorgfalt und Pflege in seinen Ursprungsländern wurde dem Sloughi nicht nur um seiner selbst willen zuteil, sondern wegen seiner außergewöhnlichen Fähigkeiten. Bezüglich seiner Erziehung zur Jagd heißt es bei Daumas: »Demungeachtet wird der Sloughi noch nicht zur Jagd verwendet, höchstens nachdem er 15 oder 16 Monate alt geworden ist, gebraucht man ihn wie die übrigen, aber von diesem Augenblick an mutet man ihm auch fast das Unmögliche zu, und er führt das Unmögliche aus.«

Man kann den Sloughi zurückverfolgen bis in die Zeit der Pharaonen. Schon auf den Wandreliefs ägyptischer Monumente wurden seine Vorfahren in Jagdszenen dargestellt. Noch ältere Zeugnisse des glatthaarigen, hängeohrigen Windhundes sind aus der Blütezeit der mesopotamischen Kultur erhalten. Mit den Wanderzügen der arabischen Eroberer kam er ab dem 7. und 8. Jahrhundert n. Chr. in den Maghreb. Dort waren bereits glatthaarige Windhunde vorhanden. Spätestens seit der Zeit der Römerherrschaft sind sie auch auf Jagdmosaiken dokumentiert: hetzende Windhunde in den Farben hellsand, rötlich, schwarz und gestromt. Es ist anzunehmen, daß ihr Erbe mit dem der Orientalen zum Typ des heutigen Sloughis Nordafrikas verschmolz.

Eine sympathische Gruppe von Sloughi-Rüden und -Hündinnen verschiedenen Alters. Sie sind von instinktsicherem, natürlichen Wesen. Ihr Zusammenleben ist gut geregelt durch ursprüngliche Verhaltensmuster.

Weniger bekannt ist, daß es Sloughis noch in den im Osten an das Mittelmeer angrenzenden Ländern gibt, wo sie von Saudi-Arabien bis Syrien neben den Salukis anzutreffen sind. Vielfach sind die Stämme dort aber blutsmäßig miteinander verwoben und Saluki und Sloughi als Rassen nicht definitiv trennbar.

Der Sloughi wird auch Arabischer Windhund genannt, obwohl er ebenso der Windhund der Berber ist, der eingesessenen Altbevölkerung Nordafrikas. Als Ursprungsländer des Standardsloughis zählen die nordafrikanischen Maghrebstaaten Marokko, Algerien und Tunesien; auch Libyen kann noch dazugerechnet werden. Dort kommt er genetisch rein und unverwechselbar vor.

Auch in Nordafrika zieht die Neuzeit ein. Die Lebensbedingungen für Nomaden und Windhunde sind nicht mehr die gleichen wie noch zu Zeiten von Daumas. Auch die Tage der großen Sultane und Scheichs sind vorbei, die noch zu Beginn dieses Jahrhunderts berühmte Sloughi-Zuchten mit 60 Tieren, dazugehörigen Pferden und einer Schar von Dienern zu ihrer Betreuung unterhielten. Das Jagdverbot im Marokko des 20. Jahrhunderts hatte zusätzlich eine ziemliche Repression für die Rasse zur Folge. Französische Marokkokenner klagten, daß man dem Sloughi die Hasen nicht gönne, dabei aber nicht bedenke, daß der Sloughi ein bedeutender Schakal-und Fuchsjäger sei, also Tiere dezimiere, die ihrerseits die Hasen fangen und darüber hinaus auch den Herden schaden. Aus jener Zeit resultiert auch eine Vernachlässigung der Hochzucht, so daß man nicht nur auf wenig sorgfältig gezüchtete Hunde treffen kann, sondern auch auf Bastarde. Zur Zeit der großen Scheichs wäre das nie vorgekommen, versichern einheimische Sloughi-Kenner.

Doch trotz des Jagdverbotes gilt: Das Land ist weit und die Passion für den Sloughi tief verwurzelt. Fernab der großen Städte und Touristen-Mekkas wird in den unzugänglicheren Landesteilen die Sloughitradition noch nach der alten Weise gepflegt. Der Anschluß an die internationale Kynologie hat auch dem modernen Araber wieder ein Gefühl für den Wert der eigenen Rasse gegeben: Stolz auf den Nationalhund und die arabische Tradition. Der Stolz des einfachen Berbers auf seinen Sloughi gründet weniger in Emotionen, wie bei hiesigen Hundefreunden, als vielmehr im ganz praktischen Nutzen des jeweiligen Tieres.

Für die Mitglieder arabischer Königshäuser ist die Jagd nach wie vor privilegierter und leidenschaftlich betriebener Sport, den sie sich etwas kosten lassen. Heute fliegt man zu Jagdexkursionen in geeignete Gebiete, wo neben Falken durchaus auch die arabischen Windhunde Gelegenheit erhalten, ihre Fähigkeiten unter Beweis zu stellen.

Auf einigen Reisen durch Nordafrika haben wir uns aus eigener Anschauung ein Bild über die heutige Situation der Sloughis in ihrer Heimat gemacht. Wir trafen sie in den entlegenen Ansiedlungen im weiten marokkanischen Hügelland, wo die lehmgeputzten, strohgedeckten Berberhöfe mit der Farbe des Landes verschmelzen. Hier bewegten sich die großen, bewundernswert gut gewachsenen Sloughis relativ frei, ohne auch nur einem der vierfüßigen oder federtragenden Haus- und Weidetiere zu nahe zu kommen.

Die edlen Sloughis sind für die Hasenjagd bestimmt, während kräftig gezüchtete Rüden, mit ruhmreichen Narben bedeckt, von ihren Besitzern hinter räuberischen Schakalen hergeschickt werden, um die Herden zu schützen. Die wenigen Sloughis am Rande der großen Städte werden entweder von Europäern oder von Angehörigen der arabischen Oberschicht aus Freude an der schönen Rasse gehalten.

In den Oasen des Südens leben die Sloughis meist hinter den weißen Mauern der kubischen Häuser und Höfe, wo sie die heißen Tagesstunden ruhend im Schatten verbringen. Von Zeit zu Zeit geht es hinaus in die Sahara, wo es noch Wüstenhasen gibt. Wir haben die feinen edlen Sloughis auch bei den Nomaden am Rande der Sahara gefunden, wo sie noch mit in den schwarzen Zelten leben oder im palmstrohgefertigten Winterlager in der Nähe der Oasen. In der Kühle der Nacht erhalten die Sloughis eine bunte Schlafdecke. Bei mehrtägigen Jagdaufenthalten in der Sahara schlafen sie auch mit ihrem Besitzer gemeinsam unter seinem warmen Burnus.

Die Tage und Nächte zusammen mit einheimischen Begleitern und Sloughis in der Wüste hinterließen bei uns Europäern die faszinierendsten Eindrücke. Die Erinnerungen an die Weite des Horizontes, an Sonnenaufgänge und Mengen von purpurnem Licht, an den heißen Wind bei Tag und den kalten bei Nacht, an die melancholischen Töne aus der Flöte eines Beduinen gehören ebenso zum Sloughi wie die auf römischen Jagdmosaiken dargestellte 2000 Jahre alte Praxis, mit dem Sloughi an der Slipleine auf der Suche nach Wild durch die Wüste zu streifen.

Man möchte sie behüten: Sloughi-Welpen im Alter von 8 Wochen.

Eine tunesische Sitte ist es, den Sloughis die Ohren zu kupieren und ihnen zusätzlich an der Innenseite der Vorderbeine drei charakteristische Brandmale in Form von schrägen Streifen anzubringen. Man findet dies nur bei echten Nomadensloughis, deren Besitzer sich dadurch eine Verbesserung der Jagdeigenschaften ihrer Hunde versprechen. Die Ernährung der nordafrikanischen Sloughis ist denkbar einfach. Sie werden mit Getreideprodukten, Milch und Olivenöl gefüttert. Vor besonderen Anstrengungen erhalten sie schon einmal Ei. Das ist im dortigen Klima und in Verbindung mit der intensiven Sonnenbestrahlung offensichtlich ausreichend, um schöne, leistungsfähige Tiere zu erhalten.

Bis in die jüngste Vergangenheit war der nordafrikanische Windhund hierzulande nur ein seltener Gast. Er ist in Europa zwar schon lange bekannt, was aber keineswegs damit gleichzusetzen ist, daß er populär sei. Schon zwischen 1898 und 1900 brachte der holländische Maler und Afrikareisende August Le Gras die ersten fünf Sloughis aus Nordafrika nach Holland. Aus ihnen entwickelte sich eine bemerkenswerte Zucht, für die bereits 1904 ein erster Standard erstellt und ein holländischer Sloughi-Club gegründet wurde. Das reichlich erhaltene Fotomaterial aus den Zuchtunterlagen der damaligen Zeit dokumentiert, daß der Typ der Rasse sich bis heute nicht verändert hat. Leider haben die fast 200 Sloughis, die es zur Blütezeit der holländischen Zucht um 1912 gab, kein faßbares Erbe für die heutige Zeit hinterlassen. Genausowenig konnten Nachkommen der ersten in den dreißiger Jahren in Deutschland gezüchteten Sloughis über den Krieg hinweg bewahrt werden.

Durch seine jahrzehntelange Präsenz in Nordafrika hat Frankreich eine lange, besondere Beziehung zur Rasse Sloughi. 1925 gab Frankreich seinen Standard heraus und betreute den Sloughi später als »race française«

(französische Rasse). Allerdings blieb der Sloughi auch dort lange Zeit mehr exklusiv-nostalgisches Andenken an französische Kolonialzeiten, als Gegenstand moderner, zielbewußter Zucht.

Zwischenzeitlich hat Marokko die Standardführung für den Sloughi selbst übernommen, so daß – einzigartig in der arabischen Welt – das Heimatland für seine Nationalrasse die Rassekennzeichen selbst festlegt und ein Zuchtbuch führt. Inwieweit die Errungenschaften der modernen Kynologie allerdings bis zu den Sloughi-Besitzern in den entlegenen »Douars« des Vorderen Atlas oder in den Ebenen des »Sous« vorgedrungen sind, ist eine andere Frage. In Deutschland haben wir selbst ab 1971 die ersten Sloughis neuer Zeit eingeführt und windhundsportlich bekanntgemacht.

Deutschland besitzt heute eine qualitativ hochstehende Zucht mit rund 750 eingetragenen Tieren. Ein Kreis engagierter Liebhaber sorgt für zunehmend interessante Konkurrenzen bei Ausstellungen und Windhundrennen. Die neue holländische Sloughi-Zucht ist ungefähr gleich alt wie die deutsche.

Importe aus den Ursprungsländern werden nach wie vor begrüßt. Die Sloughi-Besitzer sind stolz auf eine enge Verbindung zu den nordafrikanischen Heimatländern ihrer Rasse.

Der Sloughi ist faszinierend wegen der Ursprünglichkeit, die bei ihm zu entdecken ist.

Zwei gestromte Sloughis französisch-deutscher Abstammung.

Standard: Sloughi

FCI-Nr. 188 d

Ursprungsland: Marokko

Gesamterscheinung und Wesen: Der Sloughi ist ein zur Gruppe 10 gehörender Windhund. Ursprünglich aus dem Orient stammend, ist er seit Jahrhunderten in Nordafrika heimisch. Heutzutage ist er am weitesten in Marokko verbreitet.
Die Gesamterscheinung ist die eines sehr rassigen Hundes infolge seines Gangwerkes, seiner feinen Haut und seiner trockenen Muskulatur.
Obgleich adelig und stolz, ist er seinem Herrn gegenüber sehr anhänglich und beschützt ihn im Notfall. Sein Jagdtrieb befähigt ihn zu ausdauernder Leistung. Trotzdem weiß er die Bequemlichkeit einer Wohnung zu schätzen.

Widerristhöhe: Rüden 66–72 cm, Idealgröße 70 cm; Hündinnen 61–68 cm, Idealgröße 65 cm.

Gebäude: Bei einem Rüden von 70 cm Größe sollte die Länge des Körpers 67 oder 68 cm betragen. Bei einer Hündin der Idealgröße 65 cm sollte die Länge 62 oder 63 cm betragen.

Typ: Einheitlich, kurzhaarig.

Verwendung: Jagd auf Sicht.

Kopf
Gesamtbeschreibung: Im Profil ist der Kopf länglich, elegant, fein, aber ziemlich kräftig. Von oben gesehen bildet er ein verlängertes Dreieck. Der Schädel bildet den breitesten Teil, sich verjüngend bis zur Nasenspitze.
Schädel: Im Profil ist der obere Teil flach und ziemlich breit, von Ohr zu Ohr 12–13 cm, bei großen Hunden 14 cm, das ist aber ziemlich selten. Es ist an der hinteren Partie deutlich abgerundet, an beiden Seiten harmonisch einwärts gekrümmt. Die Augenhöhlen springen wenig vor. Ein kaum merklicher Stirnabsatz. Haube und Hinterhauptdorn sind sichtbar.
Stop: Wenig betont.
Fang: In Form eines länglichen, ohne Übertreibung spitz zulaufenden Dreiecks, in etwa so lang wie der Schädel. Der Fang ist geradlinig, von seiner Verbindung mit dem Schädel ab. Die Nasenspitze, nicht durch Knochen gehalten, bildet eine sehr leichte Abwärtsbiegung.
Nase: Nasenspiegel schwarz, etwas gewichtig.
Lefzen: Fein und geschmeidig, gut dem Unterkiefer anliegend. Mundwinkel so wenig wie möglich sichtbar.
Zähne: Normaler, kräftiger und regelmäßiger Kiefer, der Zange angepaßt.
Augen: Groß, dunkel, gut in die Augenhöhlen eingelassen, manchmal etwas verdeckt durch eine leichte Schräge der Augenlider. Der Ausdruck ist sanft, ein wenig traurig, der Blick voller Heimweh. Bei hellem Haarkleid ist das Auge im allgemeinen bernsteinfarben.
Ohren: Hoch angesetzt, hängend, gut am Kopf anliegend. Nicht zu groß, in Form eines an den Enden leicht abgerundeten Dreiecks.

Hals: Lang, sehr schlank. Im Profil ist der obere Teil leicht gebogen. Die Haut ist fein, gut anliegend, ohne Wamme. Das Fell ist kurz.

Gebäude
Rücken: Kurz, nahezu horizontal.
Lende: Kurz, trocken, breit und leicht gebogen.
Kruppe: Knochig und schräg.
Brust: Nicht zu breit, knapp den Ellenbogen erreichend. In der Tiefe ist sie gut entwickelt. Die Rippen sind flach, sitzend an einem langen und hochgezogenen Brustbein. Bauch und Flanken sind gut aufgezogen.

Rute: Dünn, fleischlos, angesetzt an der Verlängerung der Kruppe, getragen unterhalb der Rückenlinie. Sie muß mindestens das Sprunggelenk erreichen.

Vorderläufe: Schulter lang und schräg. Kräftige Läufe. Oberarm knochig und muskulös. Handwurzel und Mittelhand geschmeidig und kräftig. Pfoten mager, ein längliches Oval. Bei vielen Sloughis des leichten Typs nahezu eine Hasenpfote bildend. Die Krallen sind schwarz oder farbig.

Hinterläufe: Oberschenkel flach und muskulös. Läufe lang und gut bemuskelt. Sprunggelenk kräftig, gut gewinkelt. Fessel stark, ohne Afterklaue.

Gänge: Schritt, Trab, Galopp, hauptsächlich Galopp.

Haut: Sehr dünn, gut anliegend, ohne Falten oder Wamme.

Haar: Sehr kurz, straff anliegend und fein.

Farbe: Sand-, Hellsand-, Rotsand-, Grausand-Farben, gestromt, mit oder ohne schwarze Maske, mit oder ohne schwarzen Mantel.

Fehler: Helle Augen. Kopf und Gebäude etwas plump. Zu starker Stop. Schlechte Proportionen. Schlechte Rückenlinie. Runde Rippen. Kruppe zu schräg, zu schmal oder ungenügend. Rute ungenügend, zu dick oder schlecht getragen. Bauch wenig aufgezogen. Grobes oder rauhes Haar. Kleiner weißer Brustfleck.

Eliminierende Fehler: Aussatz. Steh- oder Kippohren. Ohren zu lang oder zurückgelegt (Rosenohr). Halblanges Haar. Fransen an der Rute oder den Gliedmaßen. Weiße Stiefel. Weiße Abzeichen. Monorchiden oder Kryptorchiden. Über- oder Unterbeißer. Abweichende Farben.

Die Wächterin der Wüste: Sloughi-Hündin am Rande der nördlichen marokkanischen Sahara. Ihre Farbe verschmilzt mit der des Sandes.

Der Azawakh ist die südlichste und extrem der Wüste angepaßte Windhundrasse. Sein Gebäude hat die Form eines hochgestellten Rechtecks. Dabei wirken die Gliedmaßen besonders hochläufig, und wegen der Kürze des Rumpfes wird ein starker Niveauunterschied zwischen der Brust- und Bauchlinie deutlich.

Der Azawakh

Eine der jüngsten der bei uns anerkannten Windhundrassen ist der Azawakh. Jung, was seinen offiziellen Status als FCI-Rasse angeht: Der Standard wurde erst 1980 verabschiedet. Alt ist seine Geschichte und Tradition – nicht minder als die der anderen orientalischen Windhundrassen. Zu Beginn der siebziger Jahre erschienen die ersten Exemplare in Frankreich, und fast parallel dazu kam ein Pärchen Azawakhs nach Jugoslawien. 1975 kam die erste Hündin aus Jugoslawien nach Deutschland.

Da diese Hunde glatthaarig waren, Hängeohren besaßen und aus Afrika stammten, wurden sie zunächst auf Ausstellungen als Sloughis vorgeführt. Dort ergaben sich natürlich Diskrepanzen wegen der Besonderheiten dieser Hunde, die nicht mit dem Sloughi-Standard vereinbar waren. Im Gegensatz zum Sloughi, der einfarbig sein soll, wiesen viele Azawakhs auf ihrem rotbraunen Haarkleid leuchtend weiße Abzeichen auf in Form von Stiefeln, weißem Brustfleck oder Halsstreifen bis hin zur weißen Blesse im Gesicht. Abgesehen von den farblichen Unterschieden, die natürlich vielen zuerst ins Auge sprangen, gab es auch anatomisch deutliche Besonderheiten, die die Azawakhs als eigene Gruppe auswiesen. Auf der Rennbahn zeigte sich zudem, daß Azawakhs auf der 480 m-Bahn eine im Durchschnitt um 3 Sekunden geringere Geschwindigkeit haben als Sloughi und Saluki.

Bereits 1972 empfahl die Windhundkommission, die Rassen Sloughi und Azawakh nicht zu vermischen

Azawakhs sind insgesamt feingliedrig und besonders trocken, was durch ein samtartig kurzes Fell noch unterstrichen wird. Die Bewegungen dieses Azawakh-Paares wirken tänzerisch elegant.

und eine endgültige Entscheidung über den Status des Azawakh abzuwarten.

Glücklicherweise hat man sich in Deutschland daran gehalten und hier den Azawakh rein bewahrt. Frankreich als das Land mit den meisten Originalimporten (obwohl auch dort deren Zahl – relativ gesehen – gering ist) und den ältesten Beziehungen zu Nordafrika hat das Patronat für die Rasse inne und ist nunmehr standardführend.

Der Azawakh ist eine außergewöhnliche Erscheinung. Er ist die extremste Form aller bei uns gehaltenen Windhunde. Sein Gebäude hat die Form eines hochgestellten Rechtecks. Der Rücken ist kurz und gerade, die Gliedmaßen wirken besonders hochläufig. Die Brust von enormer Tiefe kontrastiert besonders stark mit der aufgezogenen Bauchpartie, wobei sich wegen der Rumpfkürze ein ungeheurer Niveauunterschied ergibt. Die sonst vielen Windhundrassen eigene »Spannung«, das heißt die Biegung in der Rücken- oder wenigstens in der Lendenlinie und die Winkelung in den hinteren Gliedmaßen fehlen beim Azawakh völlig. Dieses Gebäude weist ihn als einen unermüdlichen Läufer über lange Strecken aus, einen Hund, der vollkommen von der Wüste geprägt ist.

Der Azawakh ist insgesamt feingliedrig und besonders trocken, was durch sein samtartig kurzes Fell noch unterstrichen wird. Seine Haltung ist stolz, Kopf und Hals werden hoch getragen. Seine Ohren sind besonders groß und hängend und seine intensiv blickenden Augen mandelförmig geschnitten. Seine Eleganz zeigt sich auch in einem leichten, federnden Gangwerk. Die Fellfarbe Rot dominiert bei den in Europa gezüchteten Exemplaren. Es kommt aber auch Hellsand vor, genauso wie das dunklere Braun. Charakteristisch sind die weißen Abzeichen, die sogar Pflicht sind, zumindest aber ansatzweise vorhanden sein müssen.

In seiner Heimat sind die Farbvariationen der Azawakhs wesentlich größer. Die gestromte Farbe ist nicht selten, daneben gibt es weiße Tiere mit roten Platten oder weiße mit gestromten Platten. Die Farbenvielfalt im Ursprungsland findet aber bisher im Standard keine Resonanz, wahrscheinlich deshalb, weil die ersten eingeführten Tiere alle rot oder sandfarben waren.

Die Heimat des Azawakh sind die Gebiete südlich der Sahara. Zum geographischen Verbreitungsgebiet zählen die Republiken Mali und Niger und zum Teil Burkina Faso (Ober-Volta) und Mauretanien. Es ist die Sahelzone Afrikas, ein Halbtrockengürtel mit einem verarmten Boden und nur spärlichem Bewuchs, wo Mensch und Tier einen täglichen Existenzkampf auszufechten haben und eng aufeinander angewiesen sind.

Besonders edles Profil einer Azawakh-Hündin: Die Ohren sind stets sehr groß und die intensiv blickenden Augen mandelförmig geschnitten.

Im Grenzgebiet zwischen Mali und Niger befindet sich das Azawakh-Tal. Es erstreckt sich über ca. 900 km vom Air-Gebirge bis hin zum Niger und ist ein vor langer Zeit ausgetrocknetes Flußbett, durch das vor vier Jahrtausenden noch Nebenflüsse des Niger flossen. Ca. 2.500 v. Chr. nahm die Austrocknung der einst fruchtbaren Sahara solche Formen an, daß die dortigen Hirtenvölker südwärts abwanderten und u. a. das Azawakh-Tal kolonisierten. Von diesem Tal hat die Rasse ihren Namen erhalten, da viele der anfänglich gefundenen Windhunde von guter Qualität aus dieser Region stammten.

Der Azawakh ist traditionell der Jagdhund der Tuareg, jener stolzen Nomaden, die über Jahrhunderte eine interessante und ungewöhnliche hierarchische Struktur bewahrten. Sie gliederten sich in verschiedene Kasten. Die Adligen, die von hellerer Hautfarbe und europäisch anmutenden Rassemerkmalen sind, hatten die Vasallenstämme unter sich und ließen Sklaven negroider Abstammung sowie Landpächter für sich arbeiten. Vom Mittelalter bis zur Neuzeit beherrschten sie die zentrale Sahara. Sie gehören zur großen Gruppe der Berber. Man nimmt an, daß sie ursprünglich in Nordlibyen beheimatet waren und sich eventuell erst im 11. Jahrhundert vor den kriegerischen arabischen Invasionen nach Süden zurückzogen.

Rätselhaft wie die Geschichte der Tuareg ist auch die des Azawakh-Windhundes. Es gibt drei Theorien über den Ursprung der Azawakhs. Die erste nimmt an, daß der Azawakh eine rein afrikanische Windhundrasse ist, verschieden von den anderen Orientalen. Die zweite beinhaltet, daß der Azawakh eine Varietät des asiatischen Windhundes verkörpert und dem ursprünglichen Typ gleicht, so wie er vielleicht vor 3000 Jahren gewesen sein mag. Die dritte Theorie besagt, daß der Azawakh von den Hunden abstammt, die mit den arabischen Eroberern nach Nordafrika gelangten. Die Tuareg haben sie vor ihrem Rückzug in die Südsahara kennengelernt und übernommen.

Unter Berücksichtigung aller bekannten Umstände möchte man meinen, daß nicht nur die nordafrikanischen Berber und die Tuareg einen gemeinsamen Ursprung haben, sondern auch ihre Windhunde Sloughi und Azawakh. Unter dem Einfluß der extremen Lebensumstände südlich der Sahara und getrennt durch die Barriere der Wüste haben sich beide Gruppen eigenständig entwickelt. Sowohl die Tuareg selbst sind feingliedriger als ihre nördlichen Vettern als auch ihre Dromedare, die auf die gleiche Stammform zurückzuführen sind, wie die der Berber; sie tauchte zu Beginn des 1. Jahrtausends in Nordafrika auf.

Ein gleiches Entwicklungsschema dürfte zur Herausbildung der Rasse Azawakh geführt haben, die sich als südlichste und extrem der Wüste angepaßte Form (Isolationsform) des orientalischen Windhundes darstellt. So wie beim Azawakh sieht man übrigens auch bei den Dromedaren südlich der Sahara die Weißscheckung des Fells.

Nicht nur die Tuareg, auch Peul und Sonrai, die im gleichen Gebiet seßhaft sind, besitzen Azawakhs. Bei jenen leben sie statt im Nomadenzelt mit im Lehmhaus oder in der Hirsestrohhütte. Allerdings ist die Gazellenjagd schon lange verboten. Heutzutage sind es höchstens noch Steppenhasen, die die Azawakhs zum Speiseplan ihrer Familie beitragen können. Vielfach schützt die Anwesenheit von Azawakhs auch die Ziegenherden vor Schakalen und ein Nomadenlager vor unerwünschten Eindringlingen.

Traditionell wird der Azawakh von seinen Besitzern mit Milch und einem Hirsebrei ernährt, eventuell angereichert mit Dattelmus und Speiseresten der Familie. Eine Nachwuchskontrolle wird dergestalt ausgeübt, daß man von einem Wurf nur den als besten und kräftigsten erscheinenden Rüden zur späteren Jagd übrigläßt. Gelegentlich wird eine Hündin zur Weiterzucht behalten.

Das alles setzt voraus, daß die Nomaden ihre Wanderungen mit ihren Viehherden je nach Regenzeit oder Trockenperiode in der überkommenen Weise ausüben können. In den letzten Jahrzehnten haben jedoch verheerende Dürreperioden den Sahelgürtel heimgesucht, denen nicht nur große Teile des Viehbestandes zum Opfer fielen, sondern auch den Menschen selbst wurde die Existenzgrundlage entzogen. Viele Tuareg mußten ihre traditionelle Lebensweise aufgeben und fristen ein ärmliches Dasein am Rande der großen Städte. Gleichzeitig wird von staatlicher Seite mit Gewalt eine Seßhaftmachung der Tuareg betrieben, um sie an die von ihnen verachtete Bauernarbeit heranzuführen. Unter solchen Umständen haben die Azawakhs ihre Bedeutung verloren. Man kann daher viele vermischte Tiere finden, die mehr oder minder auf sich selbst gestellt versuchen, sich ihre tägliche Nahrung

Mit hoch getragenem Kopf und Hals immer auf weiten Überblick eingestellt, ist der Azawakh ein nahezu unermüdlicher Langstrekkenläufer.

aus herumliegenden Resten selbst zu beschaffen.

Während der hochblütige Azawakh im Sahel-Gebiet nur in einem intakten Nomadenclan eine echte Zukunftschance hat, hat er bei uns seinen eigenen Platz in der Kynologie gefunden, wo ein junger Kreis von Liebhabern seine Eigenart erkennt und bewahrt.

Was Fütterung, Pflege und Unterbringung des Azawakh im häuslichen Kreis angeht, ist der Azawakh pflegeleicht wie alle glatthaarigen Windhunde. Man sollte ihn vielleicht, in Anlehnung an die in Afrika praktizierte Ernährung, nicht zu hochwertig füttern, daß heißt ihm nicht etwa täglich pure Fleischkost servieren.

Der Azawakh gehört mit in den Familienkreis, wo er eine liebevolle, aber konsequente Behandlung schätzt. Er verfügt über einen ausgeprägten Individualismus. Zwang und Härte nützen bei ihm nichts, im Gegenteil. Mit freundlicher Beharrlichkeit erreicht man mehr im Umgang mit ihm. Er ist der Windhund für den Idealisten, der »Persönlichkeit« und Ursprünglichkeit respektieren, ertragen und sich an ihnen freuen kann.

Neben ausgeglichenen Charakteren gibt es solche, die der Standard als »von ursprünglicher Wildheit« bezeichnet. Das heißt, sie wirken noch nicht recht domestiziert, und ihre Reaktionen sind nicht so vorausberechenbar wie die von angepaßten

Mit müheloser Leichtigkeit vollführt dieser Azawakh-Rüde seine weitausgreifenden Sprünge im heimatlichen Terrain der afrikanischen Wüste.

Haushundrassen. Obwohl in der gewohnten häuslichen Umgebung anschmiegsam, ruhig und anpassungsfähig, zeigen sich solche Azawakhs nach außen mißtrauisch und ablehnend. Sie möchten nichts Fremdes an sich heranlassen. Der Azawakh wird Gäste akzeptieren, die sein Besitzer ins Haus gebeten hat. Einer fremden Hand zu erlauben, ihn zu berühren, ist schon eine andere Sache. Genauso gibt es aber gleichmütigere Charaktere, die nicht so leicht zu beeindrucken sind.

Wer den Azawakh verstehen will, muß seine Lebensweise in Afrika bedenken. Unter den archaischen, lebensfeindlichen Bedingungen der Halbwüste waren Wachsamkeit und instinktives Mißtrauen unter Umständen lebenserhaltend. Ein Azawakh wird jedenfalls kaum je gestohlen werden können. Besonders wichtig ist es, den Welpen schon von frühester Jugend an zu sozialisieren und ihn mit möglichst vielen fremden Menschen und neuen Situationen vertraut zu machen. Für Menschen, die verständnisvoll auf den Azawakh eingehen, ist es um so beglückender, dieses Ziel zu erreichen.

Eine Herausforderung an einen motivierten Züchter wird es sein, die hiesige kleine Population vor zu engen Verwandtschaftsgraden zu bewahren und gutes neues Blut zu bekommen. An der Ästhetik des Azawakh kann man nichts mehr verbessern.

Auch der Azawakh braucht viel Bewegung und täglichen Auslauf. Auf den Betrieb der europäischen Rennbahn stellt er sich sehr gut ein. Seine Passion für die Jagd macht das Training leicht und so stellt dies eine gute Alternative zu dem in unseren Breiten nicht ungefährlichen freien Auslauf dar.

Standard: Azawakh

FCI-Nr. 307 a

Ursprungsland: Mali, Patronatsland: Frankreich

Gesamterscheinung und Wesen: Kurzhaariger Windhund vom Zentralplateau des Niger in der Republik Mali, in Europa um 1970 aufgetaucht.
Gemäß seiner ursprünglichen Umwelt drückt sich sowohl in seinem Körperbau wie in seinem Wesen seine Berufung als Jäger schneller Beutetiere und als Begleiter des Menschen aus.
Von ursprünglicher Wildheit, lebhaft und aufmerksam, bleibt er auch gegenüber ihm bekannten Menschen reserviert, kann aber liebenswürdig und sanft zu denen sein, denen er seine Zuneigung schenken will.
Besonders hochbeinig und elegant. Skelett und Muskulatur scheinen unter dem trockenen und feinen Hautgewebe durch.
Größe: Die Widerristhöhe des Rüden liegt zwischen 64 und 74 cm, die der Hündinnen zwischen 60 und 70 cm.
Format: Die Widerristhöhe ist größer als die Körperlänge. Dieses Verhältnis von etwa 90% kann bei Hündinnen etwas größer sein. Die Hüften liegen immer höher als der Widerrist.
Typ: Der Azawakh-Windhund besitzt sehr betonte Züge von Feinheit und ein hochfederndes Gangwerk.
Verwendung: Die wichtigste Aufgabe dieses Windhundes ist die Jagd. Die für seine Ästhetik empfänglichen Nomaden betrachten ihn jedoch als Zeichen ihres Prestiges.

Kopf: Stolz hochgetragen, harmonisch, lang, fein, trocken, sogar wie ziseliert. Der Oberkopf ist fast flach und ziemlich langgestreckt. Augenbögen und Stirnfurche sind wenig ausgeprägt, demgegenüber ragt der Hinterhauptstachel deutlich hervor.
Der Stop ist sehr schwach ausgeprägt. Der Fang ist lang, gerade, spitzt sich ohne Übertreibung zu. Die Wangen sind flach.
Die Breite des Oberkopfes muß deutlich geringer als die Hälfte der Gesamtlänge des Kopfes sein. Die Nasenlöcher sind gut geöffnet. Der Nasenschwamm ist schwarz oder braun. Die Lefzen sind dünn, fein und anliegend, schwarz oder lederfarben.
Die Kiefer sind lang und kräftig; Scherengebiß. Die Augen sind mandelförmig, ziemlich groß. Ihre Farbe ist je nach Farbe des Haarkleides dunkel oder bernsteinfarben. Die Lider sind häufig pigmentiert, was sehr geschätzt wird.
Die Ohren sind fein, immer hängend und flach, mit ziemlich breitem Ansatz, eng am Kopf anliegend, niemals als Rosenohr. Ihre Form ist die eines Dreiecks mit leicht gerundeten Spitzen. Am Ansatz richten sie sich auf, wenn der Hund aufmerksam ist.

Hals: Gut aufragend, lang, fein und muskulös, oft leicht gebogen. Die Haut ist fein. Der Hals hat keine Wamme.

Rumpf: Gerade Oberlinie mit gut herausragendem Widerrist. Die Lendenpartie ist kurz, trocken und stämmig-untersetzt. Die Hüfthöcker sind deutlich sichtbar und immer höher als der Widerrist. Das Becken ist sehr hoch gelagert, die Hüften sind hoch und gut herausragend, die Kruppe ist schräg, ohne abzufallen.

Das Verhältnis von Körperlänge (von der Spitze des Schulter-Oberarm-Winkels bis zum Sitzbeinhöcker) zur Widerristhöhe ist dergestalt, daß der Azawakh-Windhund ein hochgestelltes Rechteck bildet.
Der Brustkorb ist geräumig und gut nach hinten gezogen. Die Rippen sind gewölbt und sichtbar.

Rute: Lang, dünn und trocken, an der Spitze feiner als am Ansatz. Sie ist mit gleichem Haar bedeckt wie der übrige Körper und hat obligatorisch eine weiße Spitze.
Normalerweise wird sie hängend mit leicht aufgebogenem Ende getragen. Wenn das Tier aufgeregt ist, kann sie über die Rückenlinie erhoben werden.

Vordergliedmaßen: Lange, trockene Läufe. Sehnen und Knochen sind sichtbar. Die Schulter ist lang und trocken bemuskelt. Der Schulter-Oberarm-Winkel ist sehr offen. Unterarm, Vorderfußwurzel und Mittelhand bilden einen langen, feinen, senkrecht gestellten Lauf.
Die Pfote ist rundlich geformt, mit feinen Zehen; die Ballen sind pigmentiert.

Hintergliedmaßen: Wie die Vorderläufe lang und trocken. Der Oberschenkel ist lang mit hervorspringender, trockener Bemuskelung.
Die Hüft-Oberschenkel-Winkel und die Kniewinkel sind sehr offen. Hinterfußwurzel und Mittelfuß sind gerade und trocken, ohne Afterkrallen. Die Pfote ist rundlich geformt, die Ballen sind pigmentiert.
An allen vier Pfoten können die Krallen mehr oder weniger pigmentiert sein, jedoch wird eine schwarze Spur in mindestens einer Kralle gefordert, außer bei Hunden mit sandweißem Haarkleid, bei denen sie jedoch empfohlen ist.

Gangwerk: Immer sehr geschmeidig und besonders hochfedernd im Schritt und Trab.

Haut: Fein, am ganzen Körper anliegend.

Haar: Kurz, fein, weich anzufühlen. Am Bauch praktisch haarlos.

Farbe: Die Haarfarbe reicht von sandweiß bis braun über alle Farbnuancen von gelb bis rot.
Es gibt schwarze Schattenmasken.
Eine leichte weiße Blesse am Kopf ist erlaubt, ein weißer Brustfleck und eine weiße Rutenspitze müssen vorhanden sein.
Weiß an allen vier Läufen ist außerordentlich erwünscht. Spuren von weiß sind auf jeder der vier Pfoten obligatorisch.

Fehler: Schwerfälliges Gangwerk, betonter Stop, Stromung, fehlerhafte, nicht senkrechte Stellung der Gliedmaßen; untypische Gesamterscheinung, zu helles Auge, pigmentlose Stellen in Haar und Haut; fehlende weiße Abzeichen auf jeder der vier Pfoten und Fehlen einer schwarzen Spur in mindestens einer Kralle, außer bei sandweißem Haarkleid; Vor- und Rückbiß.

Disqualifikation: Fehlen eines oder beider Hoden.
(Immerhin bewerten die Nomaden die Fehler in der angegebenen Rangfolge. Zum Beispiel kann das Fehlen eines weißen Abzeichens an einer Pfote ausnahmsweise toleriert werden, wenn der Hund im übrigen anatomisch perfekt ist.)

Geschlechtsteile: Rüden müssen zwei gleich entwickelte Hoden im Skrotum haben.

Mediterrane Windhunde

Erst in jüngster Zeit begann sich die Kynologie ernsthaft für die Gruppe der Mittelmeerwindhunde zu interessieren und sie standardmäßig zu erfassen. In früheren Jahrzehnten hatten bereits Artikel in Hundefachblättern hin und wieder die Frage nach der Abstammung und der Zugehörigkeit insbesondere des im spanischen Inselraum anzutreffenden Typs aufgeworfen. Die Frage der Abstammung ist heute kynologisch befriedigend beantwortet. Die der Zugehörigkeit hat allerdings beträchtliche Meinungsverschiedenheiten zur Folge gehabt. Handelt es sich um echte Windhunde oder vielmehr um Laufhunde? Das Tauziehen um diese Frage führte zu einer wechselnden Standardsituation und zu mehrfachen Änderungen im Status der Mittelmeerrassen – eine Situation, die bis heute andauert.

Die Herkunft der stehohrigen Windhundartigen der Mittelmeerinseln wird heute übereinstimmend auf Ägypten zurückgeführt. Sie ähneln in erstaunlicher Weise den von altägyptischen Wandmalereien und Reliefs bekannten stehohrigen, ringelschwänzigen »Tesems«, so daß Vertreter dieser Gruppe den Namen »Pharaonenhunde« erhielten. Allerdings tragen die heutigen Abkömmlinge der Tesems die Rute nicht über dem Rücken gerollt, sondern hängend in Sichelform. Ein Anrecht auf den Namen »Pharaonenhund« hätten an und für sich alle Angehörigen der stehohrigen Windhundfamilie. Durch verbandskynologische Bestrebungen wurde er aber nur für die Hunde von Malta geschützt. Für sie hat das daran interessierte Hauptimportland England einen Anspruch bei der internationalen Dachorganisation FCI durchgesetzt, so daß die Rasse heute unter dem englischen Namen »Pharaoh Hound« geführt wird.

Die geschichtlichen Vorgänge geben neben dem Aussehen der Hunde eine glaubhafte Begründung dafür, daß die Pharaonenhunde tatsächlich Nachkommen der altägyptischen Hetzhundrasse sind. Ihre Verbreitung wird in erster Linie den Phöniziern zugeschrieben, aber auch die Griechen, Karthager und Römer haben in der Geschichte der Mittelmeerinseln bedeutende Rollen gespielt und dürften ihren Anteil an der Einbürgerung der stehohrigen Kaninchenjagdhunde gehabt haben. Diese gelangten auf dem Seeweg an die Küsten Griechenlands, Italiens und Spaniens und die vorgelagerten Inseln Kreta, Malta, Sizilien, die Balearen und daneben die Kanarischen Inseln, wo sie eigene Typen herausbildeten.

Die mediterranen Windhunde sind, obwohl in sekundären Einzelmerkmalen unterschiedlich, im Gesamtbild aber verblüffend übereinstimmend: hinsichtlich der Stehohren und der Sichelrute, die im Affekt auch geringelt über den Rücken gehoben werden kann; hinsichtlich der geraden Rückenlinie und der relativ steil gestellten und nur flach bemuskelten Gliedmaßen; hinsichtlich der weniger als bei anderen Windhunden aufgezogenen Bauchpartie. Auch hinsichtlich der Farbe besteht Übereinstimmung insoweit, als der rotbraune Grundton vorherrscht, sei es einfarbig rotbraun mit weißen Abzeichen oder rot-weißgefleckt. Auffallend und ein wenig gewöhnungsbedürftig sind der stets leberfarbene Nasenspiegel und die Bernsteinfarbe der Augen.

Seit jeher werden die Mittelmeerhunde zur Jagd auf Kleinwild, insbesondere Kaninchen eingesetzt, zu deren Kurzhaltung im Mittelmeerraum kein anderer Jagdhund gleichermaßen befähigt ist. Ihre Beliebtheit und ihr Überleben verdanken sie zweifellos ihren jagdlichen Fähigkeiten: Sie stellen sich unter Verwendung ihrer hervorragenden Nase, ihrer Augen und ihrer Ohren vorzüglich auf die unregelmäßige Bodenbeschaffenheit ein. Dank ihres Geruchssinnes und ihres Gehörs können sie das Vorhandensein von Kaninchen in Verstecken und auch unter der Erde, in den röhrenartigen Gängen vulkanischer Herkunft und in stacheligen Sträuchern feststellen. Gebräuchlich ist auch ihr Jagdeinsatz zusammen mit dem Frettchen, das die Kaninchen aus dem Bau an die Oberfläche treibt, wo wiederum die Hunde die Chance zum Fang nutzen. Sehr zugute kommt den Hunden bei der Jagd ihr vorzügliches Sprungvermögen aus dem Stand, womit sie sich in unübersichtlichem Gelände stets aufs neue Überblick verschaffen.

Das kombinierte Benutzen von Auge, Nase und Gehör, was für die Mittelmeerrassen bei der Jagd in ihrem heimatlichen Terrain so vorteilhaft ist, macht gleichzeitig auch einen ihrer auffallendsten Unterschiede zum reinen Windhund aus. Der Windhund hetzt nämlich in erster Linie auf Sicht. Gleichzeitig zeigt der nicht so hoch entwickelte Körperbau an, daß die Stehohrigen nicht auf das Erreichen der Höchstgeschwindigkeit der Vollblutwindhunde eingerichtet sind. Andererseits ist ihre Zuordnung zu der Gruppe der Laufhunde auch nicht zufriedenstellend. Zwar ist der Laufhund auch ein Jäger, er benutzt jedoch in erster Linie seine Nase und bellt beim Verfolgen der Fährte. Sobald er das Wild aufgebracht hat, zeigt er das dem Jäger durch eine besondere Art von Lautgeben an. Der Pharaonenhund jagt jedoch ohne Laut und benutzt die Nase nur dann, wenn er auf Sicht allein nicht mehr weiterkommt.

Vom Temperament her sind die stehohrigen Windhundverwandten lebhaft und dynamisch, dabei verspielt. Sie lernen schnell und besitzen eine gewisse Ausbildbarkeit. Andererseits haben sie sich soviel Unabhängigkeit bewahrt, daß sie durchaus auch ihre eigenen Wege gehen und ihre eigenen Vorstellungen verwirklichen. Bei einer freundlichen Grundhaltung läßt ihre Wachsamkeit und eine gewisse Reserviertheit sie differenziert auf Fremde reagieren. Dabei ist ihr Verhalten der jeweiligen Situation angepaßt.

So läßt die Summe ihrer Eigenschaften, vom allgemeinen Erscheinungsbild über das Wesen bis zum Jagdverhalten, die Pharaonenhunde als eine spezielle Gruppe auf der Grenze zwischen Vollblutwindhund und Laufhund erscheinen, wobei der eine Typ mehr zur einen Gruppe, der andere mehr zur anderen Gruppe neigen kann.

Mittelmeerrassen als Windhundverwandte

Podencos bzw. Podengos werden sie im spanisch- und portugiesischsprachigen Raum genannt. Das bedeutet soviel wie »Hasenhetzhunde«. Es gibt

Münzen aus antiken Städten Siziliens (links Motya, rechts Segesta; um 400 v. Chr.) mit Motiven des stehohrigen Windhundes des Mittelmeerraumes.

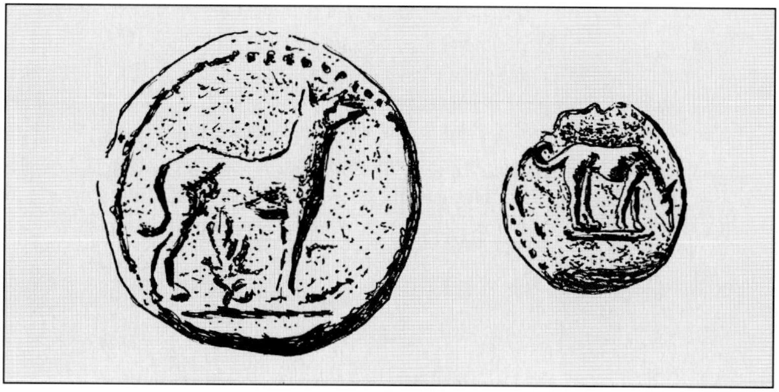

hier den Podenco Ibicenco und den Podenco Canario als Inseltypen, und als Festlandverwandten den Podengo Portugues.

Der **Podenco Ibicenco**, der auf den Balearen und im katalonischen und valencianischen Küstengebiet heimisch ist, galt im deutschsprachigen Raum lange Zeit als reinster Vertreter des Typs der sogenannten Pharaonenhunde. Er zeigt von allen mediterranen Rassen das dem Windhund ähnlichste Erscheinungsbild. Ein entsprechender Standard, der von 1963 bis 1977 Gültigkeit hatte, legitimierte ihn als solchen. Dieser Standard erkannte allerdings nur glattes Haar an, während der Ibicenco tatsächlich auch rauhhaarig vorkommt.

Das Mutterland Spanien versteht seine Podencos als Jagdhunde für die Kaninchenjagd. Diese Einstufung hat heute allgemeine Gültigkeit erlangt. Merkmale, die auf eine Windhundeinkreuzung schließen lassen, sind ein Disqualifikationsgrund. Ein kleiner, stämmiger Schlag kommt auf Ibiza vor, ein großer, leichter gebauter

Den Besitzern der Mittelmeerrassen ist freigestellt, welche Art der »Arbeit« sie ihren Hunden anbieten. Viele Angehörige der stehohrigen Rassen nehmen mit Begeisterung an Coursings teil oder gehen auch auf die Rennbahn. Hier zwei holländische Pharaoh Hounds beim Laufeinsatz.

Schlag auf Mallorca, der auf die Arbeit im hohen stacheligen Macchiagestrüpp eingerichtet ist. Seine Größe wird vom Mutterland Spanien mit bis zu 66 cm angegeben. In England sind bis zu 73,5 cm erlaubt. Die rot-weißgeplattete Färbung dominiert; auch einfarbige Tiere kommen vor. Die Haarart kann sowohl glatt als rauh oder hartes Langhaar sein.

In den U.S.A. haben die Importe und die daraus resultierende Nachzucht eine solche Verbreitung gefunden, daß die Hunde 1979 die volle Anerkennung als Rasse »Ibiza Hound« und die uneingeschränkte Ausstellungs- sowie Coursingstartberechtigung erhielten.

Seit 1987 ist auch der **Podenco Canario** eine offizielle Rasse. Er ist auf den Kanarischen Inseln beheimatet; insbesondere auf den größeren, Gran Canaria und Teneriffa, ist er zahlreich vertreten. Der Podenco Canario wird ähnlich beschrieben wie der Ibicenco; seine Maximalgröße beträgt aber nur 64 cm, und er kommt lediglich glatthaarig vor.

Die Podencos der Iberischen Halbinsel sind zwar mit den Inselpodencos verwandt, haben aber keine windhundeigentümlichen Eigenschaften mehr, obwohl auch sie kurzzeitig der Gruppe der Windhunde angegliedert worden waren. Dazu zählen die verschiedenen Schläge des **Podengo Portugues**, der groß, mittel und klein in Kurz- und Rauhhaar vorkommt.

Der kleinste der stehohrigen Inselhunde ist der **Cirneco dell'Etna**, der auf Sizilien heimisch ist. Antike Münzen mit seinem Abbild beweisen, daß seine Tradition auf dieser Insel mindestens bis ins 3. Jahrhundert v. Chr. zurückreicht. Der italienische Standard beschreibt ihn als leicht gebauten quadratischen Hund mit einer Größe bis maximal 52 cm, von fahlroter bis sandfarbener Tönung, mit oder ohne weiße Abzeichen; auch weiß mit oder ohne orangefarbene Flecken ist er-

Der Podenco Ibicenco ist ein sehr hochbeiniger, schlanker Hund. Er ist auf den Balearen heimisch. Hier ein typischer weißer Rüde mit orangefarbenem Fleck über dem rechten Auge.

Der Pharaoh Hound, der auf seiner Heimatinsel Malta »Kelb tal Fenek« heißt, verdankt seinen Namen seiner auffallenden Ähnlichkeit mit den stehohrigen Windhunden des alten Ägypten.

laubt. Der Cirneco dell'Etna ist recht selten und außerhalb der Insel fast gar nicht anzutreffen.

Verwaltungstechnische Verschiebungen innerhalb der FCI brachten es mit sich, daß die vorgenannten Mittelmeerrassen einmal längere Zeit zu den Laufhunden gerechnet wurden (während der Podenco Ibicenco aber außerhalb Spaniens als Windhund galt), von 1987 bis 1989 als verwandte Rassen den Windhunden zugegliedert wurden und seit 1990 der Rassegruppe »Spitze und Urtyp« mit dem Gewicht auf »Urtyp« der FCI angehören. Die letztgenannte Umsetzung ist darauf zurückzuführen, daß die Einstufung als Jagdhunde steuerliche Vorteile in den Heimatländern dieser Rassen bringt, die der Windhund nicht genießt. Hier haben kynologische Erwägungen den Rückzug angetreten vor der materiellen Praxis der Hundesteuer.

Immerhin soll es den Besitzern freigestellt sein, welche »Arbeit« sie ihrem Mittelmeerwindhund anbieten – eine jagdliche Ausbildung oder die Windhundrennbahn – und in welcher Art von Club sie sich organisieren.

Der Pharaoh Hound

Der Windhund von Malta ist der heutige offizielle Repräsentant des Pharaonenhundes. Unter dem englischen Namen Pharaoh Hound ist sein Standard beim Englischen Kennel Club und bei der FCI hinterlegt. Der Pharaoh Hound ist der Nationalhund von Malta. Auf seinen Heimatinseln, zu denen auch die kleineren Nachbarinseln Gozo und Comino zählen, wird er »Kelb-tal-Fenek« genannt, Kaninchen-Hund.

Den Engländern verdankt er seinen heutigen Namen und die damit verbundene Popularität. Die maltesische Inselgruppe war bis in die 60er Jahre britische Kolonie. So waren auch die Briten die ersten, die sich der Rasse mit kynologischem Interesse annahmen und einige Tiere nach England brachten. 1974 wurde die Rasse in England als solche anerkannt, 1977 auch im Bereich der FCI. Auch in Amerika haben sich Züchter für den Pharaoh Hound interessiert. 1984 waren dort über 600 Exemplare registriert, so daß ihnen der Status einer regulär anerkannten Rasse mit Zulassung zu allen Wettbewerben verliehen wurde.

In Deutschland erst als kleine Keimzelle vorhanden, befinden sich Pharaoh Hound-Besitzer doch in guter Gesellschaft von ebensolchen kleinen, aber entschlossenen Gruppen von Liebhabern in verschiedenen europäischen Nachbarländern bis hinauf nach Schweden.

Der Pharaoh Hound ist ein mittelgroßer, glatthaariger Hund mit einer edlen Körperhaltung bei frei ausgreifenden, mühelosen Bewegungen. Seine Allgemeinerscheinung ist die eines graziösen, doch kräftigen Hundes

Rechts: Geduldige Pharaoh-Hound-Mutter mit 4 Wochen altem Nachwuchs.

Unten: Pharaoh Hounds sind mittelgroß und von geschmeidig wirkender, aber durchaus kräftiger Statur. Ihr Haarkleid ist stets kurz und ihre Farbe rostrot, wobei kleine weiße Abzeichen vorkommen dürfen. Das Bild zeigt Hündin (vorn) und Rüde aus deutscher Zucht.

von rechteckigem Format. Er hat einen langen, muskulösen, leicht gewölbten Hals, einen geschmeidigen Rumpf mit fast gerader Rückenlinie und eine Brust, die in der Tiefe bis zu den Ellbogen reichen soll.

Die Bauchlinie ist mäßig aufgezogen. Der lange, trockene Kopf hat ein stumpf keilförmiges Profil. Die großen beweglichen Ohren werden bei Aufmerksamkeit aufrecht gestellt. Die Rute kann in der Bewegung hoch und leicht gebogen getragen werden. Die Farbe ist rotbraun, wobei kleine weiße Abzeichen an der Brust, der Rutenspitze, den Zehen und in Form einer Blesse im Gesicht zulässig sind. Die Nase ist fleischfarben, und die Augen sind bernsteinfarben.

Pharaoh Hounds sind intelligent und aufmerksam und haben scharfe Sinne. Geruch und Gehör sind gut ausgebildet. In ihrer Heimat werden sie nach wie vor nach traditioneller Weise als Jagdhunde eingesetzt, sie können aber hierzulande auch gut im Haus gehalten werden.

Lebhaft, beweglich und sprungfreudig, braucht der Pharaoh Hound wie der Windhund viel Auslauf. Er ist anhänglich, liebenswürdig und von spielerischem Wesen bei verhältnismäßiger Spätreife. Er ist wachsam bei der Annäherung fremder Personen, aber ihnen gegenüber freundlich, wenn sie in passender Weise ins Haus eingeführt werden. Dabei ist der Pharaoh Hound durchaus lernfähig

und kleinen Gehorsamsübungen nicht abgeneigt.

Zwar ist im FCI-Bereich auch der Pharaoh Hound von der 1990er Versetzung der stehohrigen Mittelmeerrassen in die Gruppe der »Spitze und Urtyp« betroffen, jedoch wird von ihm keine jagdliche Arbeitsprüfung verlangt. Er kann – wie es bisher Praxis war – unter der Schirmherrschaft und Betreuung der nationalen Windhundvereine verbleiben.

Sicher ist der Pharaoh Hound aufgrund seiner überkommenen Jagdweise nicht der prädestinierte Rennbahnhund. Sofern er aber das Bahnrennen annimmt, steht dem Besitzer nichts im Wege, diese Trainings- und Beschäftigungsmöglichkeit für seinen Hund zu nutzen. Interessanter für viele Pharaoh Hounds ist sicherlich das Coursing, das mit seinen Richtungsänderungen und »Haken« mehr ihrer angestammten Jagdpraxis entspricht.

Standard: Pharaoh Hound

FCI-Nr. 248 Übersetzung: Uwe H. Fischer

Ursprungsland: Malta, Patronatsland: Großbritannien

Allgemeines Erscheinungsbild: Von mittlerer Größe, edle Haltung mit klar umrissenen Linien. Anmutig, dabei kraftvoll. Sehr schnell bei freier, leichtfüßiger Bewegung und mit wachsamem Ausdruck.

Charakteristika: Ein wachsamer, leidenschaftlicher Jäger, der sowohl seine Augen wie auch seinen Geruchssinn benutzt. Bei der Arbeit auf kurze Distanz gebraucht er auch seine Ohren in bemerkenswerter Weise.

Wesen: Wachsam, intelligent, freundlich, zutraulich und verspielt.

Kopf und Schädel: Langer Schädel, trocken und gut geformt. Vorgesicht geringfügig länger als der Schädel. Stop nur geringfügig länger als der Schädel. Die Linie des Schädels verläuft parallel zu der des Fanges. Der Kopf stellt, von oben wie auch von der Seite betrachtet, einen Keil dar.

Augen: Bernsteinfarben, im Einklang mit der Farbe des Haarkleids. Oval und mäßig tief gebettet, mit entschlossenem, intelligentem Ausdruck.

Ohren: Mittelhoch angesetzt. Sie werden bei Aufmerksamkeit aufgerichtet getragen, dabei sind sie sehr beweglich. Am Ansatz breit, sind sie groß und fein.

Fang, Gebiß: Kraftvolle Kiefer mit starken Zähnen, Scherengebiß, wobei die obere Schneidezahnreihe ohne Zwischenraum über die untere greift und die Zähne senkrecht im Kiefer stehen.

Nase: Fleischfarben im Einklang mit der Farbe des Haarkleides.

Hals: Lang, schlank, muskulös und leicht gebogen. Linie des Kehlbereichs trocken.

Vorhand: Kräftige, lange und gut zurückliegende Schultern. Vorderläufe gerade und parallel. Ellenbogen gut anliegend. Vordermittelfuß und Vorderwurzelgelenk kräftig.

Körper: Geschmeidig mit nahezu gerader oberer Linie. Zum Rutenansatz hin leicht abfallende Kruppe. Tiefe, bis zu den Ellenbogen reichende Brust. Gut gewölbte Rippen. Bauch mäßig aufgezogen. Die Länge von der Brust bis zum Sitzbeinhöcker ist etwas größer als die Widerristhöhe.

Hinterhand: Stark und muskulös. Mittelmäßige Winkelung des Kniegelenks. Gut ausgebildeter Unterschenkel. Gliedmaßen, von hinten gesehen, parallel.

Pfoten: Stark, gut aufgeknöchelt und fest. Weder aus- noch einwärts gedreht. Gut gepolsterte Ballen. Wolfskrallen dürfen entfernt werden.

Rute: Mittelhoch angesetzt, am Ansatz dick, sich zur Spitze (peitschenartig) verjüngend, in Ruhehaltung gerade bis unter das Sprunggelenk reichend. In der Aktion hoch und leicht gebogen getragen. Die Rute sollte nicht zwischen die Läufe geklemmt werden. Eine Schraubenrute ist unerwünscht.

Gangart, Bewegung: Frei und fließend; der Kopf wird ziemlich hoch getragen, und der Hund sollte, ohne jegliches Zeichen von Anstrengung, viel Boden decken. Die Läufe und Pfoten sollten sich in einer Linie mit dem Körper bewegen. Jegliche Tendenz, die Pfoten seitwärts zu werfen, oder eine steppende Aktion sind höchst unerwünscht.

Haarkleid: Kurz und glänzend, von fein und dicht bis harsch. Keine Befederung.

Farbe: Rost- bis dunkelrostfarben, wobei die folgenden weißen Markierungen zulässig sind: Weiße Schwanzspitze stark erwünscht; weißer Brustfleck (»Stern« genannt); weiß an den Zehen. Schmale weiße Blesse auf der Mittellinie des Gesichts erlaubt. Fleckung oder weiß in anderer Form als erläutert unerwünscht.

Größe, Gewicht: Rüden im Idealfall 56 cm (von 56 bis 63,5 cm); Hündinnen im Idealfall 53 cm (von 53 bis 61 cm).

Fehler: Jede Abweichung von den vorgenannten Punkten sollte als Fehler angesehen werden, dessen Bewertung im genauen Verhältnis zum Grad der Abweichung stehen sollte.

Anmerkung: Rüden sollten zwei offensichtlich normal entwickelte Hoden aufweisen, die sich vollständig im Skrotum befinden.

KAPITEL 7 Der Erwerb eines Windhundes

Wenn man sich entschlossen hat, einen Windhund in die Familie aufzunehmen, so stellen sich für den Besitzer in spe zunächst einige Fragen. Woher bekommt man einen solchen Hund? Wie alt sollte er am besten sein? Soll man sich auf Rüde oder Hündin festlegen? Wohin kann man sich überhaupt wenden, um nähere Informationen zu bekommen oder um die besonders interessierende Rasse einmal »in Natur« kennenzulernen?

Die richtige Adresse

Für einen Windhund lohnt es sich, vorauszuplanen. Sie suchen einen sorgfältig gezüchteten Windhund, und Sie erwarten bestimmte rassetypische Anlagen bei ihm. Sie haben ins Auge gefaßt, Ihrem Hund später das Rennen und Hetzen auf einer Windhundtrainings- oder -rennbahn zu ermöglichen. Gegebenenfalls sind Sie auch nicht abgeneigt, Ausstellungen mit Ihrem Hund zu besuchen. Wenn Sie sich diese Möglichkeiten offenhalten wollen, so wenden Sie sich an einen der Verbände, der diese Einrichtungen in großer Anzahl geschaffen hat und entsprechende Veranstaltungen durchführt. Insbesondere ist hier der Deutsche Windhundzucht- und Rennverband zu nennen.

Der Deutsche Windhundzucht- und Rennverband (DWZRV) ist die Vereinigung der Windhundfreunde Deutschlands. Er ist als Nachfolger des 1892 gegründeten Barsoi-Clubs einer der ältesten Rassehundevereine Deutschlands und gleichzeitig die größte nationale Windhundorganisation des Kontinents. Der DWZRV gibt Ihnen gern Auskunft über Fragen, die Sie im Zusammenhang mit Windhunden interessieren. Sie können dort kostenlos die Anschriften anerkannter Zuchtstätten erhalten, die sich für den Erwerb des speziell von Ihnen gewünschten Windhundes anbieten oder wo Sie einfach eine Sie interessierende Rasse näher in Augenschein nehmen können.

Der DWZRV garantiert mit seinen Zuchtbestimmungen die Reinrassigkeit der gezüchteten und in die Zuchtbücher eingetragenen Windhunde und ist darum bemüht, die Zucht im wohlverstandenen Interesse der einzelnen Windhundrassen zu fördern und zu überwachen.

Züchteradressen können Sie auch der verbandseigenen Fachzeitschrift »Unsere Windhunde« oder rassespezifischen Blättern der im DWZRV vertretenen Windhundrassen oder dem Heft »Unser Rassehund« des VDH entnehmen. Auch auf Ausstellungen oder bei Windhundrennvereinen können Sie Näheres erfahren.

Der Züchter

Wenn Sie Freude an der Aufzucht eines kleinen Welpen haben und ihn gemäß seiner rassetypischen Anlagen selbst prägen und erziehen wollen, bietet sich nur ein Weg an: der direkte Weg zum Züchter. Ein Welpe soll direkt von der Mutter, möglichst ohne Zwischenstufe, in die Obhut des späteren Besitzers kommen. Gewerblicher Hundehandel, Massenproduktionsstätten oder Hundeversand bieten nicht die Voraussetzungen, unter denen Sie erwarten dürfen, einen normal veranlagten und charakterlich unbeschädigten Windhund zu erwerben.

Nur beim Züchter können Sie sich überzeugen, unter welchen Bedingungen die Hunde gehalten werden, wie die Welpen aufwachsen, welches die Eltern und Geschwister sind. Nur hier kann sich das für den Erwerb und die weitere Betreuung des Hundes nicht unbedeutende Vertrauensverhältnis zwischen Verkäufer und Käufer entwickeln. Verantwortungsbewußtsein sollte nicht nur dem Käufer eines Hundes eigen sein, sondern es gehört genauso zum Verkäufer, der in der Regel einen Wissensvorsprung über die Haltungsvoraussetzungen und das Temperament seiner Hunde besitzt. Der seriöse Züchter wird immer in Ruhe Möglichkeiten für eine ausreichende Beratung und Information suchen und finden.

Nie sollte man sich zu einem Kauf unter Zeitdruck oder durch den psychologischen Druck des Verkäufers verleiten lassen. Ein guter Züchter hat immer Zeit. Er wird Ihnen ein näheres Kennenlernen seiner Hunde und ihres Verhaltens im Haus und im Freien ermöglichen. Im Zweifelsfall wird er lieber seinen Interessenten noch einmal zu einem späteren Besuch auffordern, als ihm zu einem übereilten Entschluß zu raten. Ein Barometer dieser guten Verkaufsarbeit ist immer die geringe Zahl seiner Hunde, die später den Besitzer wechseln oder gar in Tierheimen landen.

Natürlich kann nicht jeder Züchter Psychologe sein. Seine Sach- und Menschenkenntnis und das Interesse am weiteren Schicksal seiner Hunde sollten ihn jedoch zu einem Menschen mit Herz machen, für den der Kontakt mit dem Käufer nicht mit dem gegenseitigen Austausch von Leistungen endet. Den verantwortungsbewußten Züchter dürfen Sie auch später wieder ansprechen – sei es, um seinen Rat zu erfragen oder um ihn an den erfreulichen Ereignissen im Leben Ihres Hundes teilhaben zu lassen.

Wichtig vor dem Kauf

Wenn Sie sich nach telefonischer Anmeldung zum Besuch einer Zuchtstätte auf den Weg machen, ist die Ungeduld meist schon sehr groß. Sie sollten jedoch – speziell, wenn Sie für später besondere Pläne mit Ihrem

Begeistert begrüßen kontaktfreudige Sloughi-Welpen die Besucher der Zuchtstätte.

Windhund haben – gewisse Regeln nicht aus dem Auge verlieren. Es ist besser, Sie sind von vornherein bereit, evtl. auch eine kleine Weile auf einen guten Welpen zu warten, als 14 Jahre lang einen voreiligen Schritt zu bereuen.

Wenn Sie sich auf spätere Ausstellungsreisen mit Ihrem Hund freuen, ist es nicht unklug, verschiedene Zuchtstätten und die speziellen Zuchttiere auf ihre Ausstellungsergebnisse hin zu vergleichen.

Wenn Sie einen Windhund suchen, der die Veranlagung zum Rennen mitbringen soll, dann sollten Sie nach den Renneigenschaften der Stammlinie fragen. Das ist nun zwar keine letzte Garantie für die später individuell sich entwickelnden Eigenschaften Ihres Hundes, aber doch richtungweisend.

Auch Ihr persönlicher Eindruck vom Züchter und gegebenenfalls seiner Familie sowie den Haltungs- und Pflegebedingungen seiner Hunde wird eine Rolle spielen bei der Wahl des Zwingers, der Ihr Vertrauen findet. Lassen die Sauberkeit und der Pflegezustand aller Hunde, ihr glänzendes Fell und ihre Munterkeit darauf schließen, daß die Tiere in gesundheitlich einwandfreiem Zustand sind? Ist ein windhundgemäßer Auslauf vorhanden und können auch die Welpen sich ungehindert im Freien austoben und Luft und Sonne genießen?

Sehen Sie sich die erwachsenen Hunde der Zuchtstätte an. Aus ihrem Verhalten können Sie Rückschlüsse auf den Charakter der Welpen ziehen. Sind sie frei und sicher im Wesen, wird auch das Jungtier nicht ängstlich sein. Sind sie vertraut im Haus und mit der Familie, so können Sie auch vom jungen Hund erhoffen, daß er ein angepaßter Hausgenosse wird. Wenn Sie zutrauliche, freundliche und kontaktfreudige Welpen vorfinden, berechtigt das zu der Erwartung, daß diese ihre positive Entwicklung bei richtiger Betreuung im neuen Zuhause fortsetzen werden.

Eingesperrte Welpen, die ohne Kontakt zur Außenwelt aufwachsen und vor Ihnen scheu zurückweichen, sollten Sie bedenklich stimmen. Ob Sie einen Hund nehmen, auch wenn die Umstände eines Züchters Ihr Mißtrauen wecken, sollten Sie sich gut überlegen. Ein Kauf aus Mitleid, um einen Hund etwa aus unwürdigen

Verhältnissen »zu befreien«, wird Ihnen wahrscheinlich viele Schwierigkeiten bereiten, dem sogenannten Züchter jedoch nur Platz für neue Würfe dieser Art schaffen.

Ein wenig Überblick und Vorinformation kosten vielleicht etwas Zeit und Geld, besonders wenn Fahrten zu verschiedenen Orten damit verbunden sind. Beides kann aber letztlich nur von Nutzen sein. Windhundzwinger gibt es nun einmal nicht wie Sand am Meer, und besonders wenn es sich um eine seltene Rasse handelt, ist eine weite Anfahrt von vornherein einzukalkulieren. Nun, Windhundleute sind in der Regel sowieso mobile Menschen, und der ersten Fahrt zum Züchter folgen gewöhnlich viele andere nach, die dann zu windhundlichen Veranstaltungen oder einfach in auslaufgünstige Gefilde führen.

Im Alter von 5 Wochen fühlt man sich zwischen zwei menschlichen Beinen im Freien noch am sichersten.

Rüde oder Hündin

Vielleicht ist die Frage, ob Rüde oder Hündin, von vornherein entschieden durch einen bereits vorhandenen Hund, zu dem der zweite passen soll. Wenn Sie aber noch nicht festgelegt sind, warum sollten Sie sich nicht durch die Welpen des Wurfes inspirieren lassen, welches Tier und damit welches Geschlecht Sie wählen?

Rüde oder Hündin – beide haben ihren Charme und ihre Vorzüge. Die Hündin bezaubert durch ihre gewöhnlich sanftere, anschmiegsamere Art, wodurch sie leicht zu lenken ist. Der Rüde beeindruckt durch seine vielleicht imponsantere Erscheinung, durch sein robusteres, selbstbewußteres Auftreten, das allerdings eine energische Führung braucht.

Vom Aspekt des Windhundsportes her gesehen ist der Rüde das ganze Jahr über ohne Einschränkungen fit. Die Hündin hat während der normalerweise zweimal jährlich auftretenden Hitze Pause, während der sie den Ausstellungen und Rennen fernbleiben muß. Ihre Leistungen sind gemäß diesem Rhythmus Schwankungen unterworfen. In den 3 Monaten nach der Hitze ist die Hündin wesentlich ruhiger und rennmäßig langsamer.

Hündinnen langhaariger Rassen pflegen während der Hitze Fell zu verlieren, bei den kurzhaarigen Hündinnen mag sich die Unterlinie durch die Schwellung der Milchdrüsen etwas verändern. Während dieser Zeit ist Schonung angezeigt. In der darauffolgenden Periode erreichen sie ihre volle Form bzw. Kondition.

Da fällt die Auswahl schwer. 2 Monate alter Windspielwurf.

Die Hitze selbst ist bei den sauberen und sexuell meist eher zurückhaltenden Windhunden kein Problem. Eine Schutzdecke auf dem Lager oder ein spezielles Höschen verhindern Spuren in der Wohnung, Spaziergänge an der Leine und ein wenig Aufmerksamkeit den unerwünschten Kontakt mit Rüden. Wenn Sie Rüde und Hündin zusammen halten wollen, sollten Sie sich vorsorglich um eine Adresse bemühen, wo Sie einen von beiden in dieser Zeit unterbringen können.

Übrigens ist ein gemeinsames Halten von zwei Rüden oder zwei Hündinnen gleich gut möglich. Die vielfach beschworene Unverträglichkeit von Hündinnen untereinander kann bei Windhunden nicht bestätigt werden. Im Gegenteil, in der Regel sind sie gut verträglich und nicht nur zu zweit, sondern auch zu mehreren gut zu halten. Vorteilhaft dabei ist allerdings ein Altersunterschied, so daß den Tieren von vornherein ihre Rangfolge klar ist.

Die Auswahl eines Welpen

Nachdem Sie die Mutter des Wurfes kennengelernt haben und Sie auch über den Deckrüden Bescheid wissen, kommt der Moment der Entscheidung für einen bestimmten Welpen. Ob Sie Ihr Tier ganz nach Ihrem persönlichen Urteil aussuchen, sich auf den Rat des Züchters oder eines erfahrenen Bekannten verlassen, wird von Ihrer eigenen Sachkenntnis abhängen. Es gibt junge Hunde, die das Herz im Sturm erobern, so daß es nichts mehr zu überlegen gibt. Wenn Sie aber vor einem Wurf stehen und nicht wissen, wie Sie es richtig machen sollen, dürfen Sie sich durchaus vom Rat des mit der Rasse vertrauten Züchters leiten lassen.

Ein paar grundsätzliche Dinge können Sie selbst auf den ersten Blick erkennen: Der gesunde Welpe ist kräftig und starkknochig und sieht gut genährt aus, ohne fett zu sein. Ein dicker, aufgetriebener Leib wäre nicht ein Zeichen für gute Ernährung, sondern eher für Verwurmung. Die Vorder- und Hinterläufe sollten parallel zueinander stehen. Das Fell des gesunden Welpen glänzt. Augen, Nase und das Innere der Ohren sind sauber und frei von Ausfluß oder Verkrustungen. Normal entwickelte und rassegerecht aufgezogene Welpen machen einen vitalen, lebensfrohen Eindruck und haben keine Scheu vor Fremden.

Sagen Sie dem Züchter, wenn Sie vorhaben, den Hund später auszustellen oder mit ihm zu züchten, oder was Sie vielleicht an Temperament und sonstigen Eigenschaften bei ihm erwarten. Der gute Züchter hat ein Interesse daran, daß Sie den für Sie passenden Hund bekommen. Er kann aus seiner Kenntnis und den täglichen vergleichenden Beobachtungen bei den Welpen manches besser beurteilen. Er weiß, ob jener Welpe, der sich gerade während Ihres Besuches besonders munter zeigt, auch sonst so lebhaft ist oder nur gerade ausgeschlafen hat, und ob ein anderer vielleicht nur deshalb teilnahmslos erscheint, weil er sich schon ausgetobt hat.

Der Züchter kennt auch die Wachstumsstadien und kann ihre Auswirkungen für später abschätzen. Bei allem Bemühen sollte man sich aber vor Augen halten, daß dies nur Prognosen sind. Im Hund sind Anlagen vorhanden, die erst später zur sichtbaren Ausprägung gelangen, wenn er erwachsen wird. Nachdem man sich bei der Auswahl alle Mühe gegeben hat, muß man letztlich der Natur ihren Teil überlassen.

Preise

Der zu zahlende Kaufpreis sollte erst an letzter Stelle des Verkaufsgesprächs stehen. Rassehundezucht ist teuer, und Windhunde, die nicht Allerweltshunde sind, haben ihren Preis. Die verantwortungsvolle Aufzucht von Hunden, die Zucht an sich mit diversen Ausgaben, bedingt erhebliche Unkosten, die der Züchter berechnen muß. Es gibt Preisunterschiede von Rasse zu Rasse, die auf gewisse Besonderheiten zurückzuführen sind. Die eine Rasse verursacht hohe Futterkosten, die andere ist selten und schwer zu bekommen, die dritte heikel in der Zucht. Ein Welpe aus einwandfreier Zucht kostet immer seinen angemessenen Preis.

Errungene Siegertitel erhöhen natürlich das Prestige des Züchters und sind so etwas wie Bestandteil seiner Visitenkarte. Die Siegertitel sind andererseits dem Züchter nicht kostenlos in den Schoß gefallen, sondern sie sind u. a. ein Zeichen dafür, daß er sich nicht scheute, seine Tiere in Konkurrenz zu stellen, und daß er die hohen finanziellen Aufwendungen nicht sparte, die sich in Verbindung damit ergeben: nämlich durch weite Fahrten und Ausstellungsgebühren für seine Hunde. Dem Nachwuchs von hochprämierten Elterntieren ist ein höherer Preis zuzubilligen als dem von völlig unbekannten Tieren. Die in den Titeln manifestierte Qualität der Stammtiere bietet eine gewisse Sicherheit dafür, daß man auch bei den Jungen qualitätvolle Eigenschaften erwarten kann.

Wie wir uns leicht vorstellen können, ist der billigste Hund nicht in jedem Fall auch der preiswerteste. Man sollte sich auch beim Kaufpreis immer vor Augen halten, daß dieser nur der Anfang in einer Kette von laufenden Ausgaben ist, die den Anschaffungspreis bald bei weitem übertreffen und sich dann noch erheblich ausweiten, wenn man zu Ausstellungen oder zu Windhundrennen fährt.

Haben Sie nicht vor, mit dem Hund zu züchten oder zu Ausstellungen zu gehen, haben Sie ruhig Mut und sagen es dem Züchter. Er wird, wenn echte finanzielle Probleme vorliegen, sicher einen Weg finden, zu gegebener Zeit einen Welpen, zum Beispiel aufgrund kleiner Fehler (Schönheitsfehler), zu einem niedrigeren Preis abzugeben. Ein Fehler aufgrund einer Abweichung vom Rassestandard muß ja nicht bedeuten, daß dieses Tier auf seine Weise als Einzelexemplar nicht auch sehr schön sein könnte. Bei gesundheitlichen Fehlern sollte man jedoch aufpassen. Häufig steht der nachgelassene Preis in keinem Verhältnis zu den nachfolgenden Tierarztkosten.

Das richtige Alter

Im Alter von 8 bis 10 Wochen ist der Welpe in der Regel entwöhnt und hat den ersten Impfschutz erhalten. Er ist bald so selbständig, daß er den heimatlichen Zwinger verlassen kann. Wenn Sie es sich aussuchen können, dann holen Sie Ihren Welpen zwischen der 10. und 12. Woche ab. Dieses Alter bietet die besten Voraussetzungen für seine Umgewöhnung. Aufgeschlossen für alles Neue, fügt er sich besonders leicht in die neuen Verhältnisse ein, läßt sich problemlos mit allem vertraut machen.

Natürlich kommt eine Menge Arbeit auf Sie zu, vor allen Dingen Beaufsichtigung. Eine Person Ihrer Familie sollte den ganzen Tag Zeit haben – besonders am Anfang, wo es um Stubenreinheit geht und um Spiel und Beschäftigung während seiner Aktivitätsphasen. Sie haben eine zwar aufre-

Barsoi-Welpe.

gende, aber schöne Zeit vor sich. Sie haben die Prägung Ihres Hundes in dieser so entscheidenden Phase voll in der Hand, und Sie erleben ihn von seinem reizendsten Welpenalter an.

Würden Sie gerne einen schon größeren Junghund oder einen der erwachsenen Hunde des Züchters nehmen, so ist auch das – bei entsprechend verlaufener Aufzucht im Zwinger – gut möglich. Ein Hund, der in der größeren Hundeschar des Züchters die Nummer soundsoviel war, gewöhnt sich in der Regel relativ leicht daran, der umhegte Mittelpunkt in einer Familie zu sein. Damit dies für beide Teile problemlos abgeht, ist es aber unbedingt notwendig, daß der Hund den menschlichen Umgang gewöhnt ist und vom Züchter von frühester Jugend an regelmäßig mitgenommen wurde in die Wohnung, in die Familie, in die Stadt und zu Autofahrten. Haben Sie Zweifel daran, sollten Sie während eines Probespaziergangs im Freien seine Reaktionen auf die Umwelt testen.

Ein Hund, der nie aus der reizarmen Atmosphäre seines Geheges herausgekommen ist und ohne intensiven menschlichen Kontakt nur unter Hunden groß wurde, wird allerdings, falls überhaupt, nur unter großen Schwierigkeiten zu einem einigermaßen normalen Verhalten finden. Ähnlich sind die Gesichtspunkte bei Übernahme aus Privathand. Es wird sich meistens um erwachsene Tiere handeln, die ihre feste Prägung und Gewohnheiten haben. Man sollte auch hier nicht ohne Mißtrauen vorgehen und die Motive des Verkäufers vor der Kaufentscheidung sorgfältig prüfen. Sie sollten die Möglichkeit nutzen, den Hund vor dem Kauf kennenzulernen. In jedem Fall sollten Sie das Recht der Rückgabe schriftlich vereinbaren, für den Fall, daß der Hund sich nicht eingewöhnt.

Der erwachsene Windhund, der, aus welchen Gründen auch immer, seinen Platz wechseln soll, ist ein guter Hund für ältere Leute, die sich dem Temperament eines jungen Tieres nicht gewachsen fühlen oder glauben, daß sie keine 12 Jahre mehr einem Hund der Herr sein können.

Der Kauf

Beim Kauf schließt der Züchter mit Ihnen einen Kaufvertrag ab, vorzugsweise auf Vordrucken des Zuchtverbandes. Sie erhalten die Ahnentafel des Hundes und den Impfausweis. Für den jungen Welpen (zwischen der 8. und 10. Woche) ist gewöhnlich die Ahnentafel noch nicht verfügbar. Der Züchter wird Ihnen aber auf Wunsch gern die Bescheinigung für die erfolgte Wurfabnahme des Beauftragten des Zuchtverbandes zeigen, die der Eintragung ins Zuchtbuch vorausgeht. Sind die Formalitäten in Ordnung, geht der Züchter gerne auf Ihr Verlangen ein.

Welpen aus einem guten Zwinger sind auch entwurmt. Erkundigen Sie sich nach Zeitpunkt und Medikament und den später bei Ihnen vorzunehmenden Wiederholungsentwurmungen. Lassen Sie sich vom Züchter beschreiben, wie die Welpen gefüttert wurden, und erkundigen Sie sich nach dem Tagesrhythmus, den sie bisher gewohnt waren. Wenn Sie diese Dinge berücksichtigen, wird der Übergang für den Welpen reibungslos verlaufen.

KAPITEL 8
Der Welpe kommt ins Haus

Der kleine Whippet hat sein Kuschelkörbchen angenommen.

Endlich ist es soweit, daß Ihr neuer Hausgenosse bei Ihnen Einzug halten soll. Haben Sie den Zeitpunkt so gewählt, daß Sie zu Hause Ruhe und Gelegenheit haben, sich ihm intensiv zu widmen? Dann steht einem guten Beginn für das gegenseitige Aneinandergewöhnen nichts mehr im Wege. Natürlich holen Sie Ihren Welpen selbst ab, am besten mit dem Auto und in Begleitung einer zweiten Person, so daß einer sich während der ganzen Fahrt um den Hund kümmern kann. Vergessen Sie nicht, Leine und Halsband mitzunehmen. Denken Sie daran, daß er als Übergangslösung nur ein kleines Halsband braucht, das während des Wachstums bestimmt noch einmal erneuert werden muß. Zu Hause bereiten Sie etwas Futter vor, wobei Sie ruhig den Züchter fragen dürfen, was Sie einkaufen sollen.

Nehmen Sie eine Decke für die Fahrt mit. Auch einige saugfähige Tücher, evtl. aus Zellstoff, hat der Welpenbesitzer vorsorglich immer bei sich. Um das Malheur nicht herauszufordern, geht der Welpe mit leerem Magen auf die Reise. Vorsichtiges Fahren mit einigen Pausen zwischendurch und das Gefühl der körperlichen Nähe zur Begleitperson werden dem Welpen dieses einschneidende Erlebnis erleichtern. Je kleiner der Hund ist, desto weniger wird ihn diese Reise beunruhigen. Ist die erste Fahrt angenehm verlaufen, wird das Autofahren auch später problemlos vonstatten gehen.

Vergessen Sie nicht, Ihren Hund zur **Steuer** anzumelden. Auch mit dem Abschluß einer **Haftpflichtver-**

sicherung sollten Sie nicht zögern. Einen Unfall mag man sich zwar nicht vorstellen; Sie sollten aber dafür sorgen, daß ein durch Ihren Hund verursachter Unfall Sie nicht ein Leben lang unglücklich macht.

Unterbringung

Mit dem kleinen Windhund haben Sie ein zusätzliches Familienmitglied aufgenommen. Lassen Sie ihn also dabeisein, wo immer die Familie sich aufhält. Danach richtet sich auch der Standort seines Lagers. Es soll sich an einer geschützten zugfreien Stelle befinden, ohne jemandem im Wege zu sein. Zum anderen soll es aber so liegen, daß das Familiengeschehen nicht fernab verläuft. Seine Leute sollen für den Welpen jederzeit erreichbar sein. Richten Sie ihm ruhig verschiedene Liegeplätze in den Zimmern ein, wo Sie sich gewöhnlich aufhalten. Das hat auch für Sie praktische Vorteile: Sie haben ihn immer unter Kontrolle. Das ist im ersten Lebensjahr ein besonders wichtiger Gesichtspunkt.

An der Frage, wo der Welpe nachts bleiben soll, scheiden sich oft die Gemüter. Verstehen Sie ihn, wenn er auch nachts Ihre Nähe sucht. Das ist nur zu verständlich, denn er ist ja herausgenommen aus der Welpengemeinschaft, in der die Geschwister Körper an Körper, warm und sicher, die Nacht gemeinsam verbrachten. Vielleicht haben Sie einen schon selbständigen Hund erworben, dem es nichts ausmacht, allein zu bleiben. Wenn er aber noch sehr jung und anlehnungsbedürftig ist, wird er gerade nachts besonders unter Einsamkeit leiden. Klagen und Jammern ist dann ein beredter Ausdruck seiner desolaten Stimmung.

Soll man nun vor dem jungen Hundekind die Türen kategorisch verschließen? Damit greifen Sie genaugenommen einer Entwicklung vor, die sich nach einiger Zeit – im Zuge des Selbständig- und Erwachsenwerdens – von selbst vollzieht. Kann der Welpe dagegen auch nachts ein Lager in Ihrer Nähe beziehen, so werden er und damit auch Sie mehr Ruhe haben. Auch das Sauberwerden wird erleichtert, denn Sie hören ja, wenn er sich bemerkbar macht.

Ob Sie einen Korb für ihn kaufen, ein Hundebett basteln oder ihm einen Sessel überlassen, hängt von Ihrem Geschmack ab. Ein Korb, der mit Matratze und waschbarer Decke ausgestattet wird, verleiht durch den Rand rundherum das Gefühl der Geborgenheit. Ideal ist ein speziell für seine (spätere) Größe zugeschnittener Rahmen, montiert auf 15 bis 20 cm hohen Beinen, ausgelegt mit Polster und waschbarem Überzug. Dieses wird geschätzt, da Hunde gerne hoch liegen, und noch angenehmer ist es, wenn eine Umrandung festen Halt verleiht. Auch eine Matratze in einer Ecke stellt ein bequemes Lager dar. Sollte sich Ihr Hund »seinen« Sessel erwählen, so belegen Sie ihn mit einer Decke.

Kalkulieren Sie bei der Wahl seines Lagers ein, daß der junge Hund nur allzugerne dort, wo er lagert, zu knabbern beginnt. Seien Sie darauf gefaßt, daß eine verführerisch weiche Schaumgummiunterlage sich in Minutenschnelle in einen Berg bunter Schnipsel verwandeln kann. Wählen

Sie daher solides widerstandsfähiges Material, das evtl. auch repariert werden kann.

Haben Sie Ihre Wohnung bereits einmal kritisch überprüft, sozusagen mit den Augen des Welpen? Stellen Sie das aus seiner Reichweite, was er auf keinen Fall bekommen sollte. Und lassen Sie ihn niemals da allein, wo er wertvolle Einrichtung beschädigen könnte. Haben Sie auch Ihren Gartenzaun überprüft und »welpensicher« gemacht? Ihr Hund wird Ihnen anderenfalls ganz schnell zeigen, wo die Schwachstellen sind. Sie haben ein wesentlich ruhigeres Gefühl, wenn Sie wissen, daß Ihr Hund im Garten sicher aufgehoben ist.

Wie steht es mit dem **Alleinlassen?** Alleinlassen dürfen Sie den jungen Hund ohnehin in den ersten Lebensmonaten nur kurzfristig. Ein Welpe hat einen natürlichen, angeborenen Folgetrieb; er hält sich immer dicht bei den Seinen auf. Alleinsein kommt da nicht vor und löst eine Urangst bei ihm aus. Zuviel, das sind im Alter bis zum 3. Lebensmonat bereits einige Minuten. Bis zum Alter von einem halben Jahr sollten Herrchen oder Frauchen nicht länger als höchstens 1 Stunde weggehen. Nehmen Sie ihn mit, wenn es irgend geht, oder bleiben Sie zu Hause.

Und wenn er nun wirklich einmal allein bleiben muß? Für diesen Fall lassen Sie ihn an einem Ort, wo er am wenigsten Schaden anrichten kann, z. B. Flur, Küche oder Bad. Üben Sie es, ihn dort kurze Zeit allein hinzusetzen, und versorgen Sie ihn mit Spiel- und Kauzeug zur Beschäftigung. Das Alleinbleiben wird am besten überstanden, wenn es mit der Schlafphase des Welpen übereinstimmt und der Hund sich vorher müde gelaufen hat.

Den erwachsenen Hund kann man an täglich mehrstündiges Alleinbleiben gewöhnen, was aber einen halben Tag nicht überschreiten sollte. Er wird diese Zeit mit Schlafen ausfüllen und seine Aktivität in die übrigen Stunden verlegen.

Eingewöhnung

Der Welpe ist im Alter von 12 Wochen unternehmungslustig und kontaktfreudig. Er bringt alle Voraussetzungen mit, um sich schnell der neuen Familie anzuschließen und sich zu Hause zu fühlen. Daß es für ihn auch ein gutes Zuhause wird, hängt von Ihnen ab. Sie erleichtern ihm die Umgewöhnung, wenn Sie in der ersten Zeit zuviel Wirbel vermeiden und dafür sorgen, daß er nicht erschreckt wird. Zuerst kann es vorkommen, daß er etwas gedämpft und unsicher ist. Vielleicht fehlt ihm auch der Anreiz der Konkurrenz beim Fressen, so daß es so aussieht, als schmecke es ihm nicht. Keine Angst, das Füttern wird sich bald normal einspielen, und Ihr Welpe wird soviel zu sich nehmen, wie er braucht. Die Gewöhnung erfolgt beiderseitig – auch Sie müssen sich ja erst auf ihn einstellen.

Nachdem die erste Befangenheit gewichen ist, werden Sie sich seinem überschäumenden Temperament gegenübersehen. Alles, was Sie in den vorigen Kapiteln über das ruhige Wesen des erwachsenen Windhundes gelesen haben, gilt nicht für den Hund unter einem Jahr und schon gar nicht für den unter sechs Monaten. Das

Hündchen, das mit seinem quadratischen Körperbau und seinen relativ hohen Beinen schon fast wie ein richtiger Hund aussieht, ist momentan noch ein Baby. Bei einem Hundekind, ähnlich wie bei einem Menschenkind im entsprechenden Alter, müssen Sie auf alle Eventualitäten gefaßt sein. Beide bedürfen der gleichen Beaufsichtigung und derselben Vorkehrungsmaßnahmen, wenn sie ihre Umgebung erkunden.

Auch bei Ihrem Hundebaby ist der Rhythmus tagesfüllend: viermal Füttern, ungefähr zehnmal Hinausbringen, wilde Spielstunden und dazwischen lange, wohlverdiente Ruhepausen. Diese Ruhestunden müssen übrigens respektiert werden – auch wenn Kinder in der Familie sind, denen das schwerfällt. Und was Sie nicht vergessen sollten: *nicht aus den Augen lassen!* Wenn es still um ihn geworden ist, so daß Sie seine Anwesenheit vergessen, kann es sein, daß er schläft. Es ist aber auch möglich, daß er sich zurückgezogen hat und in aller Stille die Kappe Ihres Lieblingsschuhs abnagt oder die Beine der Weichgummipuppe, die ein anderes Familienmitglied liegenließ.

Viele Besitzer – und so sollte es im Idealfall sein – freuen sich an der »Kind-Phase« ihres Hundes, können auch über diese oder jene »Missetat« lächeln und nutzen die Zeit, um mit ihrem Hund zusammenzuwachsen.

Ein paar Wochen nach der Ankunft des Kleinen wird sich Ihr Tagesrhythmus, der zunächst völlig durcheinander geraten war, wieder eingependelt haben. Bei Ihnen überwiegt hoffentlich die Freude daran, wie Ihr Hund sich Ihnen anschließt und Mitglied Ihrer Familie wird, die kleinen Unbequemlichkeiten.

Stubenreinheit

Einer der wichtigsten Punkte ist es, daß Ihr neu erworbenes Hundekind stubenrein wird. Das gelingt relativ leicht, wenn der Hund aus einem Zwinger mit Freiauslauf stammt. Er ist dann bereits gewöhnt, seine Bedürfnisse im Freien zu verrichten. Sie müssen ihn nur rechtzeitig nach draußen bringen, und er muß wissen, durch welche Tür er schnell hinausgelangt. In den ersten Tagen wird der junge Welpe während seiner Wach- und Spielphasen mindestens jede Stunde hinausgebracht, eventuell auch öfters. Vor allem aber nach jedem Aufwachen und nach dem Fressen hat der Welpe unweigerlich den Drang, sich zu lösen. Am unruhigen Hin- und Herlaufen und Schnuppern am Boden werden Sie bald erkennen, daß es soweit ist.

Man bleibt unbedingt solange bei dem Welpen im Freien, bis er sein Geschäft verrichtet hat (manche Tierchen sind draußen so abgelenkt, daß sie alles vergessen, oder es ist so kalt, daß sie verhalten und sich erst drinnen im Warmen lösen). Wenn er sein Geschäft draußen verrichtet hat, wird der Welpe tüchtig gelobt und gestreichelt. Sind Sie in den ersten Tagen absolut wachsam und konsequent, wird Ihr Hund schnell erfassen, worauf es ankommt. Allmählich kann der Abstand zwischen den Ausgängen erweitert werden, und nach einiger Zeit macht sich der Welpe bemerkbar, wenn er nach draußen muß.

Ungünstig für ein erfolgreiches Sauberkeitstraining sind weiträumige

Wohnverhältnisse. Hier kann es einem Welpen schnell gelingen, unbemerkt in einer hinteren Ecke vorbeizuspazieren und dort ungesehen sein Geschäft zu verrichten. Sollte er das ein paar Mal erfolgreich praktiziert haben, kommt die Gewöhnung. Von daher ist es günstiger, den Welpen anfänglich in einem begrenzten, gut überschaubaren Raum zu halten.

Sollte es einmal in der Wohnung passiert sein, säubern Sie die Stelle mit Wasser und Seifenlauge. Ein anschließendes Übersprühen mit geruchsbindendem Spray wird den Hund davon abhalten, später die gleiche Stelle aufzusuchen.

Ertappen Sie ihn auf frischer Tat, zeigen Sie ihm durch ein scharfes »Pfui«, daß das nicht gut war. Durch Hinausbringen weisen Sie ihm den richtigen Weg. Finden Sie seine Hinterlassenschaft erst später, beseitigen Sie sie ohne Aufhebens, denn wenn kein unmittelbarer Zusammenhang zur Tat besteht, kann der Hund Ihren Ärger nicht mehr einordnen.

Bedenken Sie immer: Je mehr Zeit und Sorgfalt Sie in der allerersten Zeit für den Welpen und seine Sauberkeitserziehung aufwenden, desto eher ist es geschafft. Wenn Sie ihn allein lassen, kann er nicht sauber werden. Das künftige Verhalten des Welpen ist das Resultat der Bemühungen seiner Besitzerin oder seines Besitzers.

Dieser 10-wöchige Saluki-Welpe hat einen geeigneten Gegenstand zum Knabbern und zur Beschäftigung gefunden: einen Büffelhautknochen.

KAPITEL 9

Die Ernährung

Unzweifelhaft ist die richtige Ernährung eine der wichtigsten Voraussetzungen für Gedeihen und Gesundheit unserer Windhunde. Mit der Fütterung wollen und können wir mehr erreichen, als den Hund nur täglich satt zu machen.

Mit der richtigen Fütterung legen wir im ersten Lebensjahr die Grundlagen für sein gesundes Wachstum und seine artgemäße Entwicklung. Das, was man im ersten Jahr aus ihm macht, das verkörpert er sein ganzes Hundeleben lang. Was in dieser Zeit richtig gemacht wurde, davon wird unser Hund immer profitieren. Was da versäumt wurde, kann man nie mehr nachholen.

Wir wollen einen Windhund heranziehen, der über ein stabiles Skelett und solide Substanz verfügt. Im Ganzen soll er trocken und schlank sein, dabei muskulös an den richtigen Stellen. Deshalb gilt es gleichzeitig, eine Überfütterung, ein »Zuviel des Guten« zu vermeiden, um kein überproportionales Riesenbaby und keinen sogenannten Wohlstandshund herauszufüttern.

Mit der richtigen Fütterung sorgen wir auch für seine Leistungsfähigkeit beim Rennen. Sie macht ihn widerstandsfähig gegen Krankheiten. Er bezieht daraus nicht zuletzt seine Frische bis ins Alter.

Um unseren Windhund richtig zu versorgen, sollten wir uns mit den Grundkenntnissen der Hundeernährung vertraut machen. Hunde sind Laufraubtiere und verfügen über einen entsprechenden Verdauungsapparat: kräftige Zähne und Kieferknochen mit starker Muskulatur, sehr starke Verdauungssäfte, relativ kurzer Darm.

Die Ernährungsgrundlage ist Fleisch. Wenn wir uns an der natürlichen Ernährungsweise der hundeartigen Raubtiere in Freiheit orientieren, so stellen wir fest, daß sie ihre Beutetiere im Ganzen auffressen, mit Haut und Haar, mit Innereien und Gedärmen, ja mitsamt den verwertbaren Knochen. Die Organe sind noch bluthaltig, im Magen und in den Gedärmen der gefressenen Beutetiere befinden sich pflanzliche Nahrungsreste. Auf eine Mahlzeit folgt immer eine ausgedehnte Ruhepause, denn beileibe nicht jeden Tag wird Beute gemacht.

Der domestizierte Hund hat sich der menschlichen Ernährungsweise angepaßt. Doch ist es nach wie vor wichtig, daß der größte Teil seiner Nahrung tierischen und ein kleinerer Teil pflanzlichen Ursprungs ist. Eine gute, ausgewogene Ernährung beinhaltet Eiweiß, Fett, Kohlehydrate, Vitamine und Mineralstoffe.

Bestandteile

Eiweiß (Protein)

Funktion: Aufbau und Erhaltung von Geweben wie Muskeln, Knochen und inneren Organen.
Ursprung: Tierisch oder pflanzlich.

Der Hund hat einen hohen Eiweißbedarf, der bis zu sechsmal größer sein kann als der des Menschen. Als Konsequenz aus dem hohen Bedarf an essentiellen Aminosäuren ergibt sich, daß die biologische Wertigkeit von Eiweiß für die Hundeernährung hoch sein muß.

Die Illustration eines Stundenbuches aus dem 14. Jahrhundert zeigt eine reich gedeckte Bürgertafel. Auch der Windhund erhält seinen Teil. (School of Bering Masters/Grimani Kalender, Brügge.)

Als Haupteiweißlieferant kommt Fleisch in Frage. Es soll ca. $^2/_3$ der Nahrung des erwachsenen, aktiven Windhundes ausmachen. Zur Verfütterung bieten sich an: Ochsen- und Rindfleisch, Wild (nicht zu oft, wegen der Strahlenbelastung), Schaf- und Ziegenfleisch, Hase und Kaninchen, Huhn oder auch Fisch. Schweinefleisch, falls überhaupt, nur in Maßen und unbedingt gut gekocht (durch rohes Schweinefleisch kann die Aujeszky'sche Krankheit auf den Hund übertragen werden, die nach wenigen Tagen zum Tod führt).

Es wird nicht nur Muskelfleisch verfüttert, Innereien dürfen $^1/_3$ der Fleischportion ausmachen. Leber (die immer hitzebehandelt werden sollte) und Herz sollten nicht jeden Tag gefüttert werden. Daneben ist zu bedenken, daß die als Entgiftungsorgane bekannten Innereien (Leber und Niere) eventuell mit Rückständen belastet sind.

Daneben kommen noch Schlachtabfälle in Betracht, wie zum Beispiel Schlund und Ohren, die knorpelige Substanzen liefern, Euter und der Pansen mit seinem weißen Fleisch und andere. Blättermagen ist in ungereinigtem Zustand besonders wertvoll, da er vorverdaute pflanzliche Nahrung als natürliche Vitamin- und Kohlehydratquelle enthält.

Wenn man Fleisch in natürlicher Form, also roh, verfüttert, bleiben die darin enthaltenen Vitamine und Mineralstoffe erhalten.

Weitere hochwertige Eiweißlieferanten sind Milch und Milchprodukte (Käse, Quark) sowie Eier (nur das Eigelb darf roh verfüttert werden!). Da erwachsene Hunde Milch nicht mehr entsprechend verdauen können, sollte man sie durch Quarkprodukte ersetzen. Auf der Basis von Quark kann man sogar solche Hunde ausreichend ernähren, die aus Diätgründen kein Fleisch vertragen.

Pflanzliches Eiweiß enthalten u. a. Haferflocken, Weizenflocken, Reis, Vollkornbrot, Sojamehl.

Fett

Funktion: Fett ist langfristig wichtigste Energiequelle; es fördert die Assimilation von fettlöslichen Vitaminen (A, D, E und K), schützt gegen Kälte, schützt empfindliche Organe, gibt ein gesundes Fell und erhöht die Schmackhaftigkeit der Nahrung.
Ursprung: Tierisch und pflanzlich.

Jede Hundenahrung, die weniger als 5 bis 10 % Fett enthält, ist unzureichend. Nahrungsfett ist der wichtigste Energielieferant. Ein Hund, der große körperliche Dauerleistungen vollbringt, kann dreimal soviel Fett verwerten wie ein Normalhund. Im Winter, falls der Hund außerhalb des Hauses kälteren Temperaturen ausgesetzt ist, ist der Fettbedarf größer als im Sommer. Für heranwachsende Hunde ist ein ausreichender Fettanteil wichtig. Die Muttermilch des Hundes hat mit ca. 8 % beispielsweise einen wesentlich höheren Fettgehalt als die der Kuh und ist nährstoffreicher.

Kohlehydrate

Funktion: Energiequelle (kurzfristig) und Lieferant von Rohfasern (Ballaststoffen).
Ursprung: Nur pflanzlich.

Kohlehydrate sind eine relativ billige Energiequelle. In der Natur kommen sie in größeren Mengen in den Pflanzen vor, ebenso in Produkten daraus: in Mehl, Brot, Reis, Teigwaren.

Da das Verdauungssystem des Hundes pflanzliche Nahrung (im Gegensatz zu tierischer) nicht besonders ausnutzen kann, muß sie vor der Verfütterung gut vorbehandelt werden, sei es durch starkes Zerkleinern, Kochen, Brühen oder Backen.

Als wichtigstes Beifutter dienen Körnerfrüchte wie Hafer, Weizen und auch Gerste sowie Reis. Wesentlich ist, daß es sich um Vollkornprodukte handelt, die notwendige Mineralsalze und Vitamine enthalten. Reis wird gargekocht, Getreide in Flocken gepreßt. Verschiedene Markenfirmen bieten Getreide- und Gemüseflocken nach Spezialverfahren aufgeschlossen und gut verdaulich an oder verbacken die verschiedenen Getreidearten in Hundekuchen. Vollkornbrot kommt ebenfalls in Frage. Brot soll nie frisch, sondern altbacken verfüttert werden.

Gemüse, Kräuter und evtl. Obst werden in kleinen Mengen zugefüttert. Gemüse wird kurz (5 bis 10 Minuten) in wenig Wasser gekocht oder gedämpft. Beides, Gemüse und Kochflüssigkeit, findet Verwendung. Oder man zerkleinert wenig rohes Gemüse, Kräuter und Obst sehr fein, zum Beispiel durch Pürieren im Mixer. Gedünstetes Gemüse hat den Vorteil, daß dem Hund bei seiner überwiegend säurebildenden Eiweißnahrung ein alkalisches (basenbildendes) Gleichgewicht gegeben wird. Obst bewirkt das gleiche. Man kann dadurch verhindern, daß der Hund ein basisches Gleichgewicht mit Fressen von Aas, Kot oder dergleichen zu erreichen versucht, die ebenfalls stark alkalisch sind. Zu beachten ist, daß durch langes Kochen des Gemüses der gewünschte Effekt zunichte gemacht, ja ins Gegenteil verkehrt wird.

In Frage kommen praktisch alle vom Menschen genossenen Gemüse und Salate, z. B. Spinat, Karotten, Lauch, Salatbohnen, Zwiebeln, Sellerie usw. (Kohl und Hülsenfrüchte sind weniger geeignet); an Kräutern Brunnenkresse, Petersilie, Löwenzahn, Brennesselspitzen, Sellerieblätter, Knoblauch und ähnliches.

An Obst können Früchte (z. B. Bananen, Orangen, Tomaten, Birnen, Äpfel usw.) und Beeren angeboten werden, wenn der Hund sie mag. Vorsicht bei Steinobst, Kerne entfernen! Besonders gefährlich sind Pfirsichkerne. Gedörrte Früchte kann man fein geschnitten unter die Nahrung geben. In pulverisierter Form werden Zusätze wie Kräutermischungen, Knoblauch, Baumrinde und Seetang von verschiedenen Spezialfirmen angeboten.

Mineralstoffe und Spurenelemente

Funktion: Sie fördern die gesunde Entwicklung von Knochen, Zähnen und Fell und helfen bei der Regulierung der Körperflüssigkeit.
Ursprung: Tierisch, pflanzlich und mineralisch.

Vitamine

Funktion: Vitamine erhöhen die Widerstandsfähigkeit und unterstützen die Regulierung des Stoffwechsels.
Ursprung: Tierisch oder pflanzlich.

Mineralstoffe, Spurenelemente und Vitamine gehören neben Proteinen, Kohlehydraten und Fetten zu den notwendigen Bestandteilen der Kost. Die Mineralstoffe werden für den Aufbau und die Widerstandsfähigkeit des Skeletts benötigt. Im Wachstum, während der Trächtigkeit und Säugeperiode besteht ein besonders großer Bedarf an Calcium und Phosphor, aber auch ein erwachsener Hund muß seinen Erhaltungsbedarf decken. Fleisch pur kann zwar Eiweiß und Fett in ausreichender Menge enthalten, jedoch schon der Phosphorgehalt ist nicht mehr ausreichend, und der Anteil an Calcium ist absolut minimal und völlig unzureichend. In natürlicher Form können diese fehlenden Stoffe mit weichen Kalbsknochen und Knorpelfleisch, Knochenmehl oder Knochenbrühe aufgenommen werden (Rinder- und Schweineknochen sowie Geflügelröhrenknochen sind zu meiden).

Üblich und unbedingt empfehlenswert ist es, bei selbst zubereiteten Fleischmahlzeiten zur Calciumversorgung ein handelsübliches Mineralpräparat beizufüttern. Gute Marken-Mineralstoffmischungen enthalten neben Calcium und Phosphor u. a. Spurenelemente und Vitamine, so daß der gesamte Bedarf des Tieres abgedeckt ist. Legt man bei der Fütterung ein Mischungsverhältnis von $^2/_3$ Fleisch und $^1/_3$ Hundeflocken bzw. gekochtem Vollkornreis zugrunde, sollte ein Mineralpräparat mit einem ungefähren Calcium-Phosphor-Verhältnis von 2,5 : 1 gewählt werden. Für eine gute Fellentwicklung kann etwas Bierhefe beigefüttert werden.

Ein abwechslungsreich ernährter, gut gedeihender Hund braucht darüber hinaus in der Regel keine weitere

Zufuhr an Vitaminen. Er kann seinen Vitaminbedarf aus rohem Fleisch, speziell den Innereien, aus Vollkorngetreideprodukten, Gemüse und Obst decken. Ein Zuviel kann einen Schaden anrichten, der größer ist als der, den man beheben wollte.

Fertigfutter

Wer in der wichtigen Zeit der Aufzucht seines Hundes und auch später kein Risiko eingehen und Fehler vermeiden will, die aus einer unrichtigen Zusammenstellung von Fleisch, Kohlehydraten, Mineralstoffen und Vitaminen resultieren, verwendet am besten Fertigfutter.

Fertigfutter bieten enorme Vorteile: Die Produkte von Markenfirmen sind nach wissenschaftlichen Erkenntnissen entwickelt worden und bieten durch ihre ernährungsphysiologisch ausgewogene Mischung vieler verschiedener Rohmaterialien dem Hund alle Nährstoffe, die er zum Wachstum oder zur Erhaltung benötigt.

Die Hygiene ist ebenfalls ein gewichtiges Argument für das Fertigfutter, denn man kann sich darauf verlassen, daß möglicherweise im Fleisch vorhandene Krankheitserreger oder Parasiten bei der Herstellung unschädlich gemacht werden. Zudem werden Vitamine durch die modernen Konservierungsstoffe weniger geschädigt als durch haushaltsübliches Kochen.

Ein weiteres Plus ist natürlich die Arbeitsersparnis, die sich daraus ergibt, daß man nur eine Dose oder Packung öffnen oder ein Trockenfutter rechtzeitig anfeuchten muß. Angenehm ist zudem die praktische Vorratshaltung. Und auf Reisen ist Fertigfutter sowieso die einfachste Lösung.

Zu unterscheiden ist zwischen »Vollnahrung« oder »Alleinfutter« (das bedeutet die komplette Mahlzeit, die sämtliche für die Hundeernährung erforderlichen Bestandteile einschließlich Kohlehydraten, Vitaminen und Mineralstoffen enthält) und solchen Produkten, die nur als Beifutter dienen. Das Etikett und die Inhaltsangabe müssen also genau gelesen werden.

Dosenfutter wird entweder als Vollnahrung oder als Fleischnahrung angeboten (bei letzterer müssen die pflanzlichen Anteile zugefüttert werden).

Bei den diversen im Handel befindlichen **Trockenfuttersorten** und bei der sogenannten **Halbfeuchtnahrung** handelt es sich um Vollnahrung. Man kann Trockenfutter entweder mit Wasser vermischen und aufquellen lassen oder trocken verfüttern; im letzteren Fall muß stets ausreichend Wasser in einer separaten Schüssel zur Verfügung stehen.

Die Grundlage der **Hundekuchen** bilden dagegen in erster Linie verschiedene Getreidearten; daneben sind oft auch Fleisch- oder Fischmehl, Blut, evtl. Gemüse und bei guten Produkten auch Mineralstoffe enthalten. Für Welpen gibt es spezielle Biskuits mit Zusätzen von Milchpulver. Da Hundekuchen in der Regel einen hohen Kohlehydratanteil haben, sind sie ausschließlich als Beifutter zu einer fleischlichen, eiweißreichen Grundnahrung zu verwenden.

Besonders vorteilhaft ist, daß Markenfirmen Futterprogramme für jeden Zweck entwickelt haben. Man kann das für den eigenen Hund jeweils passende Futter auswählen – vom Welpenaufzuchtfutter über das Erwachsenenfutter bis hin zum Leistungsfutter. Die Tabelle zeigt, wie der Protein- und der Fettgehalt den jeweiligen Bedürfnissen angepaßt sind (was bei den übrigen Inhaltsstoffen natürlich im gleichen Maß der Fall ist).

Fertigfutter hat eigentlich nur einen Nachteil: Weil alles gekocht und zerkleinert ist, werden Gebiß, Magen und Darm des Hundes kaum beansprucht. Zur Zahnpflege und Gebiß-Kräftigung kann man aber Kauknochen geben.

Zusammensetzung von Hundevollnahrung

Art des Futters	Rohproteingehalt	Rohfettgehalt
Welpennahrung (von ca. 8 Wochen bis 8 Monate)	32%	10–20%
Aufzuchtfutter für große Rassen (von ca. 8 Wochen bis 18 Monate)	36%	12–20%
Juniornahrung (in der Endphase des Wachstums)	28%	8–18%
Vollfutter für erwachsene Hunde	20–26%	6–16%
Leistungsfutter (zu Zucht und Sport)	27–30%	9–20%

Grundregeln für die Fütterung

Ohne Energie läuft gar nichts. Doch mit zuviel Energie kann auch ein Hund vor Kraft kaum laufen. Auf die richtige Menge kommt es an.

Für Hunde ist von Bedeutung, daß der Energiebedarf mit zunehmender Körpergröße relativ abnimmt. Das heißt, daß beispielsweise ein Hund mit dem vierzigfachen Gewicht (80 kg) eines kleines Hundes (2 kg) nur etwa den 15fachen Energiebedarf hat.

Der Energiebedarf des jungen Hundes ist, bezogen auf sein Gewicht, sehr hoch. Er benötigt im Durchschnitt doppelt so viel Energie pro kg Körpergewicht wie ein ausgewachsener Hund. Bei einer säugenden Hündin erhöht sich der Energiebedarf auf das Dreifache.

Dennoch kann man hinsichtlich der Futtermenge keine genauen Normen aufstellen – schon allein wegen der unterschiedlichen Größe der Windhundrassen. Hinzu kommt, daß manche Hunde gute, andere schlechte Futterverwerter sind. Auch die Jahreszeit spielt eine Rolle. Bei heißem Wetter ist kein großer Appetit vorhanden. Im Winter dagegen bestehen, besonders bei längerem Aufenthalt im Freien, höhere Bedürfnisse, sowohl hinsichtlich der Menge als auch des Nährstoff- und Fettgehaltes. Der Hund, der viel Bewegung hat, wird mehr zu sich nehmen als derjenige mit wenig Auslauf.

Für das Wachstum ist wichtig, daß ausreichend, aber nicht zu hochwertig und zu üppig gefüttert wird. Während die früher gefürchtete Rachitis im Zeitalter der Fertigfuttermittel nahezu ausgestorben ist, treten heute eher Erkrankungen durch ein Zuviel an wohlgemeinten Vitamin-Mineral-Zusätzen und sogenannten Aufbaupräparaten auf. Man vermutet, daß im Wachstum auftretende Knorpeldefekte in den Gelenken und Knochendeformationen auch mit der hohen Energiezufuhr der »Wohlstandsfütterung« zu tun haben.

Wenn junge Hunde zu schnell in die Höhe schießen und dabei gar noch ein zu hohes Gewicht erreichen, kann der Aufbau des Skelettes nicht mithalten. Die Proteinzufuhr und die Zusätze müssen daher unbedingt der Rassengröße angepaßt werden. Da die Welpen großwüchsiger Rassen besonders gefährdet sind, sollten ihre Besitzer den Futterplan ihres Welpen unbedingt mit dem erfahrenen Züchter abstimmen und sorgfältig einhalten.

Es liegt im Ermessen des Windhundbesitzers, der seinen Hund beobachtet und seine Gewohnheiten kennt, wie hoch die tägliche Ration auszufallen hat und wie sie beschaffen sein soll. Er kann durch gesteigerte Protein- und Kohlehydratanteile in der Nahrung selbst dazu beitragen, bei einem Rennhund die Voraussetzungen für hohe Leistungen zu schaffen. Gleichermaßen kann er aber durch Verabreichung einer wohlabgestimmten Gemischtkost mit einem niedrigeren Proteinanteil dazu beitragen, jenen Hund schlank zu halten, der nicht zu großen Laufeinsätzen kommt. Für Zuchthündinnen gilt, daß verdauliche Kohlehydrate die Hauptenergiequelle für die Entwicklung der Föten bilden und auch während der Zeit der Milchbildung von großer Bedeutung sind.

Einen Anhaltspunkt mag folgende Rechnung bieten: Bei 10 kg Körpergewicht bekommt ein ausgewachsenes Tier ca. 650 g Futter, bei 20 kg etwa 1 kg, bei 50 kg etwa 2 kg täglich. Die Futtermenge besteht dann zu $^2/_3$ aus Fleisch und zu $^1/_3$ aus pflanzlichen Nährmitteln, wenn es sich um einen normalen aktiven Windhund handelt, der gute Auslaufmöglichkeiten hat bzw. die Rennbahn besucht. In Ruhepausen oder bei inaktiven Hunden könnte das Verhältnis von Fleisch zu pflanzlicher Beikost dann beispielsweise $^1/_2$ zu $^1/_2$ betragen, evtl. sogar $^1/_3$ zu $^2/_3$. Lassen Sie aber in jedem Fall individuellen Spielraum und richten Sie sich weniger nach der Waage als nach dem sichtbaren Gedeihen Ihres Hundes.

Für selbst zubereitete Mahlzeiten gilt: Das rohe Fleisch wird nie ganz

Die Welpen eines Wurfes fressen gemeinsam aus großen Futterbehältern. In diesem Alter brauchen sie noch 4 Mahlzeiten täglich.

frisch, sondern abgelagert verfüttert. Der Geruch gereiften Fleisches stört den Hund nicht. Wichtig ist, daß die Aufbewahrung unter Luftzufuhr erfolgt. Zur Vorratshaltung bietet sich die Gefriertruhe an.

Die Fleischbrocken sollen der Größe des Hundes angemessen sein, so daß er etwas zu beißen hat. Beigaben von Knorpelteilen und Haut mit Fell regen die Verdauung an. Hundefutterhandlungen und Supermärkte bieten das Futterfleisch oftmals schon zerkleinert, portioniert und tiefgefroren an, so daß es nur in die eigene Truhe umzulagern ist. Das Futter wird niemals kühlschrankkalt, sondern zumindest mit Zimmertemperatur gereicht.

Generell paßt Milch zu einer Mahlzeit auf Getreidebasis (Hundeflocken oder gekochter Haferbrei), es sollten aber nicht Milchprodukte und Fleisch kombiniert werden. Zur Kombination mit Fleisch sind Reis und Gemüse gut geeignet, genauso die handelsüblichen Hundeflocken auf Getreide-/Gemüsebasis oder auch Nudeln.

Eine mit Hundeflocken und Mineralstoffen fertig angerührte Fleischmahlzeit muß sofort verfüttert werden, da sie sonst schnell sauer wird und verdirbt.

Nicht Verzehrtes räumt man weg. Wenn den ganzen Tag die gefüllte Schüssel herumsteht, erzieht man schlechte Fresser.

Beispiel für einen Futterplan

Der Welpe erhält von der Entwöhnung an bis zum Alter von vier Monaten täglich vier Mahlzeiten, die von der Grundbeschaffenheit her ungefähr folgendermaßen aussehen können:

Morgens: Milch oder Quark, verrührt mit Hundeflocken. Dreimal in der Woche ein rohes Eigelb. (Dazu evtl. nach Belieben etwas feingeriebenen Apfel oder Bananenmus oder 1 Teelöffel Obstessig, 1 Teelöffel Pflanzenöl und 1 Teelöffel Honig zum Süßen.)

Mittags: Rohes Fleisch mit zugegebenen Mineralstoffen oder Trokken-Fertigfutter oder Welpennahrung aus der Dose.

Nachmittags: Wie morgens, aber ohne Ei, oder Milch und Vollkornbrot mit Butter oder Hundekuchen.

Abends: Rohes Fleisch mit leicht gedünstetem Gemüse und Reis bzw. Hundeflocken, dazu Mineralstoffe.

Bei der Menge des zuzufütternden Mineralstoffgemisches richtet man sich nach den Angaben der Hersteller, berücksichtigt aber bei der Berechnung, daß eventuelle Fertigfuttermahlzeiten bereits komplett abgedeckt sind und die Tagesmenge sich dadurch anteilsmäßig verringern kann.

Mit vier Monaten reduziert man auf drei Mahlzeiten, wobei eine der Milchfütterungen wegfällt.

Nach sieben Monaten geht man zu zwei Mahlzeiten über, so daß morgens Getreideprodukte und abends Fleisch gereicht werden.

Man kann dies später beibehalten oder aber beim voll erwachsenen Hund auf eine Mahlzeit täglich übergehen, die dann aus Fleisch und Reis plus Gemüse bzw. Getreide-Gemüseflocken und Mineralstoffzusatz oder aus Fertigfutter bestehen kann.

Will man die Ernährung auf Fertigfutter abstellen, so kann man sie anfangs auch mit Milchmahlzeiten kombinieren. Auch bei einem reinen Fertignahrungsangebot sollte man an Abwechslung und an verschiedene Geschmacksrichtungen denken.

In Angleichung an die Bedingungen in der Natur soll der über sechs Monate alte Welpe einen halben Tag wöchentlich fasten. Der erwachsene Hund fastet einen ganzen Tag in der Woche.

KAPITEL

10

Was ein junger Windhund lernen soll

Der Welpe wird von den Alttieren zu einem respektvollen, brauchbaren Rudelmitglied erzogen. Hier lernt ein junger Barsoi Überlegenheit kennen und übt die Unterwerfungshaltung ein, die ihn vor allen ernsthaften Zugriffen schützt.

Daß wir einen Windhund keiner Dressur unterwerfen und grundsätzlich eine Portion Individualismus bei ihm akzeptieren, das sollte bereits zu Beginn dieses Buches deutlich geworden sein. Dennoch sollen und müssen wir die Jugendzeit unseres Windhundes dazu nutzen, ihn zu einem angenehmen, integrierten Mitglied unserer Familie zu machen. Die Erziehung besteht nicht aus Befehl und Gehorsam. Erziehung in einer Partnerschaft von Mensch und Hund heißt, sich dem Partner Hund so verständlich zu machen, daß man damit die gewünschte Verhaltensweise erreicht.

Allgemeines zum Lernprozeß

Auch unter natürlichen Bedingungen wird der junge Hund bereits ab dem frühen Alter von acht Wochen zu einem brauchbaren Glied des Hunderudels erzogen. Wenn wir persönlich das Verhalten unserer Sloughis, die in einer Gruppe aus Tieren jeden Alters zusammenleben und ein großes Naturterrain zur Verfügung haben, beobachten, lassen sich daraus verschiedene Erkenntnisse beispielhaft ableiten: Im Rudel herrscht ein festes Gefüge, und der Welpe lernt bald, sich in diese Ordnung einzupassen. Es gibt Autorität und Disziplin, die vom Rudelchef täglich ausgeübt werden, und entsprechende Rituale und Handlungen zwischen ranghöheren und rangniederen Tieren. Es gibt Tabus dergestalt, daß das Kauholz oder Ähnliches des führendes Tieres nicht angerührt werden darf. Dagegen kann der Rudelchef von jedem Tier das Abgeben seines Beutestücks verlangen, was in regelmäßigen Abständen durchgespielt wird. Das ranghöhere Tier veranlaßt das rangniedere zum Freimachen eines begehrten Platzes. Sind die Positionen einmal abgeklärt, genügt ein Blick oder ein leichtes Knurren als unmißverständliche Aufforderung.

Dabei gibt es viel Spaß miteinander; Spiel, das dem Kräftemessen dient, Spiel als soziale Kontaktpflege, wenn beispielsweise das ranghöhere Tier das rangniedere gezielt dazu auffordert, oder Spiel mit erzieherischem Effekt, wie das rauhe, eindeutig zweckgerichtete Spiel der Mutter mit ihren gerade lauffähigen Kindern. In dieser ersten Übung lernen die Welpen bereits Überlegenheit kennen. Sie üben Unterwerfung unter die Mutter und rechtzeitiges Aufgeben und Dekkungsuchen.

Wenn ein älteres Tier einen Welpen maßregelt, erfolgt eine kurze aber energische Korrektur, wobei das Alttier selbst wie unbeteiligt erscheint. Der Welpe bringt so sein Tun und die Folgen unmittelbar in Verbindung und lernt daraus. Wir können daraus für unsere eigenen Erziehungsversuche ableiten, daß eine solche Aktion nur Sinn hat, wenn die Konsequenzen den Welpen im Moment der »Untat« ereilen. Wenn der Welpe einen schreienden, tobenden Besitzer erlebt, der sich erst später über ein entdecktes Malheur aufregt, wird ihm dieser Mensch verleidet, weil er ihn nicht versteht.

Es ist ein erheblicher Lern- und Erziehungsprozeß, bis aus dem vorwitzigen, unbekümmerten Jungwelpen ein respektvolles, seine Grenzen kennendes und die Regeln anerkennendes Rudelmitglied geworden ist. Das Jungtier fühlt sich wohl in dieser Ordnung. Sein freudig-respektvolles Verhalten den älteren Tieren gegenüber zeigt es deutlich. Dafür, daß es sich eingliedert, genießt es Geborgenheit und die Gemeinschaft des Rudels. Es wird mit ihm gespielt, es wird gepflegt und betreut von den älteren Angehörigen der Sippe. Es darf sogar einen gemeinschaftlichen Schlafplatz beziehen.

Warum sollten wir nicht aus dem natürlichen Verhalten der Hunde untereinander Anregungen beziehen für ein normales, unkompliziertes Miteinander mit unserem Hund?

Das, was er bereits beim Züchter gelernt haben muß, ist der selbstverständliche Umgang mit Menschen. Die sogenannte Prägung auf den Menschen erfolgt ab der 3. Lebenswoche.

Das, was der junge Windhund bei Ihnen im neuen Zuhause lernen soll, ist,

- daß Sie von übergeordneter Stellung sind,
- daß Sie ihm etwas verbieten können,
- daß Sie ihn zu etwas auffordern können, vor allem dazu, daß er kommt.

Darüber hinaus sollten Sie ihm ermöglichen, einen normalen Umgang mit anderen Hunden einzuüben bzw. weiter zu pflegen, und Sie sollten ihn gezielt in die Umwelt einführen.

Spiel

Ein Welpe wird täglich noch viele Stunden verschlafen. Sobald er jedoch aufwacht, verwandelt er sich in ein Energiebündel, voller Spiel- und Bewegungsdrang. Seinem Bedürfnis zu rennen und zu springen sollte er am besten im Freien nachkommen, im Garten oder auf einem geeigneten Gelände, wo er gefahrlos frei laufen kann.

Die Hundegeschwister spielen miteinander, indem sie ihre Kräfte messen. Sie jagen sich, sie packen und ziehen sich und machen Ringkämpfe, was ihnen nicht sonderlich weh tut. Spielpartner für Ihren Hund sind jetzt Sie! Sollten Sie anfänglich ab und zu die spitzen Zähnchen Ihres Hundekindes zu spüren bekommen, denken Sie daran, daß es das keineswegs böse meint oder Sie verletzen will. Es hat nur noch nicht das richtige Maß. Respektlosigkeit beim Spiel brauchen Sie aber nicht zu dulden. Wenn Ihr Hund im Eifer allzu fest zubeißt oder Kinder zu heftig anspringt, sollten Sie abbrechen. Er wird sich das merken. Funktionieren Sie das Spiel um: Halten Sie ein Holz oder einen Lappen für ihn fest, um den er spielerisch zerrend mit Ihnen balgen kann. Geben Sie ihm weitere Spielimpulse.

Ein kleines Kind und einen Welpen lassen Sie niemals ohne Aufsicht miteinander spielen, denn die Möglichkeiten, sich gegenseitig wehzutun, sind zu vielfältig. Auch wenn es noch so niedlich aussieht, die Harmonie ist schnell gefährdet. Da der Hund sehr viel rascher größer und »vernünfti-

Auch ein erwachsener, souveräner Rüde geht noch auf die Spielwünsche eines Welpen ein. Das demonstrieren hier ein Sloughi-Rüde und ein Azawakh-Welpe. Beim fröhlichen Toben lernt der Kleine irgendwann auch seine Grenzen kennen.

ger« wird, wird man auf die Dauer den Schutz mehr zugunsten des Hundes ausüben müssen. Auch wenn ein Hund noch so gutmütig ist, kann es vorkommen, daß er instinktiv eine heftige Abwehrreaktion ausführt, besonders wenn ihm das Kind während des Tiefschlafs einen plötzlichen Schreck oder Schmerz zufügt.

Das vorbereitende Spiel für die spätere Rennlaufbahn Ihres jungen Windhundes ist, einen Lappen an eine Schnur zu binden und vor ihm herzuziehen. Er wird mit Begeisterung das Nachlaufen und Fangen üben. Wie bei allem gilt auch hier: nicht übertreiben.

Der Welpe darf spielerisch bereits erfahren, wer der psychisch und physisch Überlegene ist – wobei natürlich auch seine »Erfolgserlebnisse« nicht zu kurz kommen dürfen, zum Beispiel das Erbeuten des Gegenstandes, um den gerangelt wurde.

Durch Spiel und gemeinsames Unternehmen wächst die Bindung zwischen Ihnen und Ihrem Hund. Diese Bindung und die Gewohnheit des gemeinsamen Tuns ist auch die Grundlage für jede spätere Lernübung.

Welpenart ist es auch, die Umwelt mit den Zähnchen »zu erfassen«. Diese sind seine Greifwerkzeuge, ähnlich flink wie die Hände eines kleines Kindes auf Entdeckungsreise. Der Welpe beknabbert Dinge einmal als Kiefertraining, dann aus Neugier, alles zu testen, oder er zerstört aus Langeweile.

Für seinen spielerischen Knabberdrang sollten Sie immer geeignetes Material bereithalten, z. B. Lebensmittelkartons (wegen der ungiftigen Farben) zum Zerreißen (das hat einen Rieseneffekt und macht viel Spaß), Kauknochen aus Büffelhaut, einfache Holzstücke, einen großen Fleischknochen, mit dem er sich lange beschäftigen kann, oder einen Kalbsknochen zum Aufraspeln. Auf diese Weise vermeiden Sie, daß er sich langweilt und sich unerwünschte Gegenstände zum Zerbeißen vornimmt.

Umwelt kennenlernen

Wenn Sie einen Hund heranziehen wollen, der wach und interessiert ist, der gelassen auf die verschiedenen Umwelteinflüsse reagiert, so lassen Sie ihn rechtzeitig viel Neues kennenlernen. Sein erweitertes Umweltbild entsteht aus den Eindrücken, die Sie ihm bereits in den ersten Monaten vermitteln.

Während der Welpe unter drei Monaten sein Zuhause und dessen Umfeld freiwillig noch gar nicht gerne verlassen möchte, wird er mit vier Monaten schon unternehmungslustiger. Lassen Sie ihn hin und wieder schon einmal an der Leine eine belebtere Straße entlangspazieren. Machen Sie ihn langsam mit den Verkehrsgeräuschen und dem Leben und Treiben in der Stadt bekannt. Führen Sie ihn in ein Geschäft und fahren Sie mit ihm eventuell einmal in einem städtischen Verkehrsmittel, wenn das für ihn später wichtig sein sollte. Einige gezielte Erlebnisse im richtigen Alter erfüllen ihren Zweck und führen zu dem gewünschten Erfolg.

Ihr Welpe soll auch Verbindung zu anderen Hunden aufnehmen können, wenn Ihnen solche begegnen. Natür-

Ihren ersten Ausgang an der Leine unternehmen hier zwei Greyhound-Welpen. Auf einer ruhigen, sonnenbeschienenen Wiese geht das auch recht zwanglos und angenehm vonstatten.

lich vergewissern Sie sich vorher, daß es sich um freundliche, wesenssichere Tiere handelt. Wenn Ihr kleiner Hund aus einer Zuchtstätte stammt, wo er in Kontakt mit erwachsenen Tieren aufwuchs, kommt ihm das zugute. Ansonsten müssen Sie insbesondere die Zeit zwischen seiner 8. und 12. Lebenswoche zu Spielbegegnungen mit anderen Hunden nutzen, denn nur in dieser Phase kann der Welpe die Besonderheiten im Sozialverhalten gegenüber anderen Artgenossen lernen.

Erlauben Sie ruhig anderen Leuten, ihn anzufassen. Hier kann er in seiner Jugend nicht genug positive Erlebnisse sammeln. Die Fähigkeit zu unterscheiden und eine natürliche Zurückhaltung bilden sich in aller Regel im Laufe des Erwachsenwerdens von selbst aus.

In der Natur kämen die Jungtiere ab fünf Monaten in die sogenannte Rudelordnungsphase: Sie werden nun vom Rudelführer zu Unternehmungen mitgenommen und in neue Gebiete eingeführt. Allerdings werden sie jetzt auch im Wesen kritischer und vorsichtiger bei möglichen Gefahren. Während sie sich vorher unter dem Schutz der Eltern auf ihren festen, sozusagen bewachten Spielplätzen ganz sicher fühlen konnten, ahnen sie nun instinktiv, daß sie auf der Hut sein müssen. Anklänge an dieses wölfische Urverhalten werden manche Besitzer vielleicht auch bei ihrem halbjährigen Hund feststellen.

Wer früh Verbindung zu anderen Hunden aufnehmen kann, hat später keine Verständigungsprobleme. Hier lernt ein kleiner Glatthaariger einen großen Rauhhaarigen aus der Nähe kennen.

Gewöhnen Sie den Welpen auch an das Autofahren. Das Auto sollte so etwas wie das zweite Heim Ihres Windhundes werden. Besonders wenn es ihm übel wird und er nach der ersten Erfahrung das Auto meidet, sollten Sie ihn regelmäßig auf kurze Fahrten mitnehmen. Nur die Gewöhnung wird Abhilfe schaffen. Autofahren ist etwas, was der Hund lernen kann und lernen muß, wenn er Sie begleiten will. Lassen Sie ihn einfach auch zeitweise im Auto sitzen, ohne daß gefahren wird. Vor allem, wenn er merkt, daß am Ende der Fahrt ein erfreuliches Erlebnis wartet, zum Beispiel ein Spaziergang oder die Rennbahn, nehmen auch von Mal zu Mal die Übelkeitserscheinungen ab. Der

Diesen beiden Welpen ist das Autofahren schon etwas Selbstverständliches geworden. Souverän und sicher schauen die zwei Sloughis aus dem angenehm gepolsterten und hundegemäß gesicherten hinteren Teil »ihres« Kombis.

Hund wird zum Schluß ein souveräner Autofahrer.

Würden Sie Ihren Hund in seiner frühen Jugend dagegen im eigenen Haus und Garten vor allem Fremden abschirmen oder es versäumen, die entsprechenden Übungen rechtzeitig zu unternehmen, dürfen Sie sich nicht wundern, wenn er sich später außerhalb scheu und verklemmt zeigt.

Autorität

Unweigerlich kommen Situationen, in denen dem Spieltrieb und dem Unternehmungsgeist des Welpen Grenzen gesetzt werden müssen. Der Welpe muß lernen, Sie als Autorität anzuerkennen. Er muß lernen, daß Sie als seine Bezugsperson ihn nicht nur füttern und mit ihm spielen, sondern daß Sie auch Grenzen setzen, die er nicht übertreten darf. Sie tun weder sich selbst noch Ihrem Hund einen Gefallen, wenn Sie ihn bei allem, was er tut, gewähren lassen.

Wenn Sie ihn dabei antreffen, daß er gerade die Teppichfransen zerkaut oder den Tisch abräumt, versuchen Sie es mit lauten und energischen Verweisen, zum Beispiel »Nein!« oder »Pfui!«. Einigen Sie sich in der Familie auf ein bestimmtes Wort. Wenn einen eigenwilligen Welpen ein mehrmaliges scharfes Verbot nicht beeindruckt, so sollten Sie ihn nachdrücklich auf einen anderen Platz befördern. Eine wirkungsvolle Abschrekkung für hartnäckige Welpen ist eine zusammengerollte Zeitung. Mit dieser schlagen Sie kräftig auf den von ihm auszulassenden Gegenstand und geben dabei den Verweis »Nein!«. Das Geräusch der klatschenden Zeitung ist derart unangenehm für Ihren Hund, daß er sofort abläßt und das Objekt meist auch später tabu bleibt.

Haben Sie mehrere solche Anlässe zu Ihren Gunsten entschieden, wird später in der Regel der Tonfall ausreichen, um Ihren Hund von etwas Verbotenem abzubringen. Kraft Ihrer Autorität sollten Sie Ihrem Hund auch etwas wegnehmen können, was sich manchmal als sehr wichtig erweisen kann. Dies üben Sie von Jugend an, indem Sie ihn zum Herausgeben beispielsweise eines Kauholzes oder ähnlichem auffordern und es ihm darauf wiedergeben. Dazu gehört auch, daß Sie ihn kontrollieren können, zum Beispiel die Zähne oder die Ohren.

Der Gebrauch der Zeitungsrolle ist auch schon die stärkste Erziehungsmaßnahme, die beim sensiblen Windhund überhaupt angewandt werden sollte. Körperliche Züchtigung ist keineswegs angebracht, höchstens ein Griff über die Schnauze (der Hundegestik entlehnt), wenn Sie Ihre Autorität einmal bekräftigen müssen. Bitte, bedenken Sie bei der Erziehung immer eins: Ein Verweis hat nur Sinn, wenn Sie den Hund auf frischer Tat ertappen. Eine verspätete Strafe wäre für Ihren Hund unverständlich und würde nur das Vertrauensverhältnis beeinträchtigen.

Ab 9 Monaten kann sich auch bei Ihrem Hund so etwas wie das »Halbstarkenalter« bemerkbar machen. Vieles, was bisher schon so zufriedenstellend klappte, scheint mit einem Mal in Frage gestellt zu sein. In der freien Wildbahn würden die jungen Tiere jetzt ihre Unabhängigkeit vorbereiten, um bald ihre eigenen Wege zu gehen. Unserem jungen Hund müssen wir klarmachen, daß er in die Regeln der Familie eingebunden bleibt und es diese Unabhängigkeit für ihn nicht gibt.

Echte Autorität ist zu einem späteren Zeitpunkt noch einmal besonders gefragt, wenn man nämlich einen Rüden hat und er mit ca. $1^1/_2$ Jahren erwachsen wird. Mancher Rüde wird es in dieser Zeit auf eine Machtprobe anlegen. Jetzt müssen Sie ihm unmißverständlich klarmachen, daß er keine Chance hat, die Nummer eins zu werden, und daß er sich nicht durchsetzen kann. Besonders dann, wenn Sie als Frau Besitzerin eines dominanten Rüden sind, sollten Sie darauf achten, daß nicht **er** unversehens der Chef ist. Das könnte besonders unangenehm werden, wenn Sie ihn draußen nicht zurückhalten können.

Diese Hinweise sind nun keineswegs speziell aus dem Umgang mit Windhunden abgeleitet, sondern sie sind für Hunde allgemein, aber auch für Windhunde gültig.

Übrigens werden demjenigen, der manchmal seine Autorität unter Beweis stellt, alle Anzeichen viel größerer Zuneigung und Freude zuteil, als demjenigen, der mit stets gleichbleibender Langmut alle Unarten seines Hundes hinnimmt. Der Hund selbst wünscht einen souveränen Rudelführer.

Kommen

So entschieden Sie sich durchsetzen, wenn Ihr Hund etwas lassen soll, so ganz anders fangen Sie es an, wenn Sie ihm etwas beibringen möchten. Um zu erreichen, daß er etwas tut, was Sie gern möchten, ist nur Freundlichkeit, überzeugendes Reden und Geduld am Platz. Aber die Mühe lohnt sich, denn er tut das Gewünschte dann aus freien Stücken und mit Überlegung. Das Kommen ist die wichtigste, wenn auch für einen stolzen, unabhängigen Windhund eine schwierige Lektion. Viele Welpen kommen bereits von sich aus spielerisch gerne auf Ruf angelaufen. Unterstützen Sie das dadurch, daß das Kommen jedesmal mit etwas Angenehmem verbunden ist, wie einem Belohnungshäppchen, auf jeden Fall jedoch mit Loben und Streicheln.

Sollte Ihr Hund das Kommen von Grund auf lernen müssen, so verwenden Sie eine lange Schnur, die Sie an seinem Halsband befestigen und deren Ende Sie locker in der Hand halten, so daß der Hund keine wesentliche Beeinträchtigung seines Freiheitsgefühls erfährt. Nun rufen Sie ihn aus gebührender Entfernung zu sich und ziehen ihn, wenn er von selbst keine Anstalten macht, unter ständiger Wiederholung von »Komm!« zu sich heran. Bei Ihnen angekommen,

Sie übt das Laufen ohne Leine mit ihrem jungen Sloughi: Von links nach rechts: Zwei im gleichen Laufschritt – Ein Kontrollblick: Er kommt mit. – Die Belohnung ist immer wichtig.

wird er tüchtig gelobt, auch wenn er nur widerstrebend kam. Es wird Ihren Hund sehr stimulieren, wenn Sie beim Rufen in die Hocke gehen. Rufen Sie immer nach Art einer freundlichen Einladung. Legen Sie alle Überzeugungskraft in Ihren Tonfall hinein. Geübt wird zu Zeiten, wo der Hund munter und aufnahmebereit ist. 10 bis 15 Minuten täglich sind genug. Bald schon hat ihn diese praktische Erfahrung gelehrt, was »Komm« bedeutet, und er folgt Ihnen auch ohne Leine. Nachdem es in Haus und Garten reibungslos klappt, üben Sie dasselbe auf Spaziergängen an ruhigen Plätzen, wo der Hund nicht abgelenkt wird. Rufen Sie ihn nicht, nachdem Sie ihn kaum losgelassen haben. Jetzt muß er erst einige übermütige Runden drehen. Rufen Sie ihn auch nicht gerade dann, wenn seine Aufmerksamkeit durch etwas anderes gefesselt ist. Und rufen Sie ihn nicht dauernd unnötig.

Wenn Sie ihn aber rufen, beharren Sie auf der Durchführung des einmal gegebenen Befehls. Wenn Sie etwas von Ihrem Hund verlangen, dann müssen Sie es auch durchsetzen. Das Lernen sollte also immer mit einem 1:0 für Sie enden. Denn seinen »Erfolg«, das Umgehen Ihres Rufs, wird sich Ihr Hund gut merken. Setzen Sie Ihren Spaziergang fort, nachdem er glücklich wieder angeleint ist. Es ist wichtig, daß erfolgter Gehorsam nicht gleich das Ende des Ausgangs bedeutet.

Sollten Sie mehrere Hunde beim Ausgang dabei haben, ist es sehr geschickt, immer nur einen oder höchstens zwei zusammen von der Leine zu lassen. Bedenken Sie, daß beim Laufenlassen mehrerer Hunde unweigerlich ein »Meuteeffekt« eintritt, der bewirken kann, daß die Tiere gemeinsam plötzlich Dinge wagen, die ihnen einzeln niemals eingefallen wären – sei es, daß sie sich sehr weit entfernen und nicht mehr auf Ruf rea-

gieren, sei es, daß sie andere Hunde stellen oder ähnliches. Auf die Gruppendynamik kann man nur noch schlecht Einfluß nehmen. Läuft nur ein Tier frei, wird es schon von sich aus viel eher den Anschluß an die angeleinten Kameraden und den Menschen halten.

Was tun Sie, wenn Ihr Hund auf Rufen nicht kommt oder gerade das Gegenteil tut und sich weiter entfernt?

Verhalten Sie sich diplomatisch. Machen Sie Ihre schwache Position nicht dadurch überdeutlich, daß Sie ohnmächtig hinter ihm herrufen oder ihn gar zu fangen versuchen. Wenden Sie sich ab und gehen Sie entschieden in der anderen Richtung davon, so daß er das sieht. Oder setzen Sie sich irgendwo hin, ohne ihn zu beachten. In aller Regel kommt er nun hinter Ihnen her und, wenn er auf gleicher Höhe ist, leinen Sie ihn wie selbstverständlich an. Niemals strafen Sie ihn, wenn Sie ihn wiederhaben. Die Strafe würde Ihr Hund nicht mit seinem Weglaufen in Verbindung bringen, sondern mit seinem Kommen. Er zieht ja keine logischen Schlußfolgerungen in unserem Sinne, sondern empfindet das Erlebnis immer so: Entfernen – spielend leicht; freies Auslaufen und Umherstöbern – herrlich; Zurückkommen – furchtbar! Ein solches Erlebnis würde sein ferneres Kommen sehr in Frage stellen. Das Kommen muß daher als solches immer gelobt und belohnt werden, auch wenn Sie im Inneren ärgerlich sind.

Wenn Sie ihm eine wirkungsvolle Lehre erteilen wollen, so treffen Sie ihn mit einem kleinen Wurfgeschoß in dem Moment, wo er trotz Anruf davonrennt. Allerdings müssen Sie zielsicher sein, und Ihr Hund sollte nicht sehen, daß es von Ihnen ausgeht. Diese Art der »höheren Gewalt« im Moment der Tat ist auch bei Hunden heilsam, die sich durch den Zaun hindurcharbeiten, die in der Küche stibitzen oder ähnliches. Der Hund macht eine wirkungsvolle Erfahrung, ohne daß Sie selbst eine für ihn erkennbare negative Rolle darin spielen. Das Vertrauen zu Ihnen bleibt unbelastet.

Im Zuge des Heranwachsens, in der Regel mit einem dreiviertel Jahr, zeigt sich meist eine nachlassende Bereitschaft zu kommen. Der Hund scheint uns nicht mehr zu hören, scheint uns nicht zu verstehen und tut auf unsere Rufe genau das Gegenteil, nämlich Weggehen. Mancher Besitzer beginnt an allem zu zweifeln, wenn es ihm nicht mehr gelingt, seinen Hund an die Leine zu bekommen. Dieser läßt ihn immer wieder bis auf ca. 1 m herankommen, um, wenn er nach ihm greift, wieder einen

Sprung zu machen und eine neue Runde zu drehen. Es scheint wie verhext. Selbst im Garten versteckt er sich und will nicht mehr durch die Haustür hinein. In dieser Phase muß man einfach Geduld bewahren und wissen, daß der Hund ein gewisses Entwicklungsstadium durchläuft. Er wird an dessen Ende akzeptieren, daß er sich nicht, wie in der Natur, selbständig machen kann, sondern daß er fest integriertes Mitglied in seiner Menschenfamilie bleibt.

Sie dürfen über die Mindestlektion des Kommens hinaus gern weitere Übungen mit Ihrem Windhund machen, solange Sie merken, daß es ihm auch Freude bereitet, gefordert zu werden und mit Ihnen zusammen etwas zu tun. Ziehen Sie es als eine Art disziplinierten Spieles auf. Jedem jungen Hund macht es Spaß, wenn am Ende gelobt und belohnt wird. Durch ausdauernde, immer gleiche Worte in einem bestimmten Tonfall, unterstützt von den betreffenden Gesten, wie zum Beispiel bei »Sitz!« ein sanftes, aber nachdrückliches Hinunterdrücken des Hinterteils, kommt man bald zum Ziel. Auch ein Windhund hat gewiß mehr Freude daran, einige kleine Übungen durchzuspielen, als seine Tage, sich selbst überlassen, als Schaustück am Kamin zu verbringen.

Mit Härte allerdings läßt sich beim Windhund nichts erreichen. Gegen Strenge und Zwang ist er empfindlich. Verlangt man nichts über die Fähigkeiten des Windhundes Hinausgehendes und gibt man seine sparsamen Befehle nicht im Kommandoton, sondern in freundlich einladender Form, ist aber dabei konsequent, dann kann man einen Grad von Gehorsam erreichen, der manchen ungeschickteren Windhundbesitzer staunen läßt.

Die Autoren mit ihren Sloughis.

KAPITEL 11

Die Pflege

Beim Windhund kommt es ganz besonders auf die optimale Heranbildung seines Laufwerks, also seiner Beine und Füße, seiner Gelenke und Bänder an. Besonders die glatthaarigen Windhundrassen lassen dort auf den ersten Blick den Stand ihrer körperlichen Entwicklung, ihre Vorzüge, aber auch eventuelle Fehler erkennen. In relativ kurzer Zeit wachsen die großen Rassen vom winzigen Neugeborenen zum hochbeinigen, fertigen Tier heran. Ihrem Wachstum sollte daher ganz besondere Aufmerksamkeit und Sorgfalt gewidmet werden.

Ein Windhund ist dann korrekt gebaut und gestellt, wenn seine Beine parallel nebeneinanderstehen. Die Gelenke sollen genügend Festigkeit aufweisen, das heißt, sie sollen weder nach innen einknicken noch sich nach außen durchbiegen. Beim Laufen sollte sich kein Schlenkern oder Ausdrehen zeigen.

Welpen und Junghunde

Achten Sie daher während des Wachstums besonders auf die Beinstellung Ihres Hundes. Stellen Sie weiche Knochen oder abnorme Gelenkverdickungen fest, kann dies ein Zeichen für Mineralstoffmangel oder einen gestörten Mineralstoffhaushalt sein. Befragen Sie in einem solchen Fall rechtzeitig den Tierarzt, oder stellen Sie Ihren Hund dem erfahrenen Züchter vor, der die Wachstumsabläufe seiner Hunde kennt und Abweichungen festzustellen vermag. Davon abgesehen sind leichte Verdickungen an den Gelenken während des Wachstums bei den hochbeinigen Windhunden normal, zudem an den Rippen. Sie verschwinden, wenn der Hund ganz erwachsen ist.

Auch kann es vorkommen, daß Ihr Welpe »unterschiedlich« wächst. So erscheint er einmal hinten höher als vorn, oder er kommt Ihnen plötzlich ungewöhnlich lang vor, bis die Proportionen wieder miteinander harmonisieren. Mit ca. 4 Monaten kommt der Junghund in den Zahnwechsel, der bei den Schneidezähnen beginnt und sich über ca. 2 Monate hinzieht. Seine ungefähr endgültige Höhe hat der Junghund mit ca. 9 Monaten erreicht, und mit Ablauf des 1. Lebensjahres ist gewöhnlich das Größenwachstum abgeschlossen. Im Laufe des 2. Lebensjahres vervollkommnet sich das äußere Erscheinungsbild des Hundes, er bekommt Substanz und ausgereifte Formen.

Das zieht sich bei manchen der spät reifenden Windhundrassen auch noch über das 3. Lebensjahr hin.

Wenn Sie die korrekte Entwicklung Ihres Welpen unterstützen wollen, sollten Sie ihm ausreichend Gelegenheit zu freier Bewegung geben. Er soll sich möglichst nach eigener Lust und Laune ausspringen können, solange er mag. Einseitige Bewegung in immer gleicher Gangart dagegen ist nicht optimal. Man wird den Welpen nicht mit vollem Magen auf längere Spaziergänge mitnehmen, noch ihn zu größeren körperlichen Anstrengungen animieren. Nach der Fütterung soll der Hund die Möglichkeit zur Ruhe bekommen, die er auch wahrnehmen wird; meist nachdem er noch eine Phase fröhlicher Bewegung aus eigenem Antrieb hinter sich hat.

Keineswegs sollte der Welpe in seiner Jugend körperlich stark beansprucht werden. Man mutet ihm also keine langen Märsche zu und läßt ihn auch nicht Strecken neben dem Fahrrad herlaufen. Genausowenig ermuntert man ihn zu körperlichen Hochleistungen auf der Rennbahn; auch nicht, wenn er von seiner Größe her schon einem erwachsenen Windhund ähnlich sieht. Kleine Übungen am Fahrrad und erste Bekanntschaften mit dem Betrieb auf der Rennbahn dienen nur dem Kennenlernen und der Gewöhnung für später.

Besonders heikel, was Fütterung und Bewegung im Wachstum angeht, sind die Welpen der großwüchsigen Rassen wie Wolfhound, Deerhound und Barsoi. Hier kann ein Zuviel verheerende Folgen haben, denn ein Wachstum von ca. 9 cm pro Monat bringt auch eine erhöhte Verletzbarkeit in dieser Zeit mit sich. Die Besitzer dieser Rassen sollten sich strikt an die Empfehlungen ihrer Züchter halten, die diese ihnen hinsichtlich der Bewegung ihrer Welpen mit auf den Weg gegeben haben. Lassen Sie es auch nicht zu, daß ein großer Hund, der ihm überlegen ist, den kleinen Welpen hetzt. In solchem Spiel, dem er kräftemäßig und von seiner Geschicklichkeit her nicht gewachsen ist, würde der Welpe leicht überfordert.

Zum vernünftigen Umgang mit dem Welpen gehört auch, daß man ihn nicht am Nackenfell in die Höhe zieht. Wenn Sie Ihren Hund hochheben wollen, greifen Sie immer mit zwei Händen zu und halten Sie ihn unter Brust und Hinterteil.

Wohnen Sie in den oberen Stockwerken, muten Sie ihm anfangs nicht zu, die Treppen mehrmals täglich selbst zu bewältigen. Es ist besser, Sie tragen ihn herunter, solange er noch so klein und leicht ist, als seine weichen Gelenke dem ständigen Stauchen auszusetzen.

Den hochbeinigen Windhunden reicht man das Futter am besten so, daß sie bequem stehend fressen können. Sehr praktisch sind die im Handel erhältlichen Ständer, die verstellbare Halterungen für zwei Näpfe haben. Man kann sie der zunehmenden Größe des Welpen entsprechend einstellen.

Körperpflege

Die **Pflege des Haarkleides** richtet sich nach der Haarstruktur. Bei kurzhaarigen Windhunden ist sie minimal. Zu Zeiten, in denen viele Haare ausgehen, insbesondere beim zweimal

Bei langhaarigen Rassen ist ein intensives Bürsten des Haarkleides erforderlich. Um im Ausstellungsring einen optimal gepflegten Eindruck zu machen, gehen viele Afghanen-Besitzer kurz vorher noch einmal an die Arbeit.

jährlichen Haarwechsel, ist ein tägliches Überbürsten angezeigt. Man verwendet eine Spezialbürste aus dem Fachhandel, entweder eine mit kurzen Borsten oder eine aus Gummi mit kleinen Noppen oder ebensolche Handschuhe. Metallborsten scheiden aus. Ein einfaches praktisches Mittel ist ein feuchtes Fensterleder, mit dem Sie lose Haare oder anhaftende Schmutzteilchen abreiben. Manche kurzhaarigen Windhundrassen besorgen ihre Körperpflege durch tägliches Lecken und Säubern selbst. Der Sloughi beispielsweise putzt sich in »Katzenmanier«. Wenn man zwei Hunde hält, kann man sie auch bei gegenseitiger Körperpflege beobachten, wobei einer beim anderen auch Stellen wie Kopf und Ohren putzt, die er allein schlecht erreichen kann.

Die Pflege der langhaarigen Rassen macht mehr Mühe. Besonders der Afghane braucht regelmäßig gewissenhafte **Bürstenpflege.** Von entscheidender Bedeutung ist es, daß man ihn schon ab ca. 4 Monaten daran gewöhnt, sich widerstandslos ausgiebig bürsten zu lassen. Beim Welpen beginnt man mit einer weichen Bürste und macht ihm die Prozedur durch Spielpausen und Belohnungshäppchen angenehm. Zwischen dem ersten und zweiten Jahr verfilzt das Fell des gut behaarten Afghanen besonders stark. In dieser Zeit ist es meist notwendig, ihn täglich zu bürsten.

Je weicher und länger das Haarkleid, desto weichere und längere Borsten sollte die zur Haarpflege benutzte Bürste haben. Am einfachsten ist es, wenn man an den Füßen anfängt und immer höher geht, und dann vom Rückenende zum Kopf hin arbeitet, also immer von unten nach oben. Ist das Haar sehr dicht, bürstet man es in mehreren Schichten, indem man es mit der einen Hand anhebt und mit der anderen Lage für Lage in Richtung des natürlichen Wuchses durchbürstet. Stößt man dennoch auf verfilzte Stellen, versucht man sie vorsichtig mit den Händen auseinanderzuzupfen. Gelingt dies nicht mehr, so wird der Filz der Länge nach, also von unten nach oben, aufgeschnitten und dann ausgebürstet. Man schneidet niemals quer, weil solche Stellen noch lange zu sehen sind. Zur Spezialpflege des Afghanen und der anderen langhaarigen Windhunde gibt es auch Entfilzungskämme, deren Zähne geschliffen sind, so daß man Babyhaar ohne Schneiden und ohne den Hund zu quälen auskämmen kann.

Ein- bis zweimal im Jahr kann der Hund auch mit warmem Wasser und einem alkalifreien Hunde-Shampoo (das den natürlichen Schutzfilm der Haut nicht zerstört) gebadet werden, wenn man das für nötig hält. Grundsätzlich sind aber Bäder bei den kurzhaarigen Windhunden kaum erforderlich. Hunde schwitzen ja nicht durch die Haut; ihnen fehlen die Schweißdrüsen. Überschüssige Wärme gibt der Hund beim Hecheln ab. Das Fell in seinem natürlichen Zustand gewährt ihm Schutz gegen Kälte und Nässe. Lehmspritzer bei nassem Wetter kann man grob abreiben und, wenn sie getrocknet sind (und der Windhund sich nicht bereits selbst gesäubert hat), einfach ausbürsten. Schmutzige Füße säubert man mit einem feuchten Lappen oder in einem Wassereimer. Für Afghanen in gepflegter Wohnung ist es allerdings meist unerläßlich, sie nach Ausgängen bei schlechtem Wetter abzuduschen – zumindest die Unterseite. Auch der Besuch von Ausstellungen ist für die meisten Afghanen mit einem vorherigen Bad verbunden.

Vor dem **Baden** bzw. Duschen wird das Innenohr mit Watte geschützt. Der Kopf wird nur sehr vorsichtig gewaschen, damit kein Shampoo in die Augen oder Gehörgänge gerät. Wichtig ist das gründliche Trocknen hinterher in einem warmen, zugfreien Raum oder bei warmem Wetter auch draußen, bei viel Bewegung. Sollte der Hund Schwimmen lieben, so ist auf flotte Bewegung hinterher zu achten. Echte Wüstenhunde wie Saluki und Sloughi meiden dagegen das Wasser meist instinktiv.

Augen und Ohren Ihres Hundes sollten Sie regelmäßig kontrollieren. Viele Hunde reinigen sich die Augenwinkel selbst, indem sie mit dem Vordermittelfuß dort entlangstreifen. Anderenfalls entfernen Sie das Augensekret täglich mit einem Papiertuch. Das gesunde Ohr ist gewöhnlich sauber. Sollte sich gelegentlich Schmutz von außen her festgesetzt haben, säubern Sie es vorsichtig mit einem Wattebausch, den Sie mit Ohrenöl anfeuchten. Reinigen Sie nur die Ohrmuschel; die Behandlung des inneren Gehörgangs muß dem Tierarzt vorbehalten bleiben.

Die Gesunderhaltung des Körpers ist nicht zuletzt von einem gesunden und kaufähigen Gebiß abhängig. Der Wegbereiter vieler Zahnerkrankungen und die Ursache des frühen Zahnausfalls ist in erster Linie der **Zahnstein.** Begünstigt wird seine Bildung durch vorwiegende Ernährung mit Weichfutter und die beim Kauen fehlende Selbstreinigung des Gebisses. Durch Zufütterung von Knochen und Hundekuchen kann zur Kräftigung des Gebisses beigetragen und für eine mechanische Selbstreinigung gesorgt werden. Bei Hunden, die zur Zahnsteinablagerung neigen, können die Zähne mit Schlämmkreide geputzt werden, unter Verwendung einer Zahnbürste oder eines groben Leinenläppchens. Zu empfehlen ist auch das Abreiben mit 2%igem Wasserstoffsuperoxyd oder Zitronensaft in achttägigem Abstand. Im Zoofachhandel erhält man heute Zahnpulver, das für eine mühelose Reinigung des Gebisses sorgt. Ist der Belag zu dick, wird er vom Tierarzt entfernt.

Gegebenenfalls müssen die **Krallen** geschnitten werden, wenn sie sich beim Laufen auf weichem, natürlichem Boden nicht genügend abnutzen. Zu lange Krallen sind hinderlich beim Gehen. Ein untrügliches Anzeichen ist es, wenn man es beim Laufen des Hundes auf hartem Grund »klikken« hört. Zum Kürzen der Nägel gibt es Spezialzangen. Noch schonender sind Nagelfeilen. Das Abkneifen mit der Zange erfordert etwas Erfahrung, damit man nur das tote Horn entfernt und nicht etwa eine unangenehme Blutung verursacht. Können Sie das Krallenstutzen nicht selber vornehmen, lassen Sie es den Tierarzt machen. Warten Sie nicht zu lange mit dem ersten Kürzen. Einmal sehr lang herausgewachsen, ist die Kralle kaum noch normal zurückzuschneiden.

Gewöhnen Sie Ihren Hund daran, daß er sich von Ihnen untersuchen und pflegen läßt. Machen Sie ihn vertraut damit, daß Sie Augen und Ohren säubern, seinen Fang öffnen und die Pfoten pflegen. Von Anfang an daran gewöhnt, werden auch später einmal nötig werdende Behandlungen kein Anlaß für unnötigen Widerstand sein.

Gesundheitspflege

Zur Gesundheitspflege Ihres Windhundes gehören regelmäßige Besuche beim Tierarzt. Um die bedrohlichen Infektionskrankheiten abzuwehren, werden routinemäßig Schutzimpfungen gegen Staupe, Hepatitis (infektiöse Leberentzündung) und Leptospirose (sogenannte Stuttgarter Hundeseuche) vorgenommen. In der Regel erfolgt die Erstimpfung im Alter von 9 Wochen noch beim Züchter, während die sich einen Monat später anschließende Nachimpfung vom neuen Besitzer veranlaßt wird. Achten Sie darauf, daß Ihr Hund vollkommen gesund ist, Normaltemperatur hat und frei von Würmern ist, wenn die Impfung Erfolg haben soll.

Um einen lebenslangen Schutz zu gewährleisten, sind regelmäßige Wiederholungsimpfungen erforderlich, gegen Leptospirose jährlich und gegen Staupe und Hepatitis im Abstand von 2 Jahren. Neu hinzugekommen ist die Impfung gegen Parvovirose, einer in den letzten Jahren neu aufgetretenen gefährlichen Viruserkrankung, die jährlich zu wiederholen ist.

Die Tollwutimpfung ist die fünfte Schutzimpfung, die der verantwortungsbewußte Hundebesitzer regelmäßig durchführen läßt. Bei Tollwutgefahr kann man nach Rücksprache mit dem Tierarzt bereits den Junghund impfen lassen. Spätestens in dem Moment jedoch, wo der Hund auf Auslandsreisen mitgenommen wird oder zu Ausstellungen und Rennen geht, ist diese Impfung Pflicht. Für den windhundsportlich aktiven

Hund wird auf den meisten Veranstaltungen der Nachweis gefordert, daß die Tollwutimpfung nicht mehr als ein Jahr und nicht weniger als einen Monat zurückliegt. Es empfiehlt sich daher, auf die Verwendung eines Impfstoffes mit einjähriger Wirkungsdauer zu achten.

Routinemäßig sollten Sie Ihren Hund auch auf Würmer untersuchen lassen. Besonders Welpen können in ihrer Entwicklung durch Verwurmung stark beeinträchtigt werden. Sie sind gewöhnlich mehrmals zu entwurmen. Bei Welpen ist mit den bekannten Spulwürmern zu rechnen. Daneben kommen gelegentlich auch Band-, Peitschen- und Hakenwürmer vor. Vielfältig sind die Möglichkeiten der Infizierung, von der Spulwurminfektion bereits im Mutterleib bis zur Infektion durch bandwurmfinnenträchtiges Fleisch, durch den Floh als Zwischenwirt oder durch Berührung mit den Ausscheidungen anderer Hunde.

Achten Sie unbedingt auf die Verdauung Ihres Welpen. Da aber die Hinweise auf Würmer oft nur mikroskopisch klein sind, ist zu raten, daß Sie in regelmäßigen Abständen Kotuntersuchungen vom Tierarzt vornehmen lassen. Nach dem Ergebnis richtet sich die Behandlung. Entwurmen Sie aber keinesfalls mit einem x-beliebigen Mittel einfach auf Verdacht, wenn Sie den Organismus Ihres Hundes nicht unnötig belasten wollen. Die Wurmkur muß unter Aufsicht des Tierarztes stattfinden.

Außer Impfungen und Entwurmungen gibt es einige Anlässe für den Besuch beim Tierarzt, mit denen man konfrontiert werden kann.

Ohrenzwang äußert sich durch häufiges Ohrenschlackern und Kopfschütteln. Im Ohr findet sich eine bräunliche oder schwärzliche Absonderung. Entzündliche Vorgänge im Ohrinneren oder Ohrmilben sind die Ursache. Behandelt wird mit einem entsprechenden Mittel nach Anleitung durch den Tierarzt.

Bindehautentzündung mit schleimig-eitrigem Augenfluß kann vielfältige Ursachen haben und entsteht relativ leicht. Sie wird mit Spezial-Augentropfen vom Tierarzt behandelt.

Veränderte Stellen im Haarkleid deuten auf **Ekzeme** hin. Ihr Ursprung ist meist nur schwer festzustellen. Ansteckende Pilze, Milben oder innere Ursachen können verschiedenartige Hautaffektionen hervorrufen. Juckreiz oder auffällige Erscheinungen wie pickelartige Erhebungen oder schorfige Verkrustungen sind Alarmzeichen. Rasche tierärztliche Untersuchung und Behandlung hilft, langwierige Prozesse zu vermeiden.

Bei **Magenkatarrh und Durchfall** ist zuerst die Ruhigstellung des Verdauungsapparates durch Fasten angezeigt. Später wird Schonkost wie Zwieback und Haferschleim mit geschabtem, magerem Fleisch verabreicht. Rohes, fettes Fleisch und Knochen sind vorerst zu meiden; gekochtes Fleisch wird eher vertragen. Hartnäckiger Durchfall und blutiger Durchfall in Verbindung mit Erbrechen gehört sofort in die Behandlung des Tierarztes.

Bei einem Hervorwürgen von schwerverdaulichen Nahrungsbestandteilen (Knochenstücken) oder von gelbem Magenschleim nach einem Fastentag oder von vorher abgefressenen Grashalmen brauchen Sie sich nicht zu beunruhigen; das ist normal.

Auch zur Versorgung von **Wunden** wenden wir uns rasch an den Tierarzt. Besonders bei den glatthaarigen Rassen ist es wichtig, Risse im Fell unverzüglich nähen zu lassen, um häßliche Narben zu vermeiden.

Versuchen Sie niemals, den Windhund nach eigenem Dafürhalten mit Hausmitteln oder Medikamenten aus der Humanmedizin zu kurieren. Was Menschen gut tut, kann beim Hund verhängnisvolle Folgen haben! Wichtig ist, daß Sie für Ihren Windhund einen auf die Kleintierbehandlung spezialisierten Arzt wählen, der womöglich bereits Windhunderfahrung hat, denn Windhunde reagieren oft sensibler auf manche Therapie als andere Rassen: Sie besitzen eine spezielle Anatomie. Einige innere Organe, insbesondere Herz und Lunge sowie die Brusthöhle, weisen andere Verhältnisse auf als bei anderen Rassen. Rennverletzungen, so wie sie bei den superschnellen Greyhounds vorkommen, gehören unbedingt in die sorgfältige Behandlung eines Spezialisten.

Mit der Zeit werden Sie Ihren Hund so gut kennen, daß Ihnen Abweichungen vom Normalzustand und allgemeine Körperveränderungen als krankheitsverdächtig auffallen werden. Symptome für eine Krankheit können sein: Trägheit, Appetitlosigkeit, trübe Augen, laufende Nase und nasse Augen, Husten, Durchfall, Krämpfe usw.

Die Normaltemperatur des Hundes schwankt zwischen 37 und 39 °C. Junge Hunde haben höhere Temperaturen (38 bis 39 °C), ältere Tiere etwas niedrigere (37 bis 38 °C). Die Körpertemperatur wird beim Hund mittels eines Fieberthermometers, das man mit etwas Vaseline einfettet, im Mastdarm gemessen. Haben wir das Gefühl, daß sich unser Tier nicht wohlfühlt, wird uns eine Körpertemperatur über 39 °C dazu veranlassen, uns sofort an einen Tierarzt zu wenden.

Wichtig ist, daß Sie selbst in der Lage sind, Ihrem Hund Medikamente einzugeben. Tabletten packen Sie am besten in Hackfleischkügelchen ein. Werden diese nicht angenommen, so schieben Sie die Tablette bei weit geöffnetem Fang ganz nach hinten auf den Zungengrund. Sie halten dann den Fang zu, bis die Tablette durch den rasch einsetzenden Reflex abgeschluckt ist. Flüssige Medikamente sind leicht mit einem Löffelchen seitlich in den Fang zu schütten, wobei man die Lefzen einer Seite taschenartig nach außen zieht und den Kopf etwas anhebt.

Ungebetene Gäste, die auch der gut gepflegte Hund schon einmal mit nach Hause bringen kann, sind **Zekken** (Holzböcke) und **Flöhe**. Erstere setzen sich in der warmen Jahreszeit beim Durchstreifen von Gras und Gebüsch gerne am Hund fest, um Blut zu saugen. Obwohl sie nach einigen Tagen von selbst abfallen, entfernt man sie doch lieber gleich nach ihrem Entdecken, indem man sie mit einer Pinzette herausdreht. Man soll Holzböcke nicht einfach herausreißen, da hierbei leicht der Kopf in der Haut zurückbleibt und Entzündungen bewirkt.

Flöhe sind kein Grund zur Panik. Bei vereinzeltem Auftreten kann man sie leicht absammeln. Bei starkem Auftreten kann man ein gutes Antiflohpräparat verwenden. Auch das Lager und dessen Umgebung muß mitbehandelt werden, da Floheier auch in Schlupfwinkeln und Ritzen abgelegt werden.

KAPITEL

12

Windhundsport

Drei Barsois schnellen mit mächtigen Sprüngen aus dem Startkasten heraus.

Windhundrennen und Coursing

Der Rennsport bietet unseren Hunden das, was sie brauchen, um das zu sein, was sie sind: Windhunde. Ein Windhundrichter prägte einst einen weisen Ausspruch: »Ring (Ausstellung) und Rennbahn gehören zusammen wie Ursache und Wirkung. Schönheit und Leistung sind auch das Ziel, das jede Windhundzucht haben sollte.«

Neben dem Aspekt des Vergnügens für den Hund kann man Windhundrennen als Leistungsprüfungen betrachten. In jedem Fall aber sind sie ein Prüfstein dafür, ob die Hunde noch dem ursprünglichen Zuchtziel entsprechen. Für die Weiterzucht sollte neben den anderen Kriterien durchaus auch das der Hetzeigenschaften in Betracht gezogen werden (wobei jener Windhund, der die richtigen Hasen im Feld den künstlichen auf der Rennbahn vorzieht, seinen Hetztrieb gewiß auch hinreichend bewiesen hat).

Viel Zeit und Mühe investieren die aktiven Mitglieder in den verschiedenen Rennvereinen in den Bau und die

Pflege geeigneter Rennbahnen und deren Umfeld, um möglichst ideale Voraussetzungen dafür zu schaffen, daß die verschiedenen Windhundrassen ihre artgerechte Bewegung erhalten.

Durch Zwang kann man einen Windhund nicht zum Rennen bringen. Bedenken von Außenstehenden in dieser Beziehung sind völlig unbegründet. Der Windhund läuft immer freiwillig und nur, weil es ihm Spaß macht. Ja, mehr als das, es ist seine Leidenschaft, für die ein passionierter Rennhund alles andere links liegen läßt. Die Begeisterung ist meist so groß, daß der Besitzer Mühe hat, seinen Hund vor dem Start zu halten.

Wollte der Hund nicht rennen, so könnte man ihn zwar in den Startkasten hineinschieben, aber sobald er sich öffnet, würde dieser Hund wieder hinter den Kasten zurückkehren oder nach ein paar zögernden Sprüngen stehenbleiben und zurücklaufen. Das gibt es durchaus hin und wieder. Es gibt auch Tiere, die sich einfach nicht dafür interessieren. Das wird man dann akzeptieren.

Beim Windhundrennen unterscheidet man die Bahnrennen und die Coursings. Erstere finden meist auf Rasenbahnen statt, über Entfernungen von mindestens 300 m bis höchstens 900 m, wobei die übliche Bahnlänge 450 m bzw. 480 m beträgt. Daneben gibt es auch Sandbahnen oder Rasenbahnen mit Sandkurven und Sandauslauf. Auf diesen Bahnen werden weniger hohe Geschwindigkeiten erreicht als auf Rasen; gleichzeitig ist auch die Belastung für die Pfoten der Hunde weniger hoch, was insbesondere den Greyhounds zugute kommt.

Bis zu sechs Hunde werden in die Startboxen gleichzeitig eingesetzt. Sie werden dann hinter einem »künstlichen Hasen« (bestehend aus einem Fell bzw. Kunststoff), der sich etwa 20 m vor dem ersten Hund vorausbewegt, auf die Bahn gelassen. Der Hase wird an einer Schnur über Rollen von einer Hasenmaschine gezogen, wobei es um mindestens 1 Kurve geht (U-förmige Bahn) oder um 2 Kurven (Doppel-U).

Das Patent des mechanischen Hasenzugs und die Idee der runden Rennbahn, die die rationelle Abfolge vieler Läufe hintereinander überhaupt erst möglich machte, kam aus Amerika über England und eroberte Ende der 20er Jahre auch Deutschland.

Die Zeiten werden am Ziel gestoppt, und die Reihenfolge der einlaufenden Hunde wird festgehalten. Die moderne Elektronik erlaubt heu-

Sie können es kaum abwarten. Zwei Sloughis schauen gespannt über den Sichtschutz auf die Rennbahn.

Geballte Energie verrät dieses geschlossene Sloughi-Feld, das hautnah an der Kamera vorbeikommt.

te Zielfotos, anhand derer exakt festgestellt werden kann, wer »die Nase vorn« hatte – auch dann, wenn es bei engen Einläufen für das Auge schwer wird, die Plazierungen zu bestimmen. In Vor-, Zwischen- und Endläufen werden die Sieger ermittelt. Sie erhalten zwar keine Geldpreise, auch werden hierzulande keine Wetten auf sie abgeschlossen. Dennoch kann ein schneller Windhund während seiner Rennlaufbahn die verschiedensten Trophäen nach Hause bringen und begehrte Renntitel erwerben.

Bei den in Deutschland und den meisten angrenzenden europäischen Nachbarländern gepflegten Windhundrennen handelt es sich um »Amateur-Rennen«, die in erster Linie um der Hunde und ihrer Bewegung willen veranstaltet werden, wobei natürlich auch die Besitzer ihre Freude und ihr sportliches Erlebnis haben sollen.

In Ländern wie England, Amerika und Australien hat sich das »Profi-Rennen« etabliert und in Verbindung damit eine gigantische Zucht- und Rennindustrie, animiert durch das lukrative Wettgeschäft. Während auf den kommerziellen Bahnen aber nur Greyhounds zum Einsatz kommen, legen wir auf den hiesigen Rennbahnen Wert darauf, daß alle Windhundrassen ihre Rennambitionen pflegen können.

Diese Galopp-Phase zeigt das Zusammenziehen und Aufsetzen auf einem Bein.

Links: Beim Hinderniscoursing kann man so recht die machtvolle Sprungkraft eines Windhundes erkennen.

Auch das Coursing hat sein Vorbild in den angelsächsischen Ländern. Bereits im 18. Jahrhundert fand dort die Hasenhetze mit Greyhounds nach sportlichen Regeln statt, und so hat sie sich bis heute erhalten.

Was ist das Coursing? Das Coursing in Großbritannien ist der Wettbewerb in bezug auf Schnelligkeit und Geschicklichkeit hinter dem lebenden Hasen. Ein Feldrichter beurteilt dabei die Arbeit je eines Paares Windhunde und vergibt Punkte, die sie entweder im Wettbewerb weiterkommen oder ausscheiden lassen. Dabei findet die irische Form, das »Park Coursing«, im eingezäunten Gelände statt, während das englische »Open Coursing« in offenem, natürlichem Gelände veranstaltet wird. Bei ersterem geht die Hetze über ein relativ kurzes Feld, an dessen Ende die vorher gefangenen und trainierten Hasen die Möglichkeit haben, sich durch Schlupflöcher in Sicherheit zu bringen. Beim Open Coursing werden freilebende Hasen aufgespürt und über meist wesentlich längere Strecken gehetzt, wobei die Hunde durch die Haken des Hasen viele Male aus dem Rhythmus gebracht werden. Das Ziel ist nicht eigentlich, den Hasen zur Strecke zu bringen (das sehen die Clubs gar nicht einmal so gerne), sondern die Fähigkeiten der Hunde zu messen. Angeblich werden von den Greyhounds nur ca. 5 bis. 10% der Hasen gefangen.

Auch unsere Coursings werden im freien Gelände abgehalten. Im Unterschied zu Großbritannien ist bei uns jedoch die Hetzjagd auf lebendes Wild verboten. Der Zickzackkurs des Hasenzugs imitiert die Fluchtbahn eines Hasen in freier Wildbahn. Diese Rennart entspricht dem natürlichen Jagdverhalten der Windhunde am getreuesten. Die Strecke ist etwa 450 m lang und wird nach jedem Durchgang neu abgesteckt, um die teilnehmenden Windhunde vor eine neue Aufgabe zu stellen. Es starten immer zwei Hunde, von denen derjenige die mei-

Ein modernes, elektronisch gemessenes Zielfoto, das eine exakte Plazierung der einlaufenden Afghanen und die Ermittlung ihrer Zeit erlaubt.

sten Punkte bekommt, der dem künstlichen Hasen am genauesten folgt. In zweiter Linie wird die Schnelligkeit bewertet.

Coursings sind für den Veranstalter mit einem großen Aufwand verbunden und werden seltener abgehalten als Windhundrennen. Den deutschen Coursings würde man insgesamt noch mehr Phantasie hinsichtlich der Auswahl des geeigneten Geländes und der Simulierung eines »natürlichen« Jagdverlaufes wünschen. Beispielgebend präsentiert sich auf diesem Gebiet das Nachbarland Frankreich, wo Coursings über Strecken von 250 bis 900 m Länge gezogen und abwechslungsreich gestaltet werden, die in der Streckenlänge sowie Anzahl und Schwere der Hindernisse den Eigenarten der verschiedenen Windhundrassen angepaßt sind.

Die einzelnen Windhundrassen laufen unter sich. Das Rennreglement schreibt als Mindestalter für Whippets und Windspiele 15 Monate, für alle anderen 18 Monate vor. Das Höchstalter für alle Rassen ist acht Jahre. Die Ausrüstung für den Rennhund besteht aus einem Satz verschiedenfarbiger Renndecken, die mit den Nummern 1 bis 6 versehen sind und über dem Rücken getragen werden. Dazu wird aus Sicherheitsgründen ein leichter Maulkorb aus weitmaschigem Draht- bzw. Plastikgeflecht angelegt. Und natürlich ist ein gut sitzendes Halsband und eine feste Leine nötig, um die Hunde vor und nach dem Rennen gut unter Kontrolle zu behalten.

Die Rennhunde müssen im Besitz einer Rennlizenz sein, die sie vorher durch einwandfreie Trainingsläufe erworben haben. »Einwandfreies« Laufen beinhaltet, daß der Rennhund aus dem Startkasten startet und das vorweggezogene Lockmittel mit Einsatz verfolgt, ohne den Rennablauf durch Stehenbleiben oder Ausbrechen zu stören und ohne seine Konkurrenten anzugreifen oder zu rempeln. Solche Störversuche werden bei offiziellen Rennen mit der Disqualifikation des Rennhundes geahndet.

Als weitere gibt es noch die Form der Solorennen, bei denen jeder Hund für sich allein läuft und die schnellste Zeit entscheidet.

In der offiziellen Rennordnung, die beim DWZRV zu erhalten ist, sind alle Punkte und Regeln festgehalten, die für die Durchführung eines Rennens wichtig sind. Wer sich zu einem Rennen melden will, erfährt alles Nähere aus der vom ausrichtenden Verein veröffentlichten »Ausschreibung«. In ihr sind alle Modalitäten des Rennens verzeichnet, so die Länge der Rennstrecke, der Beginn und die Art der Durchführung der Veranstaltung, ausgeschriebene Ehrenpreise und ähnliches. Selbstverständlich wird man nur Hunde in guter gesundheitlicher Verfassung zum Rennen melden. Krankheitsverdächtige, hitzige, trächtige oder gerade abgesäugte Hündinnen muß der Bahntierarzt zurückweisen. Jede Art von Doping ist natürlich verboten.

Wie bringt man seinen Windhund zum Rennen?

Die meisten Windhunde sind Naturtalente. Ihr Hetztrieb veranlaßt sie von selbst, dem Lockmittel auf der Rennbahn zu folgen. Was sie lernen müssen, ist das Drum und Dran, die Eingliederung in den technischen Ablauf.

Natürlich kann man den Renneifer seines Windhundes durch vorbereitendes Spiel schon frühzeitig fördern. Bereits im Alter von 3 bis 4 Monaten kann man ein Stückchen Fell oder Tuch an einer »Angel« befestigen und vor dem Tierchen herziehen, was ihm großen Spaß macht. Solche Übungen soll man aber nur hin und wieder vornehmen, wie man auch später das Training nicht übertreiben soll, damit der Reiz der Angelegenheit nicht verlorengeht.

Die meisten Besitzer eines Windhundes wird es interessieren zu erfahren, ob ihr Hund denn wohl auf der Rennbahn laufen würde. Selbst wenn man nicht von vornherein vorhat, mit seinem Hund »Europa-Rennsieger« zu werden, so möchte man ihm doch Gelegenheit zum Rennen geben, wenn er sich als begabt dazu herausstellt. Wie machen wir nun unseren Windhund am besten mit dem Rennen vertraut?

Im Alter von 8 bis 9 Monaten nehmen wir ihn mit auf die Trainingsbahn. Einige Male geht er nur mit, um sich mit der Atmosphäre vertraut zu machen und ein wenig zuzusehen. Dann kommt der große Augenblick: Der Hund soll das erste Mal laufen. Der Anfänger startet zunächst aus der

Zwei Deerhounds beim Coursing in Naturgelände. Hier gibt der Zickzackkurs der mechanisch vorausgezogenen Hasenattrappe die größtmögliche Simulation eines »natürlichen Jagdverlaufs«.

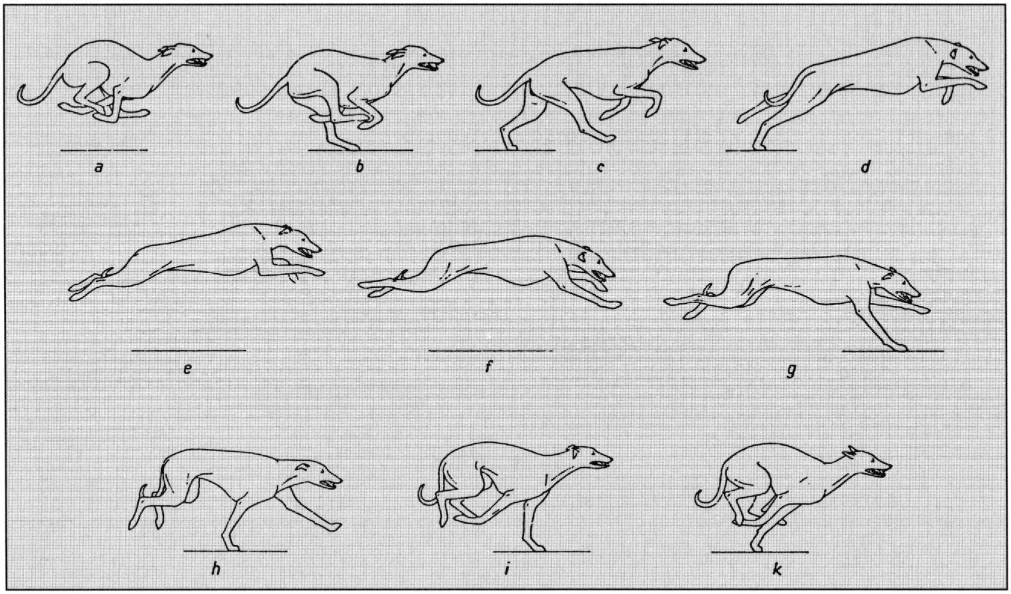

Zehn Bewegungsphasen (a–k) beim Renngalopp eines Greyhounds. Die einzelnen Bilder wurden nach einem Zeitlupenfilm gezeichnet.

Hand, allein selbstverständlich, und nur eine kurze, gerade Strecke. Der Hasenzieher muß auf den Junghund aufmerksam gemacht werden, damit er das Fell nicht zu schnell zieht und nicht zu weit vorlegt.

Wir haben Zeit und Geduld mit dem jungen Hund. Das Training bauen wir langsam auf und verlangen noch keine großen körperlichen Leistungen. Später, wenn der junge Hund die ganze Strecke sicher bis zum Ziel läuft, kann er auch an Maulkorb und Startkasten gewöhnt werden. Zuerst läßt man ihn bei offener Klappe einige Male hindurchlaufen. Wenn er weiß, daß dies der Weg zu dem begehrten »Hasen« ist, wird er bald hineindrängen. Sobald der Hetztrieb stark genug ist, beginnt er auch mit anderen Hunden zu laufen. Es ist wichtig, daß er nur mit absolut sicheren Läufern startet, die ihm ein gutes Beispiel geben. Ein Rüde läuft gewöhnlich komplikationslos mit einer Hündin zusammen. An älteren, nicht so schnellen Hunden lernt er zu überholen und sich nach vorn zu setzen.

Vor dem Start ist es wichtig, daß unser Hund sich schon ein wenig warmgelaufen hat. An kühlen Renntagen ist es sinnvoll, daß kurzhaarige Windhunde eine wärmende Decke tragen, die ihre Muskeln vor Verhärtung durch Kälteeinwirkung schützt.

Nach dem Rennen führen wir unseren Hund noch eine Weile auf und ab, bis der Atem wieder ganz ruhig geht. Jetzt darf er ein wenig Wasser, eventuell mit Traubenzucker oder Honig, erhalten.

Nun erst können wir ihn wieder im Auto ablegen, das so geparkt sein sollte, daß es im Schatten steht und daß unser Hund nicht den Blick auf die Bahn hat. Ansonsten deckt man den Wagen mit einer Plane ab und sorgt für genügend Luftzufuhr. Der

Rennhund erhält immer erst nach Abschluß des Renntages sein Futter.

Ist der Hund ausgebildet, kann er durch die wöchentlichen Trainingsläufe seine Kondition steigern. Kondition bekommt er natürlich nicht nur auf der Rennbahn, sondern in erster Linie auch durch täglich ausreichende Bewegung. Wir werden bald einmal auf einen anderen Trainingsplatz fahren, damit unser Hund auch andere Bahnen kennenlernt. Wenn er auch ab Mitte des zweiten Lebensjahres schon zu offiziellen Rennen starten darf, so lassen wir es doch langsam anlaufen.

Zu ernsthaften Rennleistungen ermuntert ein weitsichtiger Windhundbesitzer sein Tier erst ab dem dritten Jahr. Um so länger wird es später fit sein und dauerhafte Leistungen bringen.

Selbstverständlich sollte unser Hund immer nur aufmunternde und liebevolle Worte hören, egal wie er gelaufen ist. Man kann von einem Hund nicht mehr erwarten, als er von Natur aus mitbringt. Manche Hunde laufen trotz geduldigster Trainingsmethoden nicht sauber mit anderen zusammen. Wer in erster Linie seinem Hund zur Freude das Rennen anfing, der wird sich damit abfinden und ihn künftig in Ruhe allein seine Trainingsläufe machen lassen. Der Hund hat auch sein Vergnügen, und der Besitzer kann seinen Hund zum Zeitvergleich mit anderen Einzelläufern auf sogenannten Solorennen melden.

Der Sand wirbelt auf beim Einlauf der Greyhounds ins Ziel. Der weiche Sandauslauf schützt die Pfoten der Hunde beim abrupten Abbremsen.

Die Ausstellung

Während der Vorführung sollte sich der Aussteller ganz auf seinen Hund konzentrieren. Hier wird der korrekte Stand der Afghanen-Hündin noch einmal überprüft, die mit vorne gerade und parallel und hinten harmonisch ausgestellten Gliedmaßen sowie mit ihrer stolzen Körperhaltung ihre Vorzüge bereits im besten Licht präsentiert.

Nachdem wir Sinn und Zweck der Ausstellung bereits zu Anfang dieses Buches theoretisch besprochen haben, wollen wir uns jetzt der praktischen Seite zuwenden. Im Alter von 9 bis 18 Monaten kann der Junghund in der **Jugendklasse** zur Bewertung angemeldet werden und ab 15 Monaten in der **Offenen Klasse.** Für Hunde, die bereits entsprechende Sieger- oder Championtitel erworben haben, gibt es die **Championklasse.** Wenn Sie den Hund schon vorher Ausstellungsluft schnuppern lassen wollen, können Sie ihn mit 6 bis 9 Monaten in der **Jüngstenklasse** melden.

Beim Richten werden die Wertnoten Vorzüglich, Sehr gut, Gut, Genügend beziehungsweise Ungenügend gegeben. Der beste mit Vorzüglich bewertete Hund erhält auf einer nationalen Ausstellung das CAC, die Anwartschaft auf das nationale Championat. Auf einer internationalen Ausstellung kommt dazu das CACIB zur Vergabe, die Anwartschaft auf den Titel des Internationalen Champions. Während sich um das CAC die beiden erstplazierten Hunde aus der Offenen und der Leistungsklasse bewerben, kommt um das CACIB dazu der Beste aus der Siegerklasse mit ins Stechen. Die Berechtigung für die Leistungsklasse kann ein Windhund durch eine entsprechende Leistungsurkunde über Rennleistungen nachweisen, für die Siegerklasse durch anerkannte Ausstellungs-Siegertitel. Neben CAC-Spezialzuchtschauen der Rassezuchtvereine und internationalen CACIB/CAC-Zuchtschauen gibt es weitere, auf denen zusätzlich Titel wie Deutscher Bundessieger, Europa- und Weltsieger auf internationaler Ebene und Landes- und Verbandssieger auf nationaler Ebene vergeben werden.

Ideal zum Eingewöhnen für den Anfänger ist wahrscheinlich die lokkere Atmosphäre einer Windhund-Spezialzuchtschau, die im Freien stattfindet. Dort sind nur Windhunde anzutreffen, die außerhalb des Richtens spazierengeführt oder im Auto abgelegt werden können.

Die internationalen Ausstellungen finden gewöhnlich in Hallen statt und versammeln Hunde sämtlicher Rassen zu publikumsfrequentierten Großveranstaltungen. Dort verbringt

Ihr Hund die meiste Zeit in seiner numerierten Box, weshalb eine weiche Unterlage für ihn und eine Sitzgelegenheit für Sie selbst mitgebracht werden sollten. In den Verbandszeitschriften werden fortlaufend die anstehenden Ausstellungen veröffentlicht, ebenso die Adressen, bei denen man Ausschreibungen erhalten und an die man die Meldung schicken kann.

Beraten Sie sich mit dem Züchter Ihres Hundes, wann es seiner Meinung nach Sinn hat, das erste Mal auszustellen. Es ist gut, sich vorher selbst einmal mit den Rassekennzeichen vertraut zu machen, denn wenn ein Hund grobe Abweichungen davon zeigt – wie zum Beispiel hochstehende statt hängende Ohren oder eine unerwünschte Haarfarbe, oder wenn Whippets und Windspiele das Größenmaß überschreiten –, so haben sie keine Chancen auf einer Ausstellung. Vorbedingung für den Rüden ist, daß er beide Hoden hat. Die Hündin darf nicht hitzig und nicht sichtbar trächtig sein.

Die obligate Gebißkontrolle. Hierbei sollte der ausgestellte Hund möglichst ruhig und gelassen bleiben – so, wie es dieser Sloughi-Rüde zeigt.

Was wird an Ihrem Hund bewertet? Bei der Beurteilung eines Hundes hält der Richter sich an den Standard, die offizielle Rassebeschreibung, in dem alle Einzelpunkte ausführlich beschrieben sind. Zuerst wird sich das Augenmerk des Richters auf den Gesamteindruck richten, der für die Rasse und das Geschlecht typisch sein soll. Dann werden natürlich sämtliche anatomischen Details bewertet, die in Übereinstimmung mit dem Standard und in einem harmonischen Verhältnis zueinander stehen sollen.

Abgesehen von den speziellen Rassemerkmalen sind allgemeine Qualitäten gefordert, die allen Rassen gleichermaßen eigen sein sollen. Von Bedeutung im übergeordneten Sinn sind beispielsweise Begriffe wie Adel oder Substanz, die sich nicht gegenseitig ausschließen müssen. Ein Plus für jeden Hund ist ein Hals von guter Länge, eine tiefe Brust, eine gut aufgezogene Bauchlinie, viel Pigment sowie ein dunkler Nasenspiegel und möglichst dunkle Augenfarbe. Die glatthaarigen Rassen sollen möglichst kurzes, feines Fell haben, die langhaarigen dagegen eine gute Dichte und Fülle des Haares.

Bei allen Rassen wird auch ganz besonders auf einen einwandfreien Stand geachtet werden. Die Vorderbeine sollen von vorn gesehen gerade nebeneinander, von seitwärts gesehen senkrecht stehen, ohne im Fußwurzelgelenk eingeknickt zu sein. Sind die Vorderläufe wie O-Beine geformt, spricht man von Faßbeinigkeit. Sind die Ellenbogen an die Brust gedrückt und der Mittelfuß nach außen gestellt, so spricht man von französischem Stand (Abbildung S. 53).

Die Hinterläufe müssen ebenfalls parallel gestellt sein, jedoch etwas breiter. Der Mittelfuß soll senkrecht stehen. Stehen die Partien vom Mittelfuß abwärts nach außen, wird die Stellung als kuhhessig bezeichnet. Stehen die Mittelfüße zwar gerade, jedoch zu eng nebeneinander, handelt es sich um Enghessigkeit. Sind die Hinterläufe wie O-Beine gebildet, spricht man von Säbelbeinigkeit.

Ein wichtiger Gesichtspunkt speziell für den Windhund ist die Bewegung. Beim Laufen ist das Zusammenspiel aller Teile des Bewegungsapparates ersichtlich. Das Gangwerk des Windhundes soll flüssig und flott sein. Die großen Windhunde sollen möglichst raumgreifende Bewegungen zeigen, mit weitem Vortritt und kräftigem Schub aus der Hinterhand. Schlenkern, Aus- oder Eindrehen oder Kreuzen der Gliedmaßen beim Traben muß der Richter als Fehler werten.

Auch das Wesen des vorgeführten Hundes spielt bei der Bewertung mit eine Rolle, das heißt, es werden Gelassenheit und Nervenfestigkeit erwartet. Der Hund soll aufmerksam bei der Sache sein und eine natürliche, selbstbewußte Haltung zeigen.

Durch den obligatorischen Blick in den Fang stellt der Richter schließlich fest, ob es sich um ein korrektes Gebiß mit der ursprünglichen Zahl von 42 Zähnen handelt. Im Prinzip weisen alle Windhunde ein Scherengebiß auf, wobei manchen auch eine Zange zugestanden wird. Das vollständige Gebiß besteht aus 12 Schneidezähnen, 4 Fangzähnen, 14 Prämolaren (vordere Backenzähne) und 12 Molaren (hintere Backenzähne). Grobe Abweichungen davon, wie Vorbiß oder Rückbiß sowie eine bestimmte Minderzahl an Zähnen schließen einen Hund, auch wenn er noch so schön ist, von der Mindestnote zur Ankörung aus. CACIB und CAC kann vergeben werden, wenn nicht mehr als höchstens zwei Prämolaren fehlen. Fehlen mehr als drei, muß die Note unter »Sehr gut« liegen.

Am Schluß des Richtens erhalten Sie einen schriftlichen Richterbericht mit den Bewertungen der verschiedenen Punkte.

Wenn Sie also die äußeren Werte Ihres Windhundes bewerten lassen, so sollten Sie diese auch so vorteilhaft wie möglich präsentieren. Orientieren Sie sich beizeiten, auf welche Merkmale es speziell bei Ihrer Rasse ankommt.

Auf der Ausstellung wird von Ihrem Windhund nicht viel anderes erwartet als das, was sowieso eine Selbstverständlichkeit sein sollte: Daß er sich gut gepflegt und in ansehnlichem Haarkleid vorstellt und daß er bereitwillig den beiden Aufforderungen nachkommt, die im Ring an

Dieser Irish Wolfhound gibt ein vorzügliches Beispiel für die erwünschte optimale Trabaktion. Seine weit ausgreifenden Schritte wirken mühelos und trotz der maximalen Substanz dieser Rasse fast schwerelos.

Am Schluß der Ausstellung nehmen alle Hunde, die als Beste ihrer Rasse gekürt wurden, Aufstellung im Ehrenring. Ein Richtergremium wird nun noch den »Best in Show« wählen. In der Reihe von links nach rechts: Greyhound, Sloughi, Afghane, Saluki und Windspiel.

ihn gestellt werden, nämlich entweder stillzustehen oder zu laufen.

Ein Windhund in der richtigen Kondition – nicht nur für Ausstellungen, sondern generell – ist schlank und trocken. Seine Konturen werden von Muskeln, nicht aber von Fettpölsterchen abgerundet. Die kurzhaarigen Rassen haben glattes glänzendes Fell und die langhaarigen volles, locker fallendes Haar als Zeichen ihres richtigen Ernährungs- und Pflegezustandes. Ihr Windhund soll keine gekünstelten Stellungen einnehmen, sondern in unverkrampfter, aber aufmerksamer Haltung solange still stehen, bis der Richter sich ein sicheres Bild von ihm machen konnte. Steht Ihr Hund verspannt oder will er sich legen, gehen Sie mit ihm einen Schritt, so daß sich die Stellung ändert, oder rücken Sie ein falsch belastetes Bein in die normale Position.

Ein Orientale beispielsweise, von dem eine horizontale Rückenlinie erwartet wird, sollte nicht mit rund gezogenem Rücken vor dem Richter stehen, was dadurch entstehen kann, daß er sich zu sehr in die Leine stemmt oder daß der Besitzer ihn unter dem Bauch hält. Ein englischer oder russischer Windhund kann durch langes Stehen ermüdet den Rücken durchhängen lassen, der bei ihm Spannung zeigen sollte. Ihn muß man wieder in eine aufmerksame Stellung bringen.

Jetzt bewährt es sich, wenn Ihr Hund Menschenansammlungen gewohnt ist und auf ein gewisses Maß an geschäftigem Treiben rechtzeitig vorbereitet wurde. Auch die Annäherung des Richters und die Prüfung des Zahnstandes wird Ihr Hund ruhig dulden, wenn Sie ihn von Jugend an mit der Gebißkontrolle vertraut gemacht haben. Mancher Richter wird auch einige Details des Körperbaus wie Rückenfestigkeit, Rutenlänge oder Beschaffenheit der Muskulatur per Hand nachprüfen wollen. Der Hund, der darauf verschüchtert oder hysterisch reagiert, wird keinen edlen, stolzen Eindruck mehr machen können.

Zum Vorführen des Gangwerks ist natürlich Leinenführigkeit Voraussetzung, die Sie mit Ihrem Windhund beizeiten eingeübt haben müssen. Die Leine sollte in der Aktion möglichst locker durchhängen, und man darf nicht zwischen Richter und Hund laufen, um den Hund nicht zu verdecken. Sollte Ihr Hund an der Leine vorwärts zerren oder sich in den Boden stemmen, wird der Richter kein harmonisch fließendes Gangwerk zu sehen bekommen. Als Dame sollten Sie bequeme Schuhe wählen, wenn Sie Ihren Hund im richtigen Tempo (fließender Trab) führen und ihn nicht behindern wollen.

Konzentrieren Sie sich während des Vorführens im Ring ganz auf Ihren Hund, besonders dann, wenn der Richter herschaut. Sprechen Sie dem Hund aufmunternd zu, und erhalten Sie sich seine Aufmerksamkeit durch kleine Zeichen oder gegebenenfalls durch ein Stückchen Lieblingsfutter, falls er zu jenen gehört, die darauf ansprechen. In der Hocke haben sie die bessere Perspektive, um die Haltung Ihres Hundes zu überprüfen. Jeder Hund hat irgendwelche Vorzüge. Die sollten Sie kennen und durch geschicktes Vorführen besonders in den Vordergrund rücken.

Die Übung macht auch hier den Meister. In der Jugendklasse haben Sie noch Zeit zum Lernen, und Ihr Hund hat noch Entwicklungsmöglichkeiten. Manche Aussteller stürzen sich so früh wie möglich in die Praxis. Nachdem aber Ihr junger Hund nicht direkt an die Spitze kommt, weil er neben den älteren Konkurrenten einfach noch nicht reif genug ist, ziehen Sie sich frustriert zurück und geben auf. Dabei ist zu bedenken, daß es neben früh reifen viele spät reife Tiere gibt, die ihre beste Phase erst ab 3 Jahren bekommen. Geduld macht sich auch auf diesem Gebiet bezahlt. Gewöhnlich bedarf es sowieso mehrerer Ausstellungen, bis Herr und Hund das richtige Gefühl für ihr Auftreten und ihr Zusammenwirken bekommen.

Das Urteil, wie es auch ausfällt, akzeptieren Sie dankend. Die Richter und die vielen Helfer sind ehrenamtlich und im Interesse der Förderung Ihrer Rasse tätig. Ob Sie zufrieden sind oder enttäuscht – üben Sie Fairneß. Sie dürfen es auf einer anderen Ausstellung noch mal versuchen. Jede Ausstellung bietet andere Chancen. Die Form Ihres Hundes kann sich verbessern, ein anderer Richter nimmt die Bewertung vor, und andere Hunde sind im Wettbewerb. Die Art, den Standard auszulegen und Schwerpunkte zu setzen, kann von Richter zu Richter etwas variieren, und das ist gut so. Gerade bei Hundeausstellungen wecken Siegen und Verlieren, gute oder weniger gute Noten teils heftige Emotionen bei den Besitzern. Auch wenn Sie noch gar nicht wußten, wie perfekt Ihr Hund ist, oder aber wenn Sie sich vielleicht erst damit abfinden müssen, daß er einen Mangel hat – das Wichtigste ist Ihre persönliche gute Beziehung zu Ihrem Hund, und die sollte unbeeinflußt von Erfolg oder Mißerfolg auf Ausstellungen bleiben.

KAPITEL 13

Die Zucht

Windhundzucht unter artgemäßen Bedingungen ist ohne Idealismus und umfassendes Engagement nicht möglich. Sie beinhaltet mehr als nur die vorübergehende Versorgung niedlicher Kleinwelpen. Aus dem Züchteralltag: Die Sloughi-Familie (Elternpaar und drei Jungtiere) wird für den Ausgang vorbereitet.

Wer einmal einen Wurf hat, heißt bereits Züchter. Jedermann kann Hunde züchten, aber dauerhaft gute Exemplare einer Rasse hervorzubringen, ist keine so leichte Sache. Daß jemand mit seiner Hündin einmal einen Wurf machen möchte, ist ein verständlicher Wunsch. Wahrscheinlich wird bei ihm in erster Linie der Gedanke im Vordergrund stehen, ein Junges seiner Hündin zu bekommen bzw. einmal Junge aufzuziehen. Wer aber nach dem dritten Wurf noch dabei ist, der wird und sollte bereits ein anderes Motiv für seine Tätigkeit gefunden haben: Er hat das im Auge, was der Rasse förderlich ist, was ihr im Moment und auf weitere Sicht gesehen not tut. Seine an der Praxis gereifte Erfahrung wird ihn dazu befähigen, einen wesentlichen Beitrag zum Bestand der Rasse und für ihre Zukunft zu leisten. Um einer weit gesteckten Vorausplanung willen mag er auch Schritte tun, die Außenstehenden für den Moment vielleicht wenig populär erscheinen. Der langjährige Züchter weiß um die übergeordnete Verantwortung für seine Rasse.

Bei Windhunden gilt es ja nicht, die Entwicklung in neue Bahnen zu lenken, irgend etwas an der Rasse als solcher verbessern zu wollen, sondern das alte, bewährte Rassebild zu erhalten oder Fehlentwicklungen, die durch Modeströmungen entstanden sein könnten, wieder auszugleichen. Wichtig ist immer, daß ein Züchter neben dem standardgemäßen Äußeren auch das Wesen der Rasse im Auge behält, das heißt unter anderem auch die Hetzeigenschaften, die den Windhund erst zum Windhund machen. Es kann nicht Sinn einer seriösen Zucht sein, nur noch das schöne Äußere zu pflegen und Windhunde etwa als luxuriöse Begleithunde zu verkaufen, auch wenn entsprechende Nachfragen dazu verführen möchten.

Züchten ist eine Kunst. Man braucht Talent dazu; und wie man weiß, sind Leute mit Talent selten. Man muß den Willen haben, sich an anderen zu schulen. Man muß fähig sein, zu vergleichen. Man braucht viel gesunden Menschenverstand. Man muß, was ganz wichtig ist, Objektivität besitzen, und nicht vor lauter Liebe seinen eigenen Hunden und deren Fehlern gegenüber blind sein. Eine erfolgreiche und qualitätvolle Zucht, womöglich über Jahre, wird nur jenen gelingen, die ihre eigenen Hunde kritisch genug beurteilen können, die genügend Kenntnisse der Rasse haben, die zuverlässig arbeiten und dazu über eine echte Passion und Hingabe verfügen.

Der langjährige Züchter (hier kann es auch heißen: die Züchterin bzw. die Züchterfamilie), der zum Wohle seiner Rasse arbeitet, hat dieser Sache mehr oder minder sein ganzes Leben gewidmet. Nicht deshalb, weil er keine anderen Hobbies gehabt hätte, sondern weil die Zucht mit allem, was daran hängt, eine so umfassende Beschäftigung ist, daß er gar nicht anders kann.

Ein langjähriger Züchter hat in der Regel einen größeren Bestand an Hunden. Das sind dann nicht nur schöne, junge und attraktive Tiere in genau begrenzter und geplanter Zahl, so wie das ein Privatbesitzer für sich planen kann. Wenn ein Züchter mit Herz und Liebe dabei ist, verbringen bei ihm auch die alten Tiere ihren Lebensabend. Es gibt Tiere, die noch keinen Abnehmer fanden oder sich vielleicht auch nicht abgeben lassen, oder »Sozialfälle«, die er aufgenommen hat, um ihnen Schlimmeres zu ersparen. Dann natürlich die Tiere im besten Alter, mit denen er sich am Windhundsport und an Ausstellungen beteiligt. Daneben bleiben in der Regel auch immer wieder Lieblinge aus seinen Würfen bei ihm, die ihm besonders ans Herz gewachsen sind … und im Laufe der Jahre ist zwangsläufig eine Gruppe zusammen, die er sich am Beginn seiner Zucht niemals hätte träumen lassen.

Theoretische Voraussetzungen

Der Gedanke an Zucht ist berechtigt, wenn man ein besonders typvolles Tier mit hohen äußeren und wesensmäßigen Qualitäten besitzt. Zuchtschauen und Rennen vermitteln uns ein Bild vom Ideal unserer Rasse und sind gleichzeitig der Maßstab, nach dem man die Zuchttauglichkeit seines eigenen Hundes bemessen kann.

Pharaoh-Hound-Welpen im Spiel mit der Züchterin. Welpen brauchen intensiven menschlichen Kontakt und Beschäftigung mit ihnen.

Wenn er zudem gesund ist (d. h. wenn er frei ist auch von verdeckten Erbkrankheiten) und auch abstammungsmäßig einwandfrei, so spricht nichts dagegen, wenn sich der Besitzer gedanklich mit einem passenden Zuchtpartner beschäftigt.

Der Züchter in spe sollte gute Kenntnisse »seiner« Rasse haben. Er muß nicht unbedingt schon Experte sein, aber er sollte doch wissen, was es mit dieser Rasse auf sich hat, woher sie kam und zu welchem Zweck sie gebraucht wurde und worauf es heute ankommt. Man sollte gute und bewährte Blutlinien kennen und typische, gute Repräsentanten und Vererber der Rasse. Man sollte sich auch klar sein über die Merkmale und Eigenschaften, die man bevorzugt züchten möchte und über die, die man auf keinen Fall tolerieren möchte.

Im konkreten Fall sollen sich Rüde und Hündin in ihren Vorzügen ergänzen, und der eine soll die eventuellen Schwachpunkte des anderen ausgleichen können. Keinesfalls sollten beide die gleichen Fehler haben, denn die Welpen werden die Summe der Eigenschaften ihrer Eltern verkörpern. Auf ein Wunder zu hoffen, hat keinen Sinn. Auch die Erforschung der Verwandtschaft beider Tiere ist sehr aufschlußreich, denn bestimmte Fehler einer Linie brauchen sich zwar bei einem einzelnen Tier nicht zu zeigen, können aber bei dessen Nachkommen wieder auftreten.

Für den Hündinnenbesitzer ist die Partnerwahl von vorrangiger Bedeutung, denn für die Zuchtprodukte ist er verantwortlich. Aber auch der Rüdenbesitzer sollte nur nach ähnlich verantwortungsvoller Überlegung sein Tier zum Decken zur Verfügung stellen. Sein Rüde wird in vielen Ahnentafeln aufgeführt werden, und nur durch gute Nachkommen wird ihm ein würdiges Denkmal gesetzt. Bei der Zuchtplanung darf und sollte der unerfahrene Züchter durchaus die Beratung durch erfahrene Züchter seines Rassehundezuchtvereins in Anspruch nehmen.

Abgesehen von einem präzisen Wissen über die Rasse und deren spezielle Belange sollten Sie sich ohne das Studium von Spezialliteratur über Trächtigkeit, Geburt und Welpenaufzucht nicht an die Zucht heranwagen. Das Kapitel dieses Buches kann nur in groben Zügen aufzeigen, was Sie erwartet. Sie sollten jedoch nicht nur auf den Normalfall eingerichtet sein, sondern auch das Hintergrundwissen besitzen, um bei eventuellen Komplikationen nicht ratlos dazustehen.

Praktische Voraussetzungen

Wenn auch die richtige Wahl der Zuchttiere die erste Bedingung ist, so ist der zweite Punkt, nämlich die sachkundige Aufzucht der Jungtiere, mindestens ebenso wichtig für das Gelingen der Zucht. Nicht nur die Vererbung, auch die Umwelteinflüsse haben ja einen wichtigen Anteil an der Entwicklung der Welpen. Und an diesem wichtigen Punkt müssen die weiteren Überlegungen ansetzen – und zwar zur rechten Zeit, nämlich vorher.

Hundezucht an sich, wenn verantwortungsvoll betrieben, ist eine Liebhaberei. Ihre Erfolge können ideeller, in der Regel jedoch nicht materieller Art sein. Windhundzucht unter artgemäßen Bedingungen ist ohne Idealismus nicht möglich. Sie verlangt einen hohen Einsatz an Interesse und Liebe für die Sache, an finanziellen Investitionen und letztlich ganz praktische Arbeitsleistung. Die Zucht seltener Windhundrassen schließlich und das Gewinnen weiterer Liebhaber für sie verlangt echte Passion. Das Engagement des Windhundzüchters erschöpft sich nicht in der optimalen Aufzucht der Welpen. Es schließt die umfassende Beratung und Betreuung seiner Käufer ein. Die Aktivitäten setzen sich fort in der Beteiligung seiner selbst gezüchteten Hunde am Ausstellungs- und Rennsport.

Prüfen Sie also realistisch Ihre Verhältnisse und Möglichkeiten. Es nützt nichts, sich Illusionen hinzugeben, die dann wie Seifenblasen zerplatzen. Wie sind Ihre Voraussetzungen räumlich, zeitlich, materiell und bezüglich Ihrer Belastbarkeit?

Wenn schon ein gewisser Platz und Auslauf wichtig ist, um überhaupt einen einzelnen Windhund zu halten, ist die Frage des Geländes für denjenigen, der züchten will, von maßgebender Bedeutung. Haben Sie Platz, nicht nur eine Wurfkiste aufzustellen, sondern auch die junge Welpenschar ihren wachsenden Bedürfnissen gemäß unterzubringen? Dieser Platz muß trocken, beheizbar, belüftbar und gut zu reinigen sein. Abgesehen davon, muß er sich in Ihrer Nähe befinden, damit Sie jederzeit den Überblick haben.

Während das in den ersten vier bis fünf Wochen in der Wohnung ideal zu machen ist, ist spätestens danach Freilandauslauf unumgänglich. Die heranwachsenden Tiere brauchen zu ihrem Gedeihen Frischluft, Sonne und Freiland. Ausschließlich in der Wohnung gehalten, würden sie verweichlichen und könnten keine Widerstands- und Abwehrkräfte ausbilden. Abgesehen davon sind die Voraussetzungen für künftige Stubenreinheit nur da zu legen, wo die Welpen sich von ihrem Lager hinaus ins Freie bewegen können, um ihr Geschäft zu verrichten.

Der Auslauf, den die heranwachsenden Hunde benötigen, wird immer größer. Vergessen Sie nicht, daß junge Hunde bellen, raufen, toben und etwas kaputt machen. Jetzt ist es nicht mehr nur einer, wie bei der Aufzucht Ihres ersten Hausgenossen – jetzt sind es vielleicht acht, dazu Ihr erwachsenes Tier bzw. mehrere. Da man nun in der Regel nicht mehr mit allen Tieren an der Leine ausreichend spazierengehen kann, muß unbedingt ein Gelände vorhanden sein, das groß genug ist, um allen Tieren Platz zum Spielen und Toben zu bieten. Auch die Einstellung der Nachbarn zu Hunden und ihre Toleranz gegenüber den Geräuschen, die tobende Junghunde von sich geben können, ist zu bedenken.

Der Züchter hat anfangs einen Einsatz rund um die Uhr mit Füttern der diversen Mahlzeiten und den nachfolgenden Putzarbeiten. Die Welpen verlangen aber noch mehr als die Befriedigung ihrer körperlichen Bedürfnisse. Sie brauchen Kontakt und intensive Beschäftigung, und zwar mehrere Stunden täglich. Können Sie den Jungtieren soviel Zeit und Pflege widmen, um ihre artgemäße Entwicklung zu garantieren?

Gehen Sie nicht einfach davon aus, daß mit 8 bis 12 Wochen alles vorbei ist und liebe Menschen Ihre Welpen gekauft haben. Sie müssen darauf vorbereitet sein, daß Sie einige Welpen noch wochenlang, ja monatelang im Haus haben und daß einer, der verkauft war, vielleicht zurückkommt. Wer einen Wurf plant, muß vorher schon reelle Möglichkeiten sehen, seine Jungtiere zu plazieren. Wenn es bisher in seinem Bekanntenkreis keine Resonanz gab, und aus dem Kreis der Windhundliebhaber niemand Interesse an seinem Zuchtvorhaben bekundete, dann sollte er nicht erwarten, daß in dem Moment, wo seine Welpen im abgabefähigen Alter sind, plötzlich die Interessenten vor seiner Tür Schlange stehen. Auch wenn im Idealfall schon mehrere frühzeitige Reservierungen auf eine gute Unterbringung aller Welpen hoffen ließen, so sieht es oft konkret ganz anders aus, wenn es dann wirklich soweit ist.

Abgesehen von aller liebevollen Mühe braucht der Züchter auch ein kleines Kapital, das in einen Wurf investiert werden muß. Ehe der erste Welpe verkauft ist, mußte man schon eine Menge Geld ausgeben – für die Decktaxe und die oft weite Reise zum Deckrüden, die hochwertige Fütterung der Hündin und der Welpen, die Tierarztrechnungen, bei denen die Impfungen in manchen Fällen nur der kleinste Posten sind, Verkaufsanzeigen und Werbekosten sowie schließlich Gebühren für die Leistungen des Zuchtverbandes, der die Zucht kontrolliert und die Papiere ausstellt. Die kleinste Komplikation verteuert die Angelegenheit erheblich. In der Aufzucht zu sparen, wäre unverantwortlich. Wer seine Zucht mehr oder weniger nach finanziellen Gesichtspunkten betreibt, dem wird es nicht gelingen, auf die Dauer ein guter Züchter zu sein. Bei Punkten wie Fütterung, Tierarzt, Unterbringung, Heizung u. ä. kann man nicht mit den Tieren um ihre Bedürfnisse feilschen. Auch sollte man es sich leisten können, bei der Auswahl eines Käufers für einen Welpen kritisch sein zu können.

Wenn die Welpen, die oft über

Monate seiner aufopferungsvollen Pflege anheimgestellt sind, sich schließlich erwartungsgemäß entwickeln, so ist das meist der höchste Lohn für den Züchter. Denn eine materielle Abgeltung für alle Arbeit zu erhalten oder gar einen Gewinn zu erwirtschaften, wird in der Regel eine Illusion bleiben.

Nun muß zu Sachkenntnis und Engagement noch etwas anderes kommen, wenn das Zuchtunternehmen gelingen soll, nämlich eine gute Portion Glück. Denn neben dem, was sich berechnen und planen läßt, spielt auch noch das Unvorhergesehene eine nicht unwesentliche Rolle. Darum sollten Sie auch Ihre Bereitschaft überdenken, mit eventuellen Rückschlägen fertig zu werden.

Es können Schwierigkeiten auftreten – Geburtsschwierigkeiten der Hündin, erkrankte Welpen oder mißratene Welpen. Das ist zwar nicht an der Tagesordnung, sollte aber rechtzeitig theoretisch durchdacht werden.

Manchmal ist es auch mit der Abgabe noch nicht zu Ende: Die Erfahrungen, die ein Züchter mit den Käufern der Jungtiere machen kann, können deprimierend sein. Obwohl er glaubte, einen guten Platz gefunden zu haben, muß er manchmal nach einigen Wochen feststellen, daß der so sorgfältig aufgezogene Junghund unsachgemäß behandelt wurde und die neuen Besitzer sich des verdorbenen Hundes wieder entledigen wollen. Unversehens sieht sich der Züchter auch mit mancherlei menschlichen Problemen konfrontiert (Gesundheitsprobleme in der Familie des Käufers, Partner, die sich trennen, finanzielle Probleme, Wohnungsfragen, ein Baby kommt an oder ähnliches), zu deren Lösung auch die Rückgabe des Hundes an den Züchter ins Auge gefaßt wird. Alle Welt erwartet, daß der Züchter in jeder Situation Rat und Hilfe leistet.

Nur wenn Sie die vorgenannten Voraussetzungen in allen Punkten erfüllen, können Sie sich guten Gewissens an Ihren ersten Wurf wagen.

Sollte aber einer jener Punkte nicht gegeben sein, so ist es besser, das Züchten zu lassen. Es ist übrigens kein Nachteil für die einzelne Hündin, wenn sie keinen Wurf hat, genausowenig für den Rüden, wenn er nicht deckt. Die Neigung zu Scheinschwangerschaften bessert sich nicht durch die Mutterschaft, ebensowenig wie dadurch etwaigen Erkrankungen vorgebeugt wird. Vielmehr werden beide, Rüde und Hündin, das nicht vermissen, was sie nicht kennen.

Formelle Voraussetzungen

Der formelle Weg in die Zucht führt in Deutschland über die Ankörung. Dazu muß die Hündin im Vorfeld unter anderem bereits zweimal ausgestellt und entsprechend sehr gut bewertet worden sein. Auch über die erfolgte Ankörung des ins Auge gefaßten Deckrüden sollte sich der Züchter rechtzeitig vor der Paarung vergewissern.

Die weiteren Voraussetzungen und Informationen über den Vorgang selbst sind aus den aktuell gültigen Zuchtbestimmungen der Verbände zu entnehmen, denn Kör- und Zuchtbestimmungen können von Zeit zu

Würfen, die größer sind als 8 Welpen, und schließlich die Beantragung der Ahnentafeln für den Wurf usw. Bei eventuellen Problemen ist der Zuchtwart die Person, wo Sie sicher jederzeit Rat und Hilfe bekommen können.

Zartes Liebeswerben bei den Sloughis (vorne die Hündin, hinten der Rüde).

Zeit Änderungen erfahren, etwa dann, wenn das Tierschutzgesetz entsprechende Vorgaben erläßt oder wenn die Mitgliederversammlungen Modifikationen beschließen.

Insgesamt sind rund um den Wurf eine Reihe von Formalitäten zu erfüllen: die rechtzeitige Beantragung eines Zwingernamens beim Zuchtverband, die Meldung des erfolgten Deckaktes, die Bekanntgabe des Wurftermins innerhalb von 3 Tagen, Tätowierung und Impfung aller Welpen, die Wurfabnahme bis zum Alter von 8 Wochen durch den Zuchtwart, eventuelle weitere Formalitäten bei

Die Paarung

Hündinnen der großen Windhundrassen müssen am Decktag ein Mindestalter von 22 Monaten haben, Whippethündinnen 18 Monate und Windspiele 15 Monate. Wer seine Hündin in erster Linie um ihrer selbst willen hält, wird sie natürlich nicht gleich bei erster Gelegenheit decken lassen. Das Höchstalter ist 8 Jahre. Für Rüden gibt es keine Altersbegrenzung.

Der richtige Decktermin liegt in der Regel zwischen dem 8. und 15. Tag nach Beginn der Hitze. Individuelle Unterschiede sind möglich, auch von Rasse zu Rasse. Sicherheit kann eine Untersuchung beim Tierarzt schaffen. Die Hündin ist für einen Zeitraum von ca. fünf Tagen befruchtungsbereit. In jedem Fall beobachten Sie den Verlauf der Hitze und richten sich im übrigen nach dem Verhalten der Hündin: Sind alle Vorbedingungen gegeben, zeigt die Hündin dem Rüden gegenüber ihre Bereitschaft durch Zur-Seite-Nehmen der Rute und das sogenannte Stehen, und der Rüde durch Aufspringversuche. Beim Deckakt hängen die Tiere ca. 5 bis 20 Minuten zusammen. Unerfahrene Tiere kann man unterstützen, indem man ihnen hilft, nach dem Zusammenhängen in die richtige Position zu kommen und zu verharren (Kehrseite gegen Kehrseite) und nicht auseinanderzuziehen. Die Paarung kann nach 1 bis 2 Tagen zur Sicherheit wiederholt werden.

Nehmen Sie sich genügend Zeit, wenn Sie zum Rüden reisen. Richten Sie sich von vornherein auf geduldiges Warten ein, besonders wenn es sich um unerfahrene Tiere handelt. Die Paarung pflegt sich oft nicht automatisch zu vollziehen. Platzwechsel, Entfernung anwesender Personen, Weggehen und späteres Wiederkommen mit der Hündin können dazu dienen, das Interesse der Tiere aneinander zu wecken.

Ob trotz strikter Verweigerung der Hündin oder gegenseitiger Abneigung versucht werden soll, die Paarung zu erzwingen bzw. die künstliche Besamung in die Wege zu leiten, ist eine Frage, die der verantwortungsvolle Züchter nicht leichtfertig entscheidet. Manche Hündinnen akzeptieren statt des einen einen anderen Rüden.

Rüden- und Hündinnenbesitzer schließen einen Deckvertrag miteinander ab, der bei Eintragung der Welpen dem Zuchtverband mit vorzulegen ist. Ob die Decktaxe direkt oder nach erfolgtem Wurf entrichtet wird oder ob der Rüdenbesitzer statt dessen ein Jungtier erhält, sollte rechtzeitig schriftlich festgehalten werden. Auch nach dem Decken bleibt die Hündin unter Aufsicht, da weitere unerwünschte Befruchtungen durch andere Rüden theoretisch nicht auszuschließen sind.

Die Hündin ist trächtig

Die Trächtigkeit dauert gewöhnlich 58 bis 67 Tage, der Durchschnitt liegt bei 63 Tagen. Ist der 65. Tag vorbei, sollte vorsorglich der Tierarzt konsultiert werden. Während sich in den ersten 4 Wochen noch nichts verändert, hat die Hündin in der zweiten Hälfte der Tragzeit einen gesteigerten Bedarf an qualitativ hochwertigem Futter, das man ihr, wenn der Leibesumfang zunimmt, in 3 Mahlzeiten täglich reicht. Auf eine optimale Mineralstoff-, Spurenelement- und Vitaminversorgung ist zu achten. Reichliche, aber nicht übertriebene Bewegung wird die Hündin in guter Verfassung halten und die Geburt erleichtern.

In der Zwischenzeit wird eine Wurfkiste vorbereitet und die Hündin mit diesem Platz vertraut gemacht. Für die Bemessung der Grundfläche stellt man sich die Hündin auf der Seite liegend, ausgestreckt vor und nimmt dann anderthalbmal die Länge der Mutter und anderthalbmal ihre Höhe. Damit haben die Welpen neben der ausgestreckt in der Wurfkiste liegenden Hündin ausreichend Platz. Die Einfassung der Kiste muß so hoch sein, daß in den ersten 2 bis 3 Wochen die Welpen bei ihren Krabbelversuchen nicht herausfallen können.

Will man die Wurfkiste teilweise überdachen, so zieht man die Wände an drei Seiten hoch, daß die Mutter bequem aufrecht stehen kann. An der niedriger gehaltenen Ausschlupfseite sollten die Bretter herausnehmbar sein. Sie erleichtern der Mutter und dem menschlichen Betreuer den Zugang und können mit zunehmendem Alter der Welpen erhöht werden. Eine niedrige, oben offene Wurfkiste erleichtert die Hilfestellung während der Geburt. Die hohe, teilweise überdachte Kiste wiederum gibt den Welpen eine Art von Höhlengefühl.

Das Lager sollte mit viel saugfähigem Material ausgepolstert sein, das nach der Geburt erneuert werden muß. Bequem und hygienisch für die Hündin ist es, wenn waschbare Decken und kochbare Laken oder große Überhandtücher für das Lager verwendet werden. Allerdings wird in den ersten Wochen die Waschmaschine ständig in Betrieb sein. Einige dicke Lagen Zeitungspapier darunter halten auch den Untergrund trocken. Im Wurfraum sollte Zimmertemperatur herrschen. Für alle Fälle ist der Tierarzt von dem voraussichtlichen Geburtstermin in Kenntnis zu setzen, damit er bei eventuellen Komplikationen zur Verfügung stehen kann.

Die Geburt

Die bevorstehende Geburt kündigt sich in der Regel durch Verweigerung der Nahrungsaufnahme, Unruhe, Zerwühlen des Wurflagers und Hecheln an. Das kann einige Stunden anhalten. Wenn man regelmäßig die Körpertemperatur mißt, kann man kurz vor der Geburt ein Absinken auf 37 °C und weniger feststellen.

Der Geburt eines jeden Welpen gehen sichtbare Wehen voraus. In jedem Fall bleibt der Züchter während der Geburt am Wurflager, um die Vorgänge zu kontrollieren und erforderlichenfalls Hilfeleistung zu geben. Beunruhigungen hält er fern, denn es gibt Hündinnen, die die Geburt verhalten, wenn sie sich gestört fühlen.

Die instinktsichere Hündin macht alles selbst, sie beißt die Fruchtblasen auf, sie nabelt die Welpen ab, sie massiert und trocknet sie und ver-

Die Mutter und ihr neugeborener Wurf.

zehrt die Nachgeburt. Das sofortige Milchsaugen der frisch geborenen Welpen regt den weiteren Geburtsverlauf an. Optimal ist das Austreten der Welpen in Abständen von 20 Minuten bis zu 1 Stunde. Sollten jedoch Zwischenräume von über 2 Stunden auftreten oder Geburtshindernisse, wie die Querlage eines Welpen, eintreten, ist unbedingt der Tierarzt hinzuzuziehen. Der Tierarzt wird auch Sicherheit darüber geben, ob der Wurf komplett und nicht etwa ein Fötus in der Gebärmutter zurückgeblieben ist.

Bis zum 3. Lebenstag läßt man die überflüssigen fünften Krallen (Daumen) entfernen. Diese kleine Maßnahme verhindert spätere Verletzungen, insbesondere beim Rennen. Tiere mit Mißbildungen werden vom Tierarzt schmerzlos getötet.

Ob man lebensschwache Neugeborene ohne volles Instinktverhalten hochpäppelt, sollte man sich ernsthaft überlegen. Wenn auch die Aufzucht großer, gesunder Würfe unter Zuhilfenahme der modernen Welpennährmittel eine dankbare, obgleich mit viel Mehrarbeit verbundene Aufgabe ist, so ist diese Mühe bei offensichtlichen Kümmerlingen fehl am Platz. Diese Tiere werden ohne menschliche Hilfe nicht groß, sie werden sich auch ohne weitere Hilfe nicht fortpflanzen, und auf weite Sicht wird diese Art der Tierliebe zur Degeneration der Rasse beitragen.

Nach der Geburt benachrichtigen Sie den Zuchtwart, der sich den Wurf in der vorgeschriebenen Zeit ansehen und die Formalitäten zur Beantragung der Ahnentafel vornehmen wird. Als Anfänger dürfen Sie bei ihm auch Rat einholen.

Die Temperatur der Mutterhündin wird in den ersten Tagen nach dem Werfen regelmäßig kontrolliert. Mißt man sie morgens und abends, kann man größere nachgeburtliche Komplikationen fast immer vermeiden, wenn man bei einer Temperatur von über 39°C sofort den Tierarzt verständigt.

Mutter und Welpen

In der ersten Woche verläßt die Mutter das Wurflager so gut wie gar nicht, während nahezu ständig ein Teil der Welpen saugt. Danach ist es wichtig, daß die Hündin sich auch absondern kann, weshalb für sie ein erhöhtes Lager in der Nähe der Wurfkiste zweckmäßig ist. Später ist es ganz normal, daß die Mutter nur noch in Abständen zu ihren Jungen geht, um sie zu säugen, mit ihnen zu spielen und vielleicht Futter zu bringen.

Sobald die Welpen die Augen öffnen und zu krabbeln beginnen, kann man die Wurfkiste in einen Liegeteil mit Deckenpolster und einen Laufteil, ausgelegt mit Zeitungspapier, teilen. Sie haben dann von Anfang an die Möglichkeit, zum Verrichten ihrer Geschäftchen den Schlafplatz zu verlassen. Sobald die Welpen lebhafter werden, nimmt man die losen Seitenbretter der Wurfkiste heraus und erweitert ihren Auslauf. Je nach der Jahreszeit erhalten die Jungen anschließend ihren Spielplatz im Garten, wo Luft und Sonne und beliebig Bewegung auf natürlichem Boden ihre Entwicklung und auch die Sauberkeitsgewöhnung fördern.

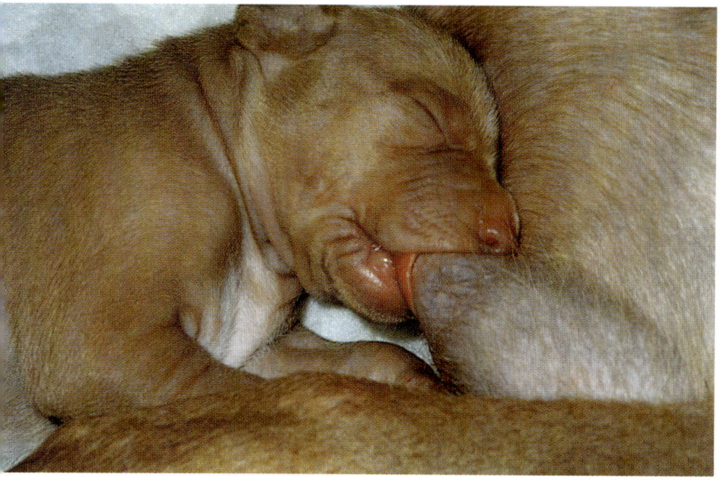

Wenige Tage alter Pharaoh-Hound-Welpe zufrieden beim Saugen.

Nachdem wir der Mutter die ersten 3 Tage nach dem Werfen nur flüssige Nahrung (etwa Milch mit Haferflocken und Eigelb oder Suppe) reichten, setzen wir danach wieder mit reichhaltiger, hochwertiger Ernährung ein. Sie erhält 3 Mahlzeiten täglich, bestehend aus rohem Fleisch und einem erhöhten Haferflockenanteil oder eine kalorienreiche Fertignahrung sowie eine ausreichende Zugabe Milch. Die Menge richtet sich nach der Größe des Wurfes und der Milchleistung der Hündin. Besonders auch in der Säugezeit ist ein gutes Kalk-Mineralstoffgemisch wichtig. Es beugt der gefürchteten Eklampsie (Krämpfigkeit) der Hündin vor, die das sofortige Absetzen der Welpen erfordern würde.

Unter normalen Umständen hat die Mutterhündin sechs bis acht Wochen lang Milch; manchmal holen sich die Welpen auch noch länger eine willkommene zusätzliche Mahlzeit. Die spitzen Krallen der Welpen hat man rechtzeitig beschnitten, um das Zerkratzen des Gesäuges so weit wie möglich zu verhindern.

Aufschluß über eine ausreichende Gewichtszunahme gibt das Wiegen der Welpen. Nach einer guten Woche sollte das Geburtsgewicht verdoppelt sein, nach 13 bis 17 Tagen verdreifacht. Satte Welpen sehen rundlich und glatt aus und schlafen stundenlang zufrieden im Haufen mit

Unverkennbar Mutter und Sohn: Idylle im Windspielkörbchen.

Sechs gut geratene Saluki-Welpen im Alter von 4 Wochen und die stolze Mutter.

ihren Geschwistern. Hungrige Welpen erkennt man auch äußerlich an ihrem unruhigen Verhalten und schließlich an den hervorstehenden Knochen.

Sollte die Mutter von Anfang an zu wenig Milch haben, muß direkt mit der Flaschenzufütterung eines geeigneten Spezialpräparates für die Welpenaufzucht begonnen werden.

Wenn man im Verlauf der normalen Säugeperiode feststellt, daß die Welpen bei der Mutter allein nicht mehr satt werden, beginnt man mit der Zufütterung. Man kann die Babies schon nach Ablauf der 3. Woche an die Schüssel gewöhnen. In eine Untertasse gibt man Welpenaufzuchtmilch, leicht eingedickt mit Schmelzflocken bzw. Haferschleim. Nun läßt man die Welpen einzeln lecken und paßt auf, daß sie nichts in die Nasenlöcher bekommen. Diese Lektion ist bald gelernt, und die Welpen können gemeinsam ihre erste Zusatzmahlzeit aus einer großen flachen Schüssel auflecken. Renommierte Futtermittelhersteller bieten Welpenfertigbreie an, die, lediglich mit warmem Wasser angerührt, bereits ab der 3. Woche gefüttert werden können.

Sollte die Mutterhündin zu jenen urigen Tieren gehören, die für ihre Welpen noch instinktiv Futter hervorwürgen, so läßt man die Welpen ruhig fressen und freut sich über dieses natürliche Verhalten. Die Mutter kennt selbst den Zeitpunkt, der für den Übergang von der Muttermilch auf feste Nahrung richtig ist.

Allmählich erhöht und erweitert man die täglichen Futtermengen. Ab der fünften Woche können die Welpen kleine Mengen von Rinderhackfleisch oder auch bereits Welpenfertigfutter zu sich nehmen. Es kann mit etwas gedünstetem Gemüse vermischt werden. Zur Beendigung der Säugezeit hat man die Fütterung auf fünf Mahlzeiten täglich gesteigert. Die Milch wird mit Hundeflocken und ab und zu einem Eigelb vermischt. Zu dem Rinderhackfleisch kommen Pansen und Anteile von Innereien hinzu, bis schließlich die vielseitige Zusammensetzung der ausgewogenen Welpennahrung erreicht ist. Alles wird anfänglich sehr fein geschnitten oder durch den Fleischwolf gedreht. Auch mit eingeweichten Welpen-Hundekuchen kann langsam begonnen werden.

Kalk- und Mineralstoffe sind nach den ersten Tagen der Umstellung auf feste Nahrung stets Zugabe zum selbst zubereiteten Welpenfutter. Die Mahlzeiten auf der Basis von Welpen-Fertigprodukten enthalten bereits alle erforderlichen Zusatzstoffe. Futtermittelhersteller haben komplette Welpenaufzuchtprogramme entwikkelt, mit denen die Welpen – alternativ zu selbst zubereiteter Kost, oder auch gemischt mit dieser – vollwertig und ausgewogen ernährt werden können.

Die erste Wurmkur gegen Welpenspulwürmer sollte mit zweieinhalb, spätestens mit drei Wochen erfolgen. Nach der klassischen Methode ist jede Entwurmung drei Wochen später zu wiederholen, um auch jene neu herangewachsenen Würmer zu erreichen, die sich zuvor noch im Larvenstadium befanden. Wer ganz sicher gehen will, muß allerdings im einwöchigen Rhythmus weiter entwurmen bis ca. zwei bis drei Wochen über das Absetzen hinaus, da man davon ausgehen muß, daß nicht nur in der vorgeburtlichen Phase Spulwurmlarven aus dem Organismus der Mutter in den der Welpen übergingen, sondern auch durch die Muttermilch neue nachkommen. Natürlich ist nicht zuletzt im Hinblick auf Parasiten-Neuansteckungen über die Ausscheidungen stets auf Sauberkeit im Wurflager und im Welpenauslauf zu achten. Während die instinktsichere

Im Idealfall ist der Rüde anwesend, der sich in die weitere Erziehung einschaltet. Eine Szene aus dem Familienleben der Sloughis.

Gelungene Erziehungsübung: Die drei Monate alte Azawakh-Tochter nimmt Unterordnungshaltung ein und schaut ehrerbietig zur Mama empor.

Die Abgabe der Jungtiere

Hündin ihre Saugwelpen weitgehend allein putzt, ist die Sauberhaltung spätestens ab dem Zufüttern eine der ständig wiederkehrenden Beschäftigungen der menschlichen Betreuer.

Nie darf der Kontakt zu den Welpen vernachlässigt werden. Die Welpen sollten so früh wie möglich mit menschlicher Berührung und Stimme vertraut sein. Ab etwa drei Wochen brauchen sie es, daß man sie täglich auf den Schoß nimmt, sie streichelt und mit ihnen spricht. Man beschäftigt sich mit jedem einzelnen, und sei es auch nur für kurze Zeit. Wer sich dafür nicht die Zeit nimmt, ist für den gestörten Charakter seiner Hunde selbst verantwortlich.

Ab der achten Woche kann man seine Welpen auch schon an die Leine gewöhnen, wenn man es besonders gut machen will. Spätestens mit 10 bis 12 Wochen sind kleine Ausgänge jedoch eine Pflichtübung im Interesse der Hunde und ihrer späteren Besitzer.

Nachdem die Welpen in der neunten Woche die erste Dreifachschutzimpfung erhielten, haben sie nun die wesentlichen Voraussetzungen für einen guten Start in die Zukunft. (Übrigens hat es wenig Sinn, die Welpen schon zu impfen, wenn sie noch an der Mutter saugen. Die Immunstoffe der Muttermilch würden den Aufbau eines zuverlässigen Impfschutzes verhindern.) Dennoch ist es für die Tiere vorteilhaft, nicht ab dem frühestmöglichen Zeitpunkt mit acht bis neun Wochen schon weggegeben zu werden, sondern noch in der Gemeinschaft mit den Geschwistern und der Mutter zu verbleiben. Der richtige Umgang miteinander, das Sich-Behaupten, das Miteinander-Auskommen etc. wird eingeübt. Unsere Hundemutter wird ihre Erzieher- und Führungsrolle ausüben.

Im Idealfall ist der Rüde anwesend, der die weitere Erziehung übernimmt, oder die Welpen lernen durch Begegnungen mit anderen Hunden im Haushalt des Züchters, wie man sich erwachsenen Tieren gegenüber respektvoll benimmt. Der Vorteil einer nicht zu frühen Abgabe ist auch für den neuen Besitzer unverkennbar, denn die Sauberkeitsgewöhnung ist bei einem etwas älteren Welpen viel eher zu realisieren. Ein Welpe von 12 Wochen kann seine Blase schon besser kontrollieren, während ein Welpe von acht Wochen viel häufigere Entleerungen nötig hat.

Nach all der Mühe und Liebe, die während der Aufzucht in die jungen

Geschöpfe investiert wurde, ist es nun die größte Sorge des Züchters, daß sie auch in die richtigen Hände kommen. Egal, ob sich viele oder wenige Interessenten melden, man sollte die neuen Besitzer schon genau ansehen und wohl bedenken, daß ein Windhund kein Hund für jedermann ist.

Es gehört zu der Verantwortung des Züchters, daß er die Käufer seiner Welpen über die Ansprüche informiert, die diese hinsichtlich Bewegung, artgemäßer Haltung, Zuwendung und Einfühlungsvermögen stellen. Wir wollen unsere Windhunde nicht im Zwinger eingesperrt wissen und auch nicht beschränkt auf Pendelgänge zwischen Großstadtpflaster und der Couch im 3. Stock. Lebensumstände, Alter und Zahl der Kinder, Freizeit, Auslaufmöglichkeiten etc. müssen besprochen werden. Ein hoher Kaufpreis allein garantiert noch lange kein gutes Unterkommen des Hundes. Genausowenig fördert allerdings ein gratis erhaltener Hund die Verantwortung gegenüber dieser Kreatur (Ausnahmen kommen vor). Käufer, welche um den vernünftigen Preis feilschen, werden später mit ihrem Hund um seine Bedürfnisse feilschen.

Um so größer ist die Freude, wenn man Menschen findet, denen man die Welpen guten Gewissens anvertrauen kann. Auch nach dem Tag, an dem der Junghund den Zwinger verläßt, sollte der Kontakt nicht abreißen. Der Züchter sollte den neuen Besitzer jederzeit beraten, wenn Schwierigkeiten auftauchen, die sich nicht vorhersehen ließen. Er sollte gegebenenfalls, hat er sich bei der Beurteilung des Käufers geirrt, mithelfen, für den Hund einen besser geeigneten Platz zu suchen.

Wenn man erlebt, daß die Welpen ein gutes Zuhause finden und sich zur Freude ihrer neuen Besitzer entwikkeln – vielleicht sogar zu besonders bemerkenswerten Tieren –, dann hat sich die Mühe reichlich gelohnt.

Die heranwachsenden Welpen brauchen zu ihrem Gedeihen Frischluft, Freiland und Sonne. Dies genießen hier gemeinsam die Sloughi-Mutter und ihre Kinder.

KAPITEL 14

Anhang

Literatur

BAIRACLI-LEVY, JULIETTE DE: »Die Aufzucht junger Hunde«. Rüschlikon-Zürich, 1977.

DAUB, RÜDIGER: »Windhunde«. Minden, 1972.

DAUMAS, GENERAL: »Die Pferde der Sahara«. Berlin, 1853.

DONATH, PROF. DR. W. F.: »Hunde gesund ernährt«. Rüschlikon-Zürich, 1978.

GALLARZA, JOSÉ: »El Galgo y su Vida«. Prensa Española, 1966.

HAUCK, DR. D.: »Die Windhunde«. Wien, 1962.

JARA, JOSÉ Y MINGO, MANUEL: »El Galgo en el Deporte«.

KINDER, HERMANN/HILGEMANN, WERNER: »dtv-Atlas zur Weltgeschichte«. München.

LANGE, KURT U. HIRMER, MAX: »Ägypten«. Hirmer Verlag.

Museen der Stadt Köln: »Sahara«.

NEBGEN, W. A. A.: »Der Irish Wolfhound«. Gloryland-Verlag, 1985.

PRZEZDZIECKI, XAVIER: »Les Lévriers«. Crépin-Leblond, Paris, 1975.

RÄBER, HANS: »Brevier neuzeitlicher Hundezucht«. Bern und Stuttgart, 1974.

SARKANY, PAL U. OCSAG, IMRE: »Ungarische Hunderassen«.

SCHRITT, INGEBORG U. ECKHARD: »Windhunde«. Stuttgart 1979.

SEIFERLE, PROF. DR. EUGEN: »Neue Hundekunde«. Rüschlikon-Zürich, 1973.

SEIFERLE, PROF. DR. EUGEN: »Vom anatomischen Bau des Windhundes« aus: Schweizer Hundestammbuch (SHSB), Bd. 61, 1962.

SIBER, MAX: »Die Hunde Afrikas«. St. Gallen, 1899.

TEICHMANN, PETER: »ABC der Hundekrankheiten«. Neudamm, 1969.

TRUMLER, EBERHARD: »Trumlers Ratgeber für den Hundefreund«. München, 1977.

WALZOFF, DMITRI: »Die Perchino-Jagd«. Hamburg, 1978.

WATERS, HOPE AND DAVID: »The Saluki in History, Art and Sport«. David & Charles, Newton Abbot/England, 1969.

Zeitschriften:

»Der Windhundfreund«, Zürich.

»Sloughi – International«, Schritt, Hünstetten-Bechtheim.

»Unser Rassehund«, VDH, Dortmund

»Unsere Winduhnde«, DWZRV.

Zuchtbücher des Deutschen Windhundzucht- und Rennverbandes e. V., Bände I bis XXXIII.

Adressen

Deutscher Windhundzucht- und Rennverband e. V. (DWZRV)
Eckhard Schritt
Jagdhaus am Paß
6274 Hünstetten-Bechtheim
Tel. 06438/6442

In jedem Land gibt es Dachverbände aller Rassehundevereine; sie können über die Adressen weiterer Rassehundevereine Auskunft geben:

BRD
Verband für das Deutsche Hundewesen e. V. (VDH)
Westfalendamm 174
Postfach 104154
D-4600 Dortmund 1
Tel. 0231/596096/97
Telefax: 0231/592440

Österreich
Österreichischer Kynologenverband
Johann-Teufel-Gasse 8
A-1238 Wien
Tel. 0043-222/887092/3
Telefax: 0043-222/8892621

Schweiz
Société Cynologique Suisse
Langgaßstraße 8
Case Postale 8217
CH-3001 Bern
Tel. 0041-31/235819
Telefax: 0041-31/240215

Die allgemeine Dachorganisation auf internationaler Ebene ist die Fédération Cynologique Internationale (FCI)
Rue Léopold II, no. 14
B-6530 Thuin (Belgien)
Tel. 0032-71/591238
Telefax: 0032-71/592229

Bildnachweis

Die Seitenzahlen sind **fett** hervorgehoben, die Fotografen in Klammern genannt (o = oben, u = unten).

Umschlagvorderseite
Von links nach rechts: Sloughi-Hündin Championesse »Ischara Schuru-esch-Schams«, u. a. Welt-, Europa-, Bundes-, Verbandssiegerin; Afghanen-Hündin »Eyana el Dooraunee«; Saluki-Rüde Champion »Min Ma-Sha Caylak«, Luxemburger Jugendchampion (Verfasser)

Umschlagrückseite
Links oben: Irish Wolfhound-Rüde »Demian von den Sarrazenen«, Welt-, Europa-, Verbands-Jugendsieger, Bundessieger (Sarrazin). Rechts oben: Whippet-Hündinnen »Kronendal's Charlotte« und »Kronendal's Brabante« (Verfasser). Links unten: Sloughi-Rüde »Nurijj Schuru-esch-Schams« (Verfasser). Rechts unten: Barsoi-Hündin »Alupka Tretjakow« (Dr. Kuhlo).

2 »Al Hara's«-Azawakhs »Jaba« und »Tobol« (Verfasser)

7, 8o, 9, 10, 16 Zeichnungen Ingeborg Schritt.

19 (Verfasser)

22 (Verfasser)

24 Multi-Ausstellungs- und Renn-Championesse »Chauda Schuru-esch-Schams« (vorn) und Weltsiegerin »Esmee el tahiri« (Verfasser)

25 Multi-Champion »Mata Salamata's Walid as-Salaam« (Lennartz)

27 »Akmal Schuru-esch-Schams« (Arnold)

28 »Jamuna Schuru-esch-Schams« und Melanie Schritt (Verfasser)

29/30 Championesse »Bahila Schuru-esch-Schams« und »Don« (Kock)
32 »Dojana's« Pharaoh Hounds (Schultz-Janson)
33 »Arezu'el Cahar« (Jansen)
35 Champion »Koschar-wa-Chasis Chumbaba Obsidian«, Multi-Titelsieger (Lauschke)
37 (Kock)
38 (Willy)
39 Champion/Weltsieger »Darib Schuru-esch-Schams« (Feser)
40 »Longleg's Quaint« (Kahl)
43 Multi-Champion und -Titelsieger »Kyros von Katwiga« (Rödde)
44 (Willy)
48 »Madison's Lovely« (Verfasser)
49 Championesse »Darling Jillaroos« (vorn) und »Impala Jillaroos« (Verfasser)
50 Championesse »Eleonore von der Wilden Meute« (Dr. Paeske)
51 Champion »Dark Diamond von der Wilden Meute« (Dr. Paeske)
52 Multi-Champion »Happy Hunter's Ascot« (Knauber)
53 Zeichnungen Ingeborg Schritt.
54 Zeichnungen Eva Hohrath.
56 Multi-Champion/Weltsieger etc. »Lorricbrook Runaway at Shalfleet« (Willy)
57 Whippets »vom Regenstein« und »von der Kollau« (Consbruch)
58 »Superfly's Alabaster Kid« (Kiack-Knöfel)
59 (Verfasser)
60 »Kronendal's Brabante, Brabante's Andante und Kronendal's Charlotte« (Verfasser)
62 Hochprämierte Windspiele »vom Sausewind« (Peschges)
63 »Faustino, Estrellita, Donato, Rubina, Casimiro und Danilo del Djamileh« (Willy)
64 Windspiele »vom Pellerschloß« (Roth)
65 (Peschges)
69 Galgo aus dem Zwinger »Ganaderia del Sierra Morena« (Verfasser)
70 Championesse »Paquira Ganaderia del Sierra Morena« (Verfasser)
71 »Ucranie« (Verfasser)
74 o Multi-Champion/Weltsieger »Becsvagy von Pannonia« (Bednar)
74 u »Czösz von Pannonia« und »Elemir Dell'Antico Elfo« (Verfasser)
75 Multi-Champion und -Titelsieger »Czösz von Pannonia« (Verfasser)
76 »Nem Tudom Alom und Afor« (Bednar)
78 (Archiv DWZRV)
79 o Champion »Oelmühle Allison« (Dalton)
79 u (Sarrazin)
80 »Demian von den Sarrazenen«, Welt-, Europa-, Verbands-Jugendsieger, Bundessieger (Sarrazin)
81 Tiere aus 3 Würfen »von den Sarrazenen« (Sarrazin)
82 Multi-Championesse und -Titelträgerin »Ainscough von den Sarrazenen« (Sarrazin)
83 (Sarrazin)
85 »Greyghost of the Scottish Highlands« (Koehler)
86 »Ivy of the Scottish Highlands«; Devaux-Rohrbach (oben), Barth (unten)
87 Breed Show 1989 (Quaritsch-Fricke)
88 Championesse »Quodlibet Caledonia« (Quaritsch-Fricke)
89 (Schwerm-Hahne)
90 (Quaritsch-Fricke)
92 Multi-Champion/Weltsieger etc. »Stepun's Feofar« (Muth)
93 Multi-Champion »Wasiljs von Oranje« (Zeifang)
95 (Verfasser)

97 Barsois »von Dobroljubow« (Verfasser)
98 »Stepun's« G-Wurf (Behrbalk)
102 (Verfasser)
105 Champion/UICL-Sieger »I'Ben Khaiber Duste Pachtana as Dorney« (Kahl)
106 »Koschar-wa-Chasis Ogive« (Blatter)
107 »Al Ghazi«-Zuchtgruppe: v.l.: Multi-Championesse »Orissa«, »Okarina«, Championesse »Oresade«, Championesse »Oona« und »Otawa«. (Paradzik)
109 »Arezu'el Cahar« (Jansen)
111 »Salamah von Katwiga« (Altenhoff)
112/113 Multi-Champion »Koschar-wa-Chasis Haza'el« (Lauschke)
115 Champion »Indra-Khan Sawahin« (Hintzenberg-Freisleben)
116 »Lykaon Sawahin«, Europajugendsieger (links) und Championesse »Zahra du Zada of Conamor« (Hintzenberg-Freisleben)
117 Championesse »Chirica Sawahin« (Hintzenberg-Freisleben)
118 »Sawahin«-Salukis (Hintzenberg-Freisleben)
119 Multi-Championesse »Min Ma-Sha Yoshi« und Multi-Championesse »Min Ma-Sha Usta« (Göbel-Fritz)
120 V.l.n.r.: Champion »Filimon Sawahin», Welt-, Europa- und Bundesjugendsiegerin »Gandhara Sawahin« und Multi-Championesse »D'Ansor Becktor Bathsheba« (Hintzenberg-Freisleben)
122 »Saskia allah-hu ach-lam« (Verf.)
124 Geschwisterpaar »Kamar al Akbar« (Kouwenhofen/NL)
125 Champion »Latif Schuru-esch-Schams«, Multi-Ausstellungs- und Rennsieger (Verfasser)
126 »Jason el tahiri« (Verfasser)
127 V.l.n.r.: »Orani, Platon, Nurijj, Ischara, Musafir und Es-Sa'ida Schuru-esch-Schams« (Verfasser)
129 Sloughis »Schuru-esch-Schams« (Verfasser)
130 Champions »Djain und Djahil de la Cité du Guerrier« (Verfasser)
132 Championesse »Kubaida Schuru-esch-Schams«, Multi-Titelsiegerin (Verfasser)
133 Championesse »Aulad al Sahra's N'Toboro«, vielfache Ausstellungssiegerin (Dr. Hochgesand)
134 Links Champion »Aulad al Sahra's Aikar«, Welt- und vielfacher Ausstellungssieger, und Championesse »Aulad al Sahra's Daikarah« (Dr. Hochgesand)
135 Championesse »Aulad al Sahra's Daikarah« (Dr. Hochgesand)
137 »Dazol in Chenan« (Arnold)
138 Champion »Yaris« (Arnold)
143 o Zeichnung Ingeborg Schritt
143 u Pharaoh Hounds »of the Netherlands« (v. Vugt/NL)
144 Champion »Pirro« (Hofer/CH)
145 Multi-Champion »Sesostris-Antef of the Netherlands« (hinten) und Multi-Championesse »Wadjet-Sakkara of the Netherlands«, vielfache Ausstellungssieger (van den Broek/NL)
146 Multi-Championesse »Baghira L'Ahmar Ta'Malta« (vorn) und Sohn »Dojana's Amber Houdini« (Schultz-Janson)
147 Zuchtstätte »Dojana's« (Schultz-Janson)
151 O-Wurf Sloughis »Schuru-esch-Schams« (Verfasser)
152 N-Wurf Sloughis »Schuru-esch-Schams« (Flemke)
153 Windspiele »vom Sausewind« (Peschges)
155 Zuchtstätte »Tretjakow« (Dr. Barbro Kuhlo)

157 »Superfly's Kitty Pampers« (Kiack-Knöfel)
161 »Mohendu Sawahin« (Hintzenberg-Freisleben)
169 Sloughis »Schuru-esch-Schams« (Verfasser)
171 Barsois »vom Sölring Hus« (Stumpf)
173 (Arnold)
175 o Greyhounds »Longleg's« (Kahl)
175 u (Verfasser)
176 »Nakra und Na'ire Schuru-esch-Schams« (Zurbuchen)
178/179 »Platon Schuru-esch-Schams« (Verfasser)
180, 183 (Verfasser)
188 (Willy)
189 »Kafia und Iddina Schuru-esch-Schams« (Schlenkrich)
190 o (Händel)
190 u »Bikra Schuru-esch-Schams« (Verfasser)
191 »Arabeya Schuru-esch-Schams« (Prochaska)
192 (Kahl)
193 (Quaritsch-Fricke)
195 (Willy)
196 Championesse/UICL-Siegerin »Nausikaa's Lyndi« (Urlaub)
197 (Verfasser)
198 »Demian von den Sarrazenen«, Welt-, Europa-, Verbands-Jugendsieger, Bundessieger (Sarrazin)
199 (Verfasser)
201 Sloughis »Schuru-esch-Schams« (Verfasser)
203 Pharaoh Hounds »Dojana's« (Schultz-Janson)
207 Sloughis »Schuru-esch-Schams« (Verfasser)
209 Sloughis »Schuru-esch-Schams« (Verfasser)
211 o Zuchtstätte »Dojana's« (Schultz-Janson)
211 u Windspiele »vom Sausewind« (Peschges)
212 »Mata Salamata's« I-Wurf (Lennartz)
213 Sloughis »Schuru-esch-Schams« (Verfasser)
214 »Dazol in Chenan« und A-Wurf (Arnold)
215 G-Wurf Sloughis »Schuru-esch-Schams« (Verfasser)

Register

Fette Seitenzahlen weisen auf Schwerpunkte hin.